教育信息化改革创新示范教材
高等职业院校通识教育“十三五”规划教材

大学生入学导论

INTRODUCTION TO COLLEGE ADMISSIONS

微课版

胡龙廷 主编

人民邮电出版社
北京

图书在版编目（CIP）数据

大学生入学导论 / 胡龙廷主编. -- 北京 : 人民邮电出版社, 2017.8 (2019.8重印)
高等职业院校通识教育"十三五"规划教材
ISBN 978-7-115-46397-5

Ⅰ. ①大… Ⅱ. ①胡… Ⅲ. ①大学生－入学教育－高等职业教育－教材 Ⅳ. ①G715

中国版本图书馆CIP数据核字(2017)第199314号

内 容 提 要

本书结合当前大学新生入学教育的需要，力求引导大学新生正确认识大学，适应大学生活，实现角色转换，养成良好的行为习惯，树立学习目标，为顺利完成大学学业奠定坚实的基础。全书共7 章，包括认识大学 融入校园、驾驭自我 自觉修为、修业导航 立志于学、德育为先 全面发展、积极心态 健康人格、就业深造 明确方向、职业规划 谋划未来。

本书可作为大学新生入学教育教材，也可作为高校相关教职人员的参考书，同时，也适合广大青年朋友阅读。

◆ 主　　编　胡龙廷
责任编辑　王亚娜
责任印制　沈　蓉　彭志环

◆ 人民邮电出版社出版发行　　北京市丰台区成寿寺路 11 号
邮编　100164　　电子邮件　315@ptpress.com.cn
网址　http://www.ptpress.com.cn
山东百润本色印刷有限公司印刷

◆ 开本：787×1092　1/16
印张：11　　2017 年 8 月第 1 版
字数：237 千字　　2019 年 8 月山东第 3 次印刷

定价：28.00 元

读者服务热线：(010) 81055256　印装质量热线：(010) 81055316
反盗版热线：(010) 81055315

本书编委会

主　编： 胡龙廷

副主编： 王仁伟

编　委： 王　哲　龚云平　宋江照　郑　伟　崔庚彦　孙莹莹

主　审： 郭明普

九月流光溢彩，九月生机勃发。一批批学子从天南海北相聚于大学校园，开始别样的青春年华。“所谓大学者，非谓有大楼之谓也，有大师之谓也”。每一位大学生在步入大学之前都应该认真思考5个问题：大学是什么？大学生是什么？大学学什么？大学该怎么学？我的大学生活该如何度过？

新生入学教育是一系列大学教育奠基工程，是加强和改进大学生思想教育工作的有效途径和重要内容；是大学生打好基础，完成角色转变，适应学习生活，稳定专业思想的重要阶段；也是大学生形成纪律观念，完善人格修养，规划职业生涯，步入科学发展轨道的关键时期。入学教育对新生起着成才发展的“导航”作用，并在很大程度上影响着大学生的大学生活乃至一生的发展。

目前各国高等院校都十分重视新生入学教育，并不断探索、创新教育模式。在我国，各高等院校更把入学教育作为院校教育的重要内容之一。要发挥好新生入学教育的导航作用，就必须在把握学生成长规律和受教育阶段特点的基础上，科学合理地规划好入学教育的目标，明确工作思路，精心设计专题教育内容和措施，系统整合，协同推进，提高入学教育的针对性，确保入学教育取得实效。

为了能更好地帮助大学新生顺利完成角色转变，尽快适应大学新生活，积极投入到大学的学习中，防止他们由于不适应新的、独立的生活而产生心理问题，我们组织了部分有理论与实践经验、长期从事学生工作的教师共同编写此书。

全书题材新颖，内容丰富，具有很强的体系性、针对性、趣味性和指导性，既有理论方面的深入阐述，又有切合大学生入学教育实际的案例和丰富的阅读材料。

本书由河南工业职业学院的胡龙廷主编，王仁伟任副主编，郭明普担任主审，参加编写工作的还有王哲、龚云平、宋江照、郑伟、崔庚彦、孙莹莹。具体分工如下：第一章由胡龙廷编写，第二章由王哲编写，第三章由郑伟、崔庚彦编写，第四章由孙莹莹编写，第五章由龚云平编写，第六章由宋江照编写，第七章由王仁伟编写。

本书在编写过程中，参考了大量有关著作、教材等，在此谨向这些资料的作者致以诚挚的谢意。由于时间仓促和编者水平有限，书中难免存在不足之处，恳请广大读者给予批评指正。

编者

2017年6月

目录

Contents

目

Contents

录

第1章
认识大学　融入校园

大学，充溢着智慧的灵性和文化的光芒。大学是人的一生中最为关键的阶段，从入学的第一天起，你的崭新的大学生活就此拉开了序幕。面对全新的学习、生活环境，你是否意识到了你的首要任务是尽快适应大学生活、尽快进入大学生“角色”呢？面对一个新的转折点、一个新的起跑线，你是否有了一个新的精神面貌、一个新的人生目标、一个新的成才规划呢？读大学，先从认识大学开始。

1.1 走进大学

步入大学校园，首先必须要了解大学的内涵、功能和精神，并认真回答“什么是大学？”，这是一名大学生在开始大学生活之前必须要认真回答的一个先导性问题，对这个问题的认识和回答，直接影响着如何度过大学。

1.1.1 大学的内涵

南宋哲学家、教育家朱熹在《四书章句集注》中写到：“大学之道，在明明德，在亲民，在止于至善。”意思是说：大学的宗旨，在于点燃学生心中那盏真、善、美的明灯，使之能够革故鼎新、治国亲民，使之能够追求真理、不断创新。

著名教育家蔡元培先生认为：“大学者，‘囊括大典，网罗众家’之学府也”，“大学者，研究高深学问者也”。著名科学家、浙江大学原校长竺可桢教授认为：“大学是社会之光，不应随波逐流”，“大学犹为海上之灯塔，吾人不能于此时降落道德标准也”。蔡元培先生从大学的学术角度切入，认为大学是“共同研究学术之机关”，是学术自由、教学自由、学习自由的中心；而竺可桢教授则从道德的角度切入，认为大学是高尚情操和独立自由精神的发源地，应恒久保持其既有的道德标准，指引世人，教化众生。

纽曼在他的著作《大学的理想》中指出：大学是一个传授普遍知识的地方，它以传播和推广知识而非增扩知识为目的。

德国教育思想家雅斯贝尔斯说：“大学是公开追求真理的场所，是研究和传授科学的殿堂，是教育新人成长的世界，是个体之间富有生命的交往，是学术勃发的世界”。牛津大学原校长卢卡斯认为：具有创新思维能力的人是推动未来发展和繁荣的源泉，大学就是一个培育这种人才的场所。哈佛大学原校长陆登庭认为：大学的使命是发现与创造新知识并为探索者提供探寻真理的氛围。许多大学毕业生发出感叹：大学是人生发展的新阶段，是在一生的黄金时期里自我发展完善的黄金资源。

大学阶段建议安排

综上所述，现代大学是一个学术团体，是一个教育机构，是一个建立在“大学自治，学术自由，教授治校”和学科制度下的社会组织，是传播人类文明和科学知识并推动科技进步、文化创新的机构。大学是具有选择、批判、传承和创造人类文化职能的文化社会组织，它通过文化诸手段创设教育环境来达到教育目的和影响教育效果。

1.1.2 大学职能

大学的职能，也可以称之为大学的使命，不同高校均有不同的侧重。大学职能呈现出由单一性到多元化、由经院性到社会化的发展轨迹。当今时代以高科技为基础的知识经济的兴起，进一步要求大学从社会的外围、边缘走向中心，从而赋予大学职能以新的内涵。培养人才、科学研究、服务社会、文化传承与创新是目前公认的四项职能。

1. 培养人才

当今时代是一个经济全球化、社会知识化、文化多元化、信息网络化的时代，科学技术更新的周期越来越短，科技成果转化为现实生产力的速度越来越快，产业结构和职业结构的调整越来越频繁。这样的时代需要全面发展的高素质人才。国际教育委员会提出了“学会认知、学会做事、学会共同生活、学会生存”，认为这四种基本能力是人生的支柱。大学生要明确成才的方向与标准，增强成才的紧迫感和使命感，积极参与探究式学习、跨学科培养，积极参与实践与科学研究，从学习已知到探索未知、创造未来的跨越，逐步成长为高素质的创造性人才。

2. 科学研究

高层次大学已经或正在成为各国知识创新的中心和推动科技成果向生产力转化的重要力量。据统计，大多数诺贝尔奖成果是在一流大学中产生的。不但如此，如今大学科学研究不断地由上游向中游、下游延伸，拓展发展空间。大学应当在知识经济的发展中扮演知识创新的中心、知识企业的孵化器、高新技术的辐射源和高新技术开发区的智力支柱等多重角色。以美国斯坦福大学为主导发展起来的“硅谷”科学工业园区，以麻省理工学院、哈佛大学为核心的波士顿科研中心以及英国剑桥科学园，都是以著名大学为中心，以高新技术产业群为基础形成的产学研结合的典范。

3. 服务社会

培养人才，科学研究，其实都是在为社会服务，只不过是它们的服务方式相对间接而已。大学利用人才、设备、信息等资源，直接为经济、政治、科技、文化等领域的发展服务，是大学人尽其才、物尽其用、融入社会的进一步体现。大学服务社会职能的实现主要是以教学和研究活动为基础，但其服务内容却日益丰富，不断拓展，现今主要有继续教育服务、决策咨询服务、社会批判与监督、科技推广服务、科技培训服务、资源共享服务、兴办知识企业，等等。

4. 文化传承与创新

文化是民族的血脉，是人民的精神家园。当今世界正处在大发展、大变革、大调整的时期，世界多极化、经济全球化深入发展，科学技术日新月异，各种思想文化交流交融交锋更加频繁，文化在综合国力竞争中的地位和作用更加凸显，文化越来越成为民族凝聚力和创造力的重要源泉、成为经济社会发展的重要支撑。大学是一个国家的精神高地，是文化传承与创新的战略资源。从古代的稷下学宫，到中世纪的修道院，再到现代大学，没有教育，尤其是没有高等教育，就没有民族文化的传承与发展。高校无论是学科建设、人才培养、学术研究，弘扬中国优秀传统文化，还是在广大青年中树立社会主义核心价值观、建设中华民族共有的精神家园，都肩负着推动文化大发展大繁荣的重要使命和崇高责任。大学要充分发挥文化传承与创新职能，为培养具有中国传统文化、跨文化交流能力和科学技术能力的文化人才做贡献。大学生要着力提高跨文化意识，培养跨文化交际能力，养成弘扬中华民族优秀传统文化与吸纳外来优秀文化的自觉性，增强民族文化自信心，进一步拓展跨文化心理空间，展现宽宏大度、兼容并蓄的跨文化人格，在跨文化交际中树立爱国主义精神，激发民族自豪感、自信心。

1.1.3 大学精神

人需要一种精神，大学同样需要一种精神。这种精神虽是无形的，却是巨大的。它滋养着人的人格、理想，孕育着超越的精神文化，以此为社会设立一个精神价值尺度，成为一代学子的精神家园，并从根本上引导着社会进步。大学精神，是大学文化的核心要素，是历代大学人经过长久努力的结晶，是共同创造和追求的理想、价值、信念。它是时代精神的表征、大学理想的追求、学术传统的传承、办学特色的彰显，更是大学人人格气质的张扬。它是一所大学的治校理念、办学特色、道德水准、文化品位、精神风貌和个性气质的集中反映。学生在学校中学到的知识，可能会淡忘，但大学精神对学生的影响却深刻而长久。大学精神一般包括以下几项内容。

1. 自由精神

自由精神是大学的基本精神，是大学精神的灵魂所在。“海纳百川，有容乃大”，大学必须要有宽广博大的心胸，容纳百家之言。大学的基本宗旨是发展学术，追求真理。为了追求真理，大学提供自由探索的空气，这就是大学的自由精神。大学的自由精神主要体现在学术上，包括教学的自由、研究的自由、学习的自由。当然，这并不意味着不受规范的制约，大学也应遵循一定的规律和规范。“万物并育而不相害，道并行而不相悖”“百花齐放，百家争鸣”，允许各种学说在这里竞相发展。反之，如果没有学术自由，大学也将缺少生机与活力，发挥不了推动社会进步的巨大威力，乃至大学将不成其为大学。

2. 民主精神

民主精神就是要强调人的自主、自由、平等与进步，强调人性的尊严和个性的发展。大学倡导在真理面前、学术面前人人平等；大学有权自主办学；大学提倡充分发展学生的能力与个性，并追求创造一个民主进步的社会，促进社会的全面发展与进步。

3. 人文精神

通常认为大学的人文精神就是指大学所倡导的在处理人与自然、人与社会、人与他人、人与自己关系时的价值观以及建立在这种价值观基础上的行为规范。具体地讲，大学的人文精神至少包括以下几个方面的内容：追求生命的价值，追求人自身的完美；发展人性，完善人格；具有强烈的社会责任感和历史使命感以及高尚的道德精神；坚持民主参与意识，强化法制契约观念；谋求个性解放，并建立自然、和谐、协调的人际关系；倡导人与自然的和谐与统一。

4. 科学精神

科学精神是科学工作者在科学研究和科学技术发展过程中所形成的价值准则和行为规范。大学是开展科学研究、培养科学人才的重要基地，科学家在科学研究中所形成的价值准则和行为规范通过教育、感染而内化为一代代大学人的精神气质，形成了他们的科学良知和科学道德。大学相信科学技术的巨大变革力并致力于发展科学技术，但它并没有在理性和科学精神面前迷失了自我。大学意识到科学技术是一把“双刃剑”，在给人类带来福祉的同时也给人类降临了灾难；大学意识到自己的责任重大，它在利用科学技术为人类进步服务的同时，要教给人类道德和生存智慧，以使科学技术更好地为人类服务。

5. 批判精神

大学的批判精神是指大学以真理为唯一标准的价值观以及在此基础上所形成的追求真理、批判错误、纠正错误的行为规范和精神气质。大学要以批判的眼光看待文化，在社会批判和监督中发挥自己的独特的作用。大学从产生之日起，就不是消极地顺应时代，而是以理性、智慧为武器剖析社会，批判社会，构建社会。“大学不是风标，不能什么流行就迎合什么。大学必须给社会一些它需要的东西”。大学是以理性透析社会的明镜，更是经济社会发展的主导力量，这可能是大学批判精神的内涵所在。

6. 创新精神

大学从产生之日起，就是探索、发现、传播新知识的场所。大学的创新精神，一是指向科学研究。它通过鼓励开拓科学这个无止境的疆界来取得大量开拓性的成果，培养大批的科学家、发明家。二是指向社会发展。大学以新思想、新制度改革社会，推动社会的进步。三是指向人才培养。它把培养具有开拓创新精神的人才作为自己最根本的任务。四是指向大学自身。一代代大学人不断根据社会经济发展和大学的理念来改造、发展大学，使大学成为时代精神的体现者。大学不仅传递文化，更重要的是选择、批判和创新文化，体现出一种生机勃勃的向上的创新精神，这种创新精神带有浓浓的批判性、前瞻性和引导性。

大学精神既有鲜明的民族本土化特征，又有着普遍的国际化意义。正因为如此，大学成为人类进步的象征，成为人类的精神家园。大学精神将激励大学生勤奋学习、潜心研讨、探求新知、开拓进取、奋斗成才；在日常的学习和锤炼中，不断内化大学精神为自己的价值追求、行为规范和精神气质。

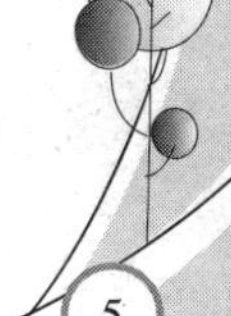

1.2 适应大学生活　完成角色转变

从中学到大学，同学们迈入了人生发展的一个新阶段，面临着生活上的自理、管理上的自治、学习上的自觉、思想上的自我教育、目标上的自我选择。在这个新阶段中，各种困难和矛盾将接踵而来。每一个大学生都会经历一个从盲目到自觉、从被动到主动、从不适应到适应的过程。正确认识自我，实现角色的转变，尽快适应大学生活，顺利地完成从中学到大学的过渡，争取一个良好的开端，是大学生首先要解决好的一个重要课题。

跨入大学校门的新同学在经历了兴奋、紧张、好奇和新鲜之后，最强烈的感受可能就是不适应大学的环境，那么大学与中学有什么不同呢?

1.2.1 大学与中学的不同

1. 学习环境不同

中学的“应试教育”以教师课堂教学为主，学生依赖教师和课本。大学教育的显著特点是在教师的指导下以自学为主，学生有更多的学习自主权。而且，大学上课几乎是堂堂换老师，节节换教室，上课同争议，下课各东西。不仅课堂上所学的内容要靠你自觉消化吸收，而且整个知识体系也要靠自己去架构、填充和完善。

2. 学习内容不同

中学的内容重在打基础，不外乎语、数、外、理、化、政、史、地、生等十几门课程。对一些天资聪慧的学生，这些课程的课本内容都能全部记诵下来，什么章节的什么内容，在哪个课本的哪一页都能牢牢记住。大学学习的内容特点是宽、深、新。“宽”指所学的课程门数比中学要多5 ~ 6倍，一般达到四五十门之多，涉及的领域十分广泛；“深”指内容比起中学要深得多；“新”指大学的学习要把握科技文化发展前沿的最新知识和最新成果。在中学，学生的学习内容主要是课本知识，基本上在课堂中进行，时间也安排得非常紧凑。大学阶段则不同，课程有选修、必修之分，学习场所有教室、多媒体教室、实验室、图书馆、资料室，等等。怎样合理安排时间，是对大学新生的一大考验。

3. 教学方式不同

大一刚开始时，每个人都保持着较高的学习热情，早早起床占位，认真听课。尽管积极性很高，但学习方法衔接不上，不知怎样学习。学习上的不适应主要表现在：大学老师授课不如中学老师讲得详细，一节课讲几十页内容，还说进度太慢；上课听不懂，作业不会做，学习成绩总上不去，尤其是“高等数学”和“英语”最感头疼；在多媒体教室中上课，拉上窗帘后一片漆黑，在内容枯燥难懂的前提下，加上温度适宜，最容易做的事就是睡觉。大学的学习更多的是依赖学生的自觉学习，在这里没有老师无所不在的督促，没有

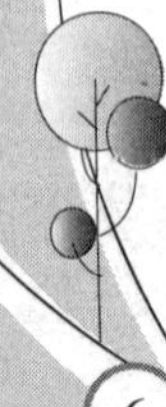

家长每时每刻的检查和提醒，也不会有密集的考试，但是，正因为如此，才更需要我们自觉的学习方式和学习习惯的养成。大学的学习相对中学而言更注重能力的培养和锻炼。课外活动的开展可以培养人的组织能力、协调能力、开拓能力、人际交往能力，拓展知识面。所以，上课是学习，下课也一样是学习。

4. 学习目标不同

中学的学习目标比较明确就是上大学，但是到了大学目标考虑的要复杂得多。到了大学你不得不考虑自己的未来，将来如何在社会立足，怎样为社会作贡献，大学的目标必须是理想与现实、个人与社会、现在和未来的结合。在大学每个人都必须思索为什么学，学什么，怎么学。每个人都要根据社会的实际需要确立自己的学习方向、学习内容、学习方法，并在学习中培养自己的职业能力，只有这样才能找到与社会的最佳结合点。

5. 生活环境的不同

大学的生活环境与中学阶段的不同体现在生活方式、生活范围等方面。从生活方式看，中学阶段普遍是就近入学，吃住在家，拥有自己的独立空间。即便寄宿制的中学，学生离家也不太远，一般不会超出县城范围，一个月总可以回家一次。而大学生活则是完全的集体生活，几位同学住在一个房间里共同起居，生活习惯难免会有不同，也会出现步调不一致的时候。每个同学的日常生活需要自己照顾，例如，整理房间、床铺，洗衣物等。同时，个人的经济开支也需要自己拿捏。这种改变对缺乏独立生活能力的学生是严峻的挑战。宿舍是大学生日常生活的重要居所。大一时，宿舍关系融洽、亲热，一间寝室的几位同学就像一个家庭的几个孩子一样，按年龄大小进行排序，谁是大哥、大姐，谁是小弟、小妹，分得很清楚。舍友间平时的称呼也不叫名字，而是以兄弟、姐妹相称。宿舍门上贴着各种室名："博雅斋""文轩阁""淑女屋""卧龙居"等。这是大学新生名副其实的"新家"。每夜临睡前都召开"卧谈会"，摆"龙门阵"，或谈家乡风情，真是不亦乐乎。入学一个月左右，到国庆节临近的时候，盼望回家一趟，见见亲友同窗，说说自己在大学里经历的新鲜事。这种迫切回家的心情，有时候还带有一种或浓或淡的炫耀成分。同学们有时还幽默地用食堂的大锅菜来形容宿舍同学关系之好——从来都不炒（吵）。

从生活范围看，中学时代的生活领域较窄，中心任务是好好学习考大学，课余活动被压缩得几乎等于零。大学生活丰富多彩，各个学校都有种类繁多的社团，如果你有什么爱好和特长，就可以加入这些社团，从中学到很多东西。各个社团都有自己的特点，都举办有特色的活动，如果你拿不准参加哪个，你可以找到自己感兴趣的社团，问问学哥学姐以前组织的活动再做决定。毕竟，大学里的社团太多，应选择一个足够锻炼自己能力的。同时，各个学校在寒暑假都开展社会实践活动，如去贫困山区考察和义务扶贫，从中提高自己对社会现实的认识。

6. 大学的管理方式不同

我国的大学实行党委领导下的校长负责制，校党委主要对学校工作全面负责。大学校长担负着领导大学常规管理的责任，而且负有领导大学各种重要学术活动，如大学的教学改革、科学研究与自主创新、对外交流、组织学术会议、师资队伍建设等方面的任务。根据管理工作需要和学科建设发展的要求，学校设立一些职能处（部）室，处理日常党务和行政工作，并按学科的不同，建立专门学院（系），集中一个或几个学科或专业的教师，开展本学科、本专业相关的教学、科研和直接为社会服务的活动。

在大学，校学生工作部（学生工作处）、校团委是直接从事学生思想政治工作、学生事务性管理及指导学生社团活动的职能部门。与学生教育教学、就业有关的职能部门还有教务处、招生及就业指导机构等。

大学生的日常管理主要集中在各个学院（系）。学院（系）之间的横向联系不多，主要表现为相互开设选修课程和少量的科研合作。学院（系）一般指定一名副书记或副院长分管学生思想政治教育和事务性工作。而直接与学生亲密接触的应是学生辅导员。学生辅导员是为大学生服务的专职老师。辅导员的工作任务很重，按照教育部的规定，每位辅导员应带不超过 200 名学生，但是不少高校由于多种因素的影响，很难达到这个标准，不少辅导员带的学生数高达四五百人，个别辅导员所带的学生数接近一千人。在中学由于面临着升学压力，中学对学生的管理都很严格，学生的言行都会受到老师较严的管束。在大学里虽然有辅导员、班主任，但是他们的职责主要是把握学生的发展方向，通过引导同学自觉遵守校规法纪，开展各种活动来进行自我教育、自我服务与自我管理。因此，大学生的管理主要依靠学生干部或学生自主管理。

1.2.2 顺利完成角色转变

由中学生转变为大学生，不仅是学习层次上的提升，也是青年学生走向成人的开始，不仅是法律成人的开始，更是思想成人、心理成人和行为成人的开始。大家进校时学习成绩、智商都差不多，又在同样的学习环境、学习体制下求学深造，由同样的教师传授同样的知识。在同一个校园里感受同样的学习气氛，在同样的管理模式下遵守同样的行为规范，为什么几年后，学生的学习成绩、动手能力、创新意识、社会交往等各方面的综合素质却会出现较大的差异呢？这除了先天的生理、心理因素及努力程度不同之外，更重要的是能否尽快地完成角色的转变。大学与中学不同的学习环境、生活环境和发展目标，要求我们如果要适应大学、融入大学，就一定要顺利完成中学生到大学生角色的转变，未成年人向成年人角色的转变，着力增强自主意识、发展意识和责任意识。

1. 自主意识

自主意识就是掌握或主宰自己命运的意识、意志和行动，做到自主、独立，遇事有主见，能对自己的行为负责。自主意识是青年学生走向成熟、完成社会化的重要标志。树立

了较强的自主意识，就意味着可以自由选择，可以为自己的发展独立地、理性地作出选择；意味着可以自我负责，一旦进行了选择就要为自己的选择承担责任；意味着有能力对自己进行自我管理。在大学里我们经常提到“三自”，就是自我管理、自我服务、自我教育，实际上也就是要求大学生增强自主意识。

（1）自我管理

所谓自我管理，就是指个体对自己本身，对自己的目标、思想、心理和行为等表现进行的管理，自己把自己组织起来，自己管理自己，自己约束自己，自己激励自己。在大学里没人逼着你几点起床，晚上几点休息；没人逼着你该去上自习；没人逼着你该树立怎样的发展目标和政治追求，所有的生活方式、休息方式、学习方式，都靠你一个人。因此要学会做自己的主人。

（2）自我服务

信息的获取也是学生自我服务的前提和基础。大学生的学习生活独立性和自主性很强，如何科学合理地安排自己的学习生活，积极有效地收获更多，第一步就是及时获取充分的信息。所以，只有对个人、学校、专业等各方面信息有了比较清晰完整的认知，才可能进一步科学规划、安排自己的学习生活。自我服务的最基本形式是解决各种事务，具体包括思想政治、学习、日常生活、社团活动、就业等方面的内容，这是学生大学生活的核心面。自我服务的更高层次服务，是完成各项常规性活动后追求自身能力提高和素质拓展方面的服务。大学生除了具备专业素质，锻炼和塑造各方面的能力是另外一项重要目标，是大学生今后成功就业、创业，独立面对社会的必然要求。

（3）自我教育

教育名言“没有自我教育就没有真正的教育”越来越得到大家认可。教育实际是由自我教育和他人教育组成的，而真正的教育是通过自我教育而实现的。自我教育既是学校德育教育的一种方法，也是大学成才的必要的途径。高校要按照大学生的身心发展阶段予以适当的指导，同时也要发挥大学生自我教育的自觉性、积极性；善于批评与自我批评，逐步树立明确的是非观念；善于区别真伪、善恶和美丑，培养自我认识、自我监督和自我评价的能力；善于肯定并坚持自己正确的思想言行；勇于否定并改正自己错误的思想言行。大学生要善于通过自我教育形成自信、自强、自立、自尊的良好品质。

2. 发展意识

发展意识也可以称为成才意识。就是要求大学生能树立成才目标、明确成才方向，成为一名既能树立远大理想、坚定信念，又能善于立足实践、具有创新精神；既具有深厚人文底蕴、扎实专业基础，又具有实践能力、健全人格；既具有社会适应能力、社会责任感，又具有敢于担当、国际视野宽广、全面发展的高素质人才，并进一步增强成才的紧迫感和使命感。联合国教科文组织于 1986 年就提出了教育的四大目标，即学会求知，学会做事，学会合作，学会生存与发展。这为大学生的成才与发展指明了方向。

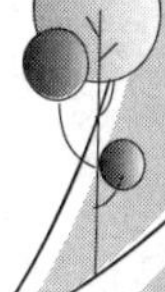

（1）学会求知

学会求知就是要学会学习，不仅要学会知识，更重要的是要具备不断学习、获取知识的能力。在知识爆炸的信息时代，社会需要的是具有创新精神、创造能力的人，只有书本知识是不能适应时代的需要的。学会求知就是要学会从中学的学习方法到大学学习方法的转变，必须学会“主动的学习方式”，自己确定学习目标，自己制订学习计划，自己检查学习效果，主动请教老师问题，找到适合自己的学习方法，变“要我学”为“我要学”。学会求知还包括学会培养自己获取知识和信息的能力，即所谓的“学会学习”。大学生不仅要学习课堂上的内容、书本上的知识，还要参加其他方面的活动，如去图书馆，做实验，参加丰富多彩的课外活动及各种竞赛；要积极参加各种集体和社团活动，聆听各类讲座，做社会调查，参加社会实践活动等。此外，学校每年会邀请很多社会知名人士，校、院知名的教授、专家作学术报告和专业前景分析，同学们应主动参加，增强学习专业的兴趣（具体的学习方法后文将进行详细介绍）。

（2）学会做事

大学阶段还有一个非常重要的任务就是充分利用大学里的优质资源，培养自己的职业能力，最终学会做事。学会做事将从学会掌握某种职业的实际技能转向注重培养适应世界变化的综合能力。这种能力包括劳动技能以外的合作精神、创新精神、风险精神、交流能力等。此外，“学会做事”更多地指培养学生的社会行为技能，包括处理人际关系、解决人际矛盾、团队管理能力等。大学生在校期间，拓宽基础知识、基础理论和相关知识，注意文理结合和知识间的相互作用，注重全面提升自身的综合能力，努力提高自己的外语水平和计算机操作水平，将有助于提高我们做事的本领。

（3）学会合作

现在的社会是合作的社会，个人的力量已经变得非常渺小和局限。一个缺乏合作精神的人很难在事业上有所建树。学会合作，必须作为大学学习中的一项重要内容；学会合作，就是要强调人的协调能力，与其他人共处的能力，学会爱人，学会包容。

（4）学会生存与发展

学会生存，第一要学会独立，要尽快完成从依赖父母到独立生活的过渡。进入大学，你会遇到来自不同地方、不同民族和家庭的同学，这是一种难得的机缘，所以要学会与同学融洽相处，建立起正确的群体意识、集体荣誉感和责任心。第二要有正确的思想政治观、是非观和社会公德意识。要时刻告诫自己什么该做，什么不该做，“勿以恶小而为之，勿以善小而不为”。养成厚德敬业、自强不息、诚信做人的品德。第三要养成良好的生活习惯。学会合理安排作息时间，适当参加体育锻炼和文娱活动，养成良好的饮食习惯，不吸烟、不酗酒，不沉溺于网络游戏。第四要学会生存，学会做人。教育的根本任务是让学生回答好两个问题： 是人类应当怎样存在，二是人生应当怎样度过。学会做人是立身之本，学习知识、掌握技能只是服务社会的手段。前者的学习是根本性的，后者的学习是工具性

的。重智轻德的后果必然导致功利主义的人生态度：重视现实，轻视理想；热衷功利，漠视文理；珍视个人，忽视社会；关注物质，鄙视精神；有智商，但没有智慧；有知识，但没有文化；有文化，但没有教养；有欲望，但没有理想；有目标，但没有信仰；有青春，但没有热血。大学不要只满足于念过多少书，取得什么文凭，获得什么证书，更应该注重培养自己科学地分析问题和解决问题的能力，增强创新意识和创新能力，培养自己的好奇心、求知欲，独立思考，挖掘和发挥自身潜能，积累厚重的科学文化素质和人文素质。

3. 责任意识

责任意识就是指要敢于承担不同的角色责任，承担起学生的责任、成年人的责任、子女的责任和国民的责任。中国古代儒家将知识分子的责任分为 8 个循序渐进的层次，即格物、致知、诚意、正心、修身、齐家、治国、平天下。“天下兴亡，匹夫有责”更应该是当代大学生需要具备的价值追求和精神气质。

（1）承担对自己的责任

每个大学生都应该期望自己能成为一个有所作为的人，因为你已经用你的努力证明了你是同龄人中的优秀分子，所以，人们都期望你带给大家利益，成为“合格的社会主义建设者和可靠的接班人”。每个大学生还应该期望自己成为一个有竞争实力的人，因为你在知识最集中的大学，在教师的指导下、同学的鼓励下，在图书馆、实训室、实习环节的培养中掌握正确方法，拓展思路，熟悉各种研究手段，对自己所学专业有系统的了解，从而会提高你的竞争力，使你立于不败之地。要建立自信的人生观，“天生我材必有用”，不要怀疑自己，要相信自己。要建立大学生涯规划，建立持之以恒的态度，绝不轻言放弃、随波逐流，安排好你在大学的时间表，决定你大学里每一年重点该干什么。尽快地、负责地确立你正确的政治立场和价值取向，“一心只读圣贤书”的同时，两耳还要“多闻窗外事”，要参与大学里的管理、组织活动，要更多地为集体尽义务，要牺牲更多的时间为同学服务。要负责任地花好每一块钱，负责任地对待自己的学业，负责任地对待感情、爱情，负责任地对待你的时间，对自己的言行要敢于承担责任。

（2）承担对父母的责任

承担对父母的责任就是孝心的代名词。离开父母到他乡求学，大学生尽“孝心”的第一点就是向父母报平安。平平安安地在大学里学习、生活，而且应不时地给父母打个电话，告知你的状况，即使他们说“不想你”也要这么做。儿女一句亲切的问候甚至比任何物质形态的表达都珍贵。古语有“家书抵万金”。第二点就是报喜讯。学习上的哪怕是个小小的进步，参加比赛获了奖，交了新朋友，参加了学生党校，成功竞聘为学生干部，加入了中国共产党等，都应及时向父母汇报，让他们那颗充满期望之心分享你的成功。第三点是报健康。最近是胖了还是瘦了，饮食是否习惯，气候是否适应，个头是不是长高了，等等。这些看似不起眼的细节，其实是父母最关心的。第四点是珍惜父母给你的血汗钱。我们其实不大喜欢“贫困生”这个词汇。每位学子，当然包括你，不论你的父母是从事何种职业，百分之八十以上的大学生是把父母的劳动所得席卷而去，举债上学的事屡见不鲜，其实，许多学生是“贫困生”，没有理由乱花父母的钱。第五点就是要认真学习，刻苦求学，争取做一个有出息、有作为的大学毕业生。在大学里成人、成事，这是你对父母负责的根本所在。把对父母的“孝”揣在心中，时常有报答的愿望，你会成为人格高尚、心理健康、全面发展的人。

（3）承担对社会的责任

大学生要承担对社会的责任是首先要做一个道德高尚、举止文明的公民。大学里的举止行为应该用儒雅的标准来要求，在从寝室开始的任何公共场所都要提倡语言文明，行为举止得体，要从内心尊重学校一切员工，让他们觉得为这样懂事的学生付出辛勤劳动有价值。不要认为你交了学费他们就应该为你提供服务，金钱买不到情义和爱心。要从内心尊重每一位同学，他们是你生活中的朋友、学习上的知己、情感上的依靠、未来职场中的重要资源。要关心国家大事，关注时事政治，关心经济政策的变化和走向，关注环境问题，从而关注百姓的生活状况，了解民间疾苦。“衙斋卧听萧萧竹，疑是民间疾苦声。些小吾曹州县吏，一枝一叶总关情”“安得广厦千万间，大庇天下寒士俱欢颜”，大学生的命运只有和国家的命运、社会的进步、民族的强大联系在一起，才能创造出伟大的业绩。

（4）承担文化传承的责任

如前所述，大学的功能首先是传承文化。传承文化是大学的整体行为，当然包括大师、学者、教授、职员、学生。作为大学生就是要把大学的理念、精神、核心价值观以及科学的方法、缜密的逻辑思维、不怕失败的勇于探索和创新精神融于自己的学习生活之中。不论你今后是一名律师、政治家、医生、高级工程师还是一名普通的劳动者，都应该在你从事的领域里释放这些精神元素来泽及一方，以提高社会的思想格调，提高百姓的道德修养，为百姓的志向提供明确的标杆。大学犹如一面高扬的文化旗帜，你就是传递这面旗帜的旗手。

阅读材料

测 一 测

请根据自己的实际情况，回答下列问题。评定标准：5 分为非常符合，4 分为符合，3 分为无所谓，2 分为不符合，1 分为非常不符合。问卷包括正向记分题与反向记分题，反向记分题用“*”标示。记分方式为：①正向记分题：选几就得几分，例如选 5 得 5 分；②反向记分题：选 5 得 1 分，选 4 得 2 分，选 3 得 3 分，选 2 得 4 分，选 1 得 5 分。将每个适应方面的题目得分相加，就是你在这个方面的适应水平，得分越高，说明你目前在该方面的适应水平越高。

1. 角色适应

① 我参与了很多大学里的社会活动

② 若有机会，我能胜任某种学生干部的工作

③ 我很重视发展自己的业余爱好

④ 我认为在大学里应多参加一些学习以外的活动

⑤ 我和异性同学相处得不好 *

⑥ 我不关心学习以外的东西 *

⑦ 我只在乎学习成绩 *

⑧ 除了学习，我很少参加别的活动 *

⑨ 我害怕与异性同学交往 *

2. 生活自理适应

① 我能独立地处理日常事务

② 父母不在身边时我也能很好地照顾自己

③ 我常打电话向家人诉苦或求助 *

④ 我不敢单独上街买东西 *

⑤ 我很少自己动手洗衣服 *

⑥ 在大学事事要靠自己，我感到很不适应 *

3. 学习适应

① 我对大学的学习感到无所适从 *

② 我无法适应大学教师的授课方式 *

③ 在考试前我常不知道该如何复习 *

④ 我现在还没找到适合自己的学习方法 *

⑤ 我一直都没有明确的学习计划 *

⑥ 我无法缓解自己的学习压力 *

⑦ 我对自己在班上的学业地位感到失望 *

⑧ 与我的努力相比我的学习成绩不算好 *

4. 人际交往适应

① 我能很快化解与他人的矛盾冲突

② 我在大学里如愿地结交了一些朋友

③ 我觉得自己融入了大学的环境

④ 我能与他人愉快地合作

⑤ 对于我在大学里的社交我感到相当的满意

⑥ 我感到周围的人难以相处 *

⑦ 我不知道以何种方式与大学老师相处 *

⑧ 我很难加入到别人的讨论中去 *

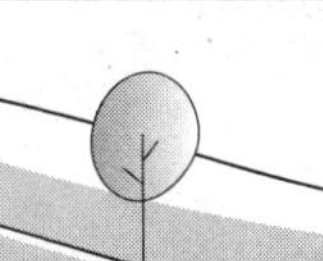

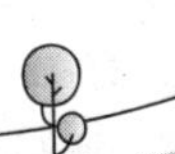

⑨ 大伙儿讲话时，我时常躲在后面 *
⑩ 我感到自己在学校里成了一个被遗忘的人 *
⑪ 与同学在一起时，我感到不自在 *
5. 环境的整体认同
① 我对自己上了这所大学感到高兴
② 我很喜欢校园里的自然环境
③ 我对大学里的课外活动感到满意
④ 周末我常常觉得没事可做 *
⑤ 学校里的娱乐设施不能满足我的需要 *
⑥ 我认为学校的风气很糟 *
⑦ 我觉得学校的硬件设施很差 *

1.3 大学生应具备的知识、能力与素质

青年兴则国家兴，青年强则国家强。青年一代有理想、有本领、有担当，国家就有前途，民族就有希望。知识储备丰富、综合素质优良的大学生是祖国的希望和未来。在大学里，大学生除了把获取毕业证和学位证作为主要目标外，更应该注重在获得毕业证和学位证的过程中，积累了什么经验，提高了什么能力，增强了什么素质，开拓了怎样的视野，树立了怎样的意识。

在大学里千万不要把获取毕业证和学位证作为最主要的目标，比这更重要的是你在获得毕业证和学位证的过程中，积累了什么经验，提高了什么能力，增强了什么素质，开拓了怎样的视野，树立了什么样的意识。

扫一扫

大学里学习什么

从目前人才市场反馈的信息看，最受用人单位欢迎的往往是复合型人才。他们一般具备如下特点：① 具有较高的思想政治素质，爱国守法、诚实守信、团结友善、勤俭自强、敬业奉献；② 有事业心、责任感，有艰苦奋斗的精神和踏踏实实的工作作风；③ 有广泛的科学文化知识、扎实的基础理论知识与精深的专业知识，一专多能，外语水平较高，计算机操作能力强；④ 有较强的适应能力、组织能力、管理能力以及处理人际关系等各方面的能力；⑤ 有开拓进取、敢想敢干的创新精神；⑥ 性格开朗、谦虚随和、善解人意，大事拿得起，小事也能干。

大学阶段是个人成才的关键时期，大学生必须正确处理专业爱好与社会需要的关系，认真学习必要的知识，形成合理的知识结构，并在此基础上，通过不断实践，形成合理的

能力结构、素质结构。只有这样，才能成为适应时代需要的大学生。

1.3.1 合理的知识结构

学生在高考后（或高考前），都要填报入学志愿，目的在于根据自己的兴趣、爱好选择自己的专业。各高校在录取新生时，一般都尽可能照顾个人的专业意向，根据考生的第一志愿录取。一部分学生报考了自己感兴趣的专业，可能还有一部分同学接受调剂，被分配到了不感兴趣的专业，更有甚者，相当一部分同学由于对高校的专业设置、专业学习内容和专业要求不甚了解，近乎盲目地填报了志愿，或者仅仅根据对招生专业名称的好恶和周围同学的选择而选择了自己的志愿。能够选择自己所喜爱的专业固然是件好事，但专业不如自己所愿，也完全可以培养自己对专业的兴趣。无论以怎样的志愿被录取，无论录取到什么专业，进入大学后，最关键的问题是稳定情绪，巩固专业思想，按照社会需求提高自身素质，按照职业要求去塑造自己的气质，培养自己的性格、能力，培养自己对所学专业的兴趣。只有这样，才能充分挖掘自己的潜力，为将来走上工作岗位做好充分准备，使自己在激烈的竞争中处于不败之地。当然，现在绝大多数高校都实施了攻读第二专业和跨专业政策，大学生完全可以根据自己的实际情况对自己的专业进行重新选择。

1. 大学生应具备的知识结构

一个人所起的作用、做出贡献的大小，重要的不是看他掌握了多少知识，关键是看他建立了什么样的知识结构。合理的知识结构是人才的重要特征之一。

当前影响最大的“宝塔型知识结构”，其主要观点是：在确定目标的情况下，把知识分为一般基础知识、专业基础知识、专业知识和主要专业知识 4 个层次。大学生应侧重基础知识的宽厚性，注重专业知识的精深性、主攻目标的明确性。一般情况下，通过中学阶段的学习，第一层次的基础知识已经具备。大学的公共基础课程是基础知识的第二层次，专业基础知识是第三层次和专业知识是大学生知识结构的核心。大学生的知识结构中如果缺少专业知识不可能成为本专业的专门人才。基础知识的作用只有在专业知识的掌握与发挥中才能得到体现。所以，大学生多花时间，有计划、有系统地学习专业知识是非常正确的，也是非常必要的。但是，也不能忽视公共课和专业基础课的学习，因为这些课程所包含的知识是学习其他知识的基础，也是培养一个人良好素质的基础。正是基于此观点，国内大多数高校在实行学分制的同时，都大力提倡通识教育，开设了丰富多彩的通识教育选修课，并要求理工科的学生要多学点人文社会科学的知识，人文社会学科的学生要多了解一些理工科的知识，做到文理交融、古今荟萃、中西结合。

信息加工心理学将知识分为陈述性知识和程序性知识。陈述性知识也叫描述性知识，主要用来回答世界是什么、为什么、怎么样等问题，以区别、辨别事物。程序性知识也叫操作性知识，它主要用来说明做什么、怎么做，是一种实践性的知识。学生如果只掌握陈述性知识而缺少程序性知识，那他们只能了解事实、经验、观点、概念、规律、原理，而无法通过一定的操作方式运用概念和规则。因此，大学生完整的知识结构应包括陈述性知识和程序性知识。对大学生来讲，尤其要特别注意程序性知识的学习和训练。

在校大学生应以学习书本知识为主，同时讲究方法的合理性，减少学习中的盲目性，以求得学习的高效率。在学习书本知识的同时，不能唯书、唯上，学习中要积极思考，积极参与社会实践，做到理论与实践相结合，知行合一。

2. 优化知识结构

首先，要重视知识的基础化，把知识结构的重心放在基本原理、基础知识、基本理论与基本方法上。基础知识是本源性的知识，是创造新知识的基础。一个人的基础知识厚实，后劲就大，应变能力就强。基本理论反映的是事物中最本质的那部分联系和规律，掌握了它就更容易触类旁通，举一反三。基本原理、基础知识、基本理论和基本方法是相对稳定的、比较成熟的人们认识自然和社会的工具，因此，大学生更应重视学习这些知识。除了重视专业知识及其基础知识的学习外，千万不能轻视公共课程及其基础知识的学习。

其次，要重视知识的综合化，树立系统观念，将知识作为一个整体来看待。综合不是简单的叠加，而是相互整合，融入自己的知识体系，形成一个新的有机整体。例如，环境问题的解决已无法靠某一门学科或某一类知识，而必须把知识作为一个整体来加以运用。为此，对于学有余力的大学生，可以在学好一个专业知识的同时，学习另一个专业的知识，形成两个相互交叉的专业知识结构。这种交叉可以是自然学科间的交叉，也可以是社会学科间的交叉，还可以是自然学科和社会学科间的交叉。现在，一些大学里实行的主辅修制有助于学生知识的综合化。

再次，要重视知识的前沿化，大学生在学习的过程中必须站在科学发展的最前沿，了解科学发展的最新动向。如果大学生的学习还只停留在陈旧落后的知识上，那么思想就会僵化，就会落伍。前沿性的知识往往孕育着新的思路、新的方法和新的逻辑，有助于大学生更新自己的知识结构。要使大学生的知识实现前沿化，大学必须开设反映现代科学技术和现代社会科学的前沿性课程，不断更新传统课程的内容，同时，鼓励学生直接参与科学研究。

1.3.2 完善的能力结构

能力是顺利完成某种活动所必备的并直接影响活动效率的个性心理特征。通常，人们把能力分为一般能力、特殊能力和创造能力。一般能力是指在各种活动中必备的一些基本能力，包括注意力、观察力、记忆力、思维力和想象力等。这些能力的有机组合称为智力。特殊能力是指顺利从事某种专业活动所必备的能力，例如，学习能力、组织管理能力、社会活动能力、运动能力、音乐能力等。创造能力是指进行创造活动必备的能力。当前高等教育的主旋律是提高人才质量。人才的标准见仁见智，但是一流人才，必须具备较强的创造能力。当代大学生要在未来成长为一名杰出人才，必须着力培养自己的创造能力和创新意识。

谈到能力，我们要认识到人的能力是有差异的，这种差异不仅表现在能力发展水平

上，还表现在能力类型上。每个人有不同的特殊能力，有的人擅长交际，有的人擅长运动，有的人擅长艺术等；在知觉上，有的人属于综合型，有的人属于分析型；在记忆上，有些人运用视觉识记效果较好，有些人运用听觉识记效果较好，有些人有运动参与时识记效果更好；在思维上，有的擅长形象思维，有的擅长抽象思维等。大学生在评价自己的能力时，要做到客观、全面、理性，既不要看到别人的长处而自怨自艾、妄自菲薄，也不要看到别人的短处而自视过高、骄傲自满，每个人的能力都是独特的，每一个人都有值得你去学习的地方，见贤思齐、取长补短才是明智之举。

1. 大学生应具备的能力结构

大学所进行的教育是专业教育，大学生在校学习期间，必须培养从事各专业特有的能力。毕业后，他们将把在校学习期间所获得的知识和能力运用在各个岗位上，解决业务难题，攻克技术难关。为此，培养大学生从事某一专业的特殊能力是每一位大学教师和大学生应重视的问题。但是，特殊能力的形成有赖于一般能力的发展，这说明，大学生在发展特殊能力的同时，还应加强一般能力的培养。心理学和生理学的研究表明，如果大脑不断接受有关刺激和挑战，人的一般能力将继续得到发展，人的逻辑识记能力随着知识的增加和思维力的发展而不断增强。因此，大学生应形成由一般能力、特殊能力和创造能力所构成的能力结构。大学生为了全方位提高自己各方面的能力，不断形成富有自身特色的能力结构，当前应突出培养三方面的能力。

（1）自学能力

之所以特别强调大学生的自学能力，是因为，大学是大学生在校学习的最后一个时期，将来工作中需要的知识和业务能力，都要靠大学生在实践中自学获得。未来的文盲不再是不识字的人，而是不会学习的人。此外，自学本身还具有发展智力、培养意志力、增强主动性和独立工作的能力等作用。大学生的自学能力包括检索能力、阅读能力、分析和综合能力、评价能力等。

（2）使用基本工具的能力

大学生应着重掌握以下基本工具。第一，较强的母语听、说、读、写能力。一个正常的人，“听”和“读”都不成问题，但“说”和“写”要达到一定的水平，就要经过不断的、有意识的训练。“说”是口头表达能力。提高这一能力，一要使用普通话，二要条理清楚，三要逻辑性强，四要形象生动，五要幽默风趣。“写”是书面表达能力。大学生的书面表达能力主要应体现在撰写学术论文和工作报告等方面。第二，良好的外语能力。一个人外语水平的高低，将直接影响其发展的程度。第三，使用计算机的能力。随着科学技术的不断发展，计算机已深入到了社会生活的各个方面，如果不懂计算机，势必会成为现代社会的文盲。

（3）解决问题的能力

人的实践活动就是解决问题的过程。解决问题的能力包括再造性活动能力和创造性活动能力。再造性活动能力是指准确、熟练运用所学知识和技能以解决问题的能力；创造性

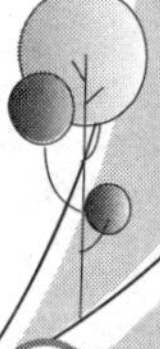

活动能力是指从现象中发现规律，创造出新思想，采用新方法以解决前人未曾解决过的问题的能力。再造性活动能力是创造性活动能力发展的基础，创造性活动能力是再造性活动能力的进一步发展。因此，大学生应重视这两种能力的培养。

2. 优化能力结构

首先，要辩证看待教师主导作用与学生主体地位。教师在教育过程中起主导作用，这是由他们的特殊身份所决定的。教师经过了某一专业的专门训练，精通所教专业的知识，懂得教育规律，教育目的明确，能够把握教育教学的方向。教师的主导作用，并不排除学生的主体地位，教师主导作用的发挥必须建立在学生的积极性、主动性的基础之上。只强调教师的主导作用而忽视学生的主体地位或只强调学生的主体性而忽视教师的主导性都是不利于教育教学工作的，更不利于学生能力的培养。因此，大学生在培养自身能力的过程中，要特别注意发挥自身的积极性和主动性，主动谋划，提早进行。

其次，要辩证看待知识与能力的关系。知识是能力的基础和前提。指挥官如果没有一定的军事指挥常识，是无法想象他能指挥千军万马战无不胜、攻无不克的。能力是掌握和运用知识的必要条件。能力强与能力差的人从事同样的学习与工作，其效果就大不相同，有的人事半功倍，有的人事倍功半。掌握知识与发展能力两者相辅相成，互相促进，互相转化。当前，人们已逐渐意识到能力培养的重要性，但在实施过程中仍然存在重知识、轻能力的现象。要正确处理知识与能力的关系，从学校教育这个角度来说，课程设置应加强工具性课程的分量，给学生以更多的自由支配的学习时间；教学中则要重视理论知识的学习与实践的结合，注重教学方法、教学手段、教学形式等方面的优化。作为学生来说，一定要重视英语、计算机等工具课程的学习，在时间上得到保证，在方法上要注意多听、多说、多练。在学习中，要逐渐摆脱对教师的依赖性，学习要有周密的计划。学会利用图书馆、校园网，学会使用工具书、教科书等。

再次，要辩证看待课内与课外的关系。大学生在校学习，课堂学习占据了绝大部分时间，这是符合学生学习规律的。正因如此，每个学生都必须充分利用课堂学习时间。目前，有些大学生凭自己的主观判断，连课都还没有听，就决定哪些课不听，或者听课时心不在焉，看杂志、小说、报纸，课后又辛辛苦苦忙于补笔记，考前背笔记。结果考试成绩不理想，考后全忘记，待到要用时，方恨知识少。其实，这种做法是得不偿失。作为一名学生，切记要充分利用课堂的宝贵时间，毕竟老师是术业有专攻，老师一堂课所讲知识足以让学生课后花上几倍的时间。大学生在保证课堂学习的基础上，还应重视课外学习，具体包括有计划地学习书本知识，有计划地进行一些教学性实践活动，积极参加一些课外活动和社会实践活动。这些活动可以弥补课堂教学不足，为能力的发展提供更广阔的天空。实践证明，凡是在校期间能积极参加各项活动的大学生，往往能力发展得更充分，走上工作岗位以后，适应性更强，也更容易出成绩。

1.3.3 全面的素质结构

素质是个体在先天禀赋的基础上，通过环境和教育的影响，形成和发展起来的相对稳定的身心组织的要素、结构及其质量。素质既包括先天的成分，也含有后天的因素。素质的形成，首先是要对个体的身心发展潜能和已有发展水平作出正确评价，然后发挥个人的身心潜能，在环境和教育的影响下，通过自身努力，去发展各个方面的素质，通过内化而形成一种稳定、基本、内在的个性生理和心理品质。

1. 大学生应具备的素质结构

大学生应具备的素质结构应包括以下几个方面的内容。

（1）身体素质

大学生的身体素质就是指他们的身体健康状况、体力、精力、生命力等。健康的身体素质是其他一切活动的基础。曾有人说过："一切别人给予的地位、权利、金钱、荣誉瞬间就能消失，而健康、才华才是生死相伴的。"大学生要在合理饮食的基础上，积极参加体育锻炼，养成经常锻炼身体的好习惯。大学的运动设施都比较齐全，可以尝试参加不同的运动队，既可以接受老师的专业指导，又可以认识不少志趣相投的朋友。如果实在没时间，尝试着每天早起 30 分钟，跑跑步或做小运动，一天都会神清气爽，平时尽量少坐车，多走路，少坐电梯，多爬楼梯。

（2）科学文化素质

科学是反映自然、社会和思维诸方面的客观规律的知识体系，具体可分为社会科学、自然科学、思维科学。文化是指人类在历史发展进程中所创造的物质财富与精神财富的总和。大学生的文化则特指大学生自身所具备的文化水平。大学生要不断砥砺自己的专业品质，并特别注意塑造自己的文化品质，逐步培养人文关怀的意识和能力，培养人文精神，接受自然科学精神的陶冶和自然科学人格的培养，提升自己的审美能力，提高劳动素质。

（3）思想道德素质

思想是客观存在反映在人的意识中，经过思维活动而产生的结果。大学生的思想内容主要包括世界观、人生观和价值观等几个方面。道德是由经济基础决定的上层建筑和特殊的社会意识形态，以善恶评价为标准，通过舆论、传统习惯和内心信念来维系，调整人们之间关系的行为规范的总和。因此大学生应不断提高自己的思想品质和政治觉悟，逐步培养起较高的伦理道德、职业道德和社会公德，特别是注意培养自己的诚信意识和文明意识，做一个诚信文明的大学生。

（4）创新素质

创新素质是指人在先天禀赋的基础上，通过学习和实践活动而形成和发展起来的具有创新能力的内在的相对稳定的品质。创新素质是一种综合性素质，主要由创新精神、创新知识

和创新能力所构成，其中创新思维能力和创新实践能力是其重要因素。大学生应该积极投身于社会实践、科学研究，善于质疑，独立思考，不断提高自身的动手能力和创新能力。

（5）心理素质

人的心理包括认识过程、情感过程、意志过程、个性倾向性和个性心理特征。大学生心理素质有广义和狭义之分。广义的心理素质是指影响大学生学习、生活和工作的水平和成效的心理品质；狭义的心理素质是指非智力因素，即情感、意志、兴趣和性格等方面的心理品质。通常所讲的心理素质主要是指狭义的心理素质。对大学生来说，在认知、情感、意志、需要、兴趣方面表现出来的自知、自尊、自信、自立、自制、自强，以及乐观、豁达、进取、坚强、果断等品质，就是良好心理素质的具体表现。良好的心理素质有助于大学生的身体健康，有助于形成健康的心理，有助于获得更大的成就。大学生应该树立积极、乐观的心态，正确对待成功与挫折，正确对待自己、他人、集体和社会。

2. 优化素质结构

大学生要注意全面发展，优化素质结构，具体做到以下几方面。

（1）大学生不要仅看重考试分数，更要看重综合素质的全面发展

当前，我国的大学生有一个明显特点是学习认真、能吃苦，掌握的知识比较系统，考试能力很强，但较普遍地存在唯书唯上、相信权威、个人观点少、动手能力差、解决问题能力差等问题。多年来我们国家的中学生在国际奥赛中屡屡获金，但是我们大学生的整体竞争力和创新能力远远低于发达国家，这不能不引起我们的深思。大学生应清醒地认识到，如果不提高自身的综合素质，那将无法适应社会发展的需要，终将被历史淘汰。因此，大学生一进入大学校园，就应明确自己的奋斗目标，为自己的素质发展规划蓝图，不要把应付各种考试作为唯一的目标，不要为了应付考试而学习，树立综合素质全面发展的观念，打造自己的核心竞争力。

（2）着力提高自己的创造力

创新教育是素质教育的核心，是实施素质教育的关键。哈佛大学校长普西认为，一个人是否具有创造力，是一流人才和三流人才的分水岭。创新来自哪里？它来自学生的探究，来自学生动口、动脑、动手的实践。因而，创新不是教出来的，而是在教的过程中，通过学生积极的、多方面的实践活动探索得来的。大学生要重视发散性思维和批判性思维能力的培养。据美国的一项调查表明，一般人在 5 岁时可具有 90% 的创造力，在 7 岁时可具有 10% 的创造力，而 8 岁以后，其创造力就下降为 2% 了。此外，还应该培养自己的动手操作能力，创造力的培养离不开动手操作能力。一般而言，创造力不是教出来的，而是在学生积极的探索中，在学生多方面的活动中，通过学生将知识运用于实际操作中而慢慢形成的。在美国，学生普遍具有较强的动手操作能力，创造力呈现出明显的优势，这是因为他们从幼儿园的教育开始就重视动手操作能力的培养。长期以来，我国的教育不太重视教和学中的动手操作及其能力的培养，致使学生在学习中不愿意动手，动手能力差，创

造力呈现弱势，到了大学阶段，学生才开始学习搞科研。

（3）提高心理素质

心理素质是大学生素质结构的重要内容，大学生的心理素质往往制约着其他素质的发展水平。大学生应该致力于培养健康的心理素质，积极参加学校组织的心理健康课程与讲座，有意识地培养自己的恒心、毅力、耐挫力、自信、乐观、坚强等优良心理品质，积极参加丰富多彩的校园文化活动，在活动中展现自己的才华，发展自己的能力，培养自信心。大学生也可以尝试运用放松、自我暗示、音乐、表象、心理剧、模拟与模仿等心理学技术与方法提高自身的心理素质。

（4）培养审美素质

进行审美欣赏和创造活动是人的本质特征之一，人的审美能力的发展本身就是一种创造能力的发展。审美素质能够激发人的创造欲望和动力，为思维和实践的创造力提供不竭之源。艺术与科学相互联系，它们在审美方面交汇。许多杰出科学家都具有浓厚的艺术兴趣和较高的审美修养。爱因斯坦不仅是科学家，而且还是造诣颇深的艺术家，小提琴能拉出专业水平，其创造能力与其良好的音乐修养是不无联系的。大学生应当自觉加强审美修养，努力培养高尚的审美情操，发展自己感受美、鉴赏美、创造美的能力，陶冶求真、向善、爱美的情操，按照美的规律来塑造自己。大学生尽量多地涉足文学、美术、音乐、摄影、戏剧等艺术实践和丰富多彩的校园文化活动，强化美的意识和对美的追求，提高对美的鉴赏和识别能力。

（5）培养音乐素质

音乐素质由鉴赏知识和操作能力（即演唱、演奏等实践能力）两部分组成。音乐作为美育的重要手段，可以强烈深刻地作用于人的意识，对于陶冶人的个性、品德和情操有着潜移默化的作用，优秀的音乐是道德的花朵。音乐艺术的美，对于启迪大学生的审美感染力、想象力、表达力和创造能力具有较大影响。作为大学生文化修养的一部分，音乐不仅具有熏陶高尚情操的功能，给人以美的享受，而且“以乐会友”，无论在国内或国外都是很好的社交方式。大学生要尽可能选学一种乐器，诸如钢琴、小提琴、二胡、琵琶、吉他等，也要积极参加歌唱、乐器演奏的实践，包括参加合唱团、管弦乐队等。

（6）培养文学素质

文学的本质是人学。文学的作用是巨大的，它“最足以唤起人们的联想、想象，进而诱发创造性思维”。提高文学修养，既有利于开拓自己的思维，加深对所研究问题的深刻理解，有助于自己的表达，还有利于高雅的气质、丰富的审美情趣的培养，增强真、善、美的辨别能力，丰富感情世界。外在风度是内在气质的自然流露，文学修养的程度与精神境界和格调趣味的高低往往成正比。大学生应具备对文学作品的鉴别欣赏能力，熟悉一些文学经典作品、作家，能背诵一些优秀的诗歌，能够写一般书评、影视评、剧评等，有较好的文笔。

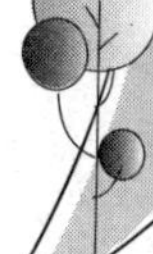

中国优秀文化必读、必听、必知目录

一、中国美术

1. 必知的十大画家

顾恺之、阎立本、吴道子、范宽、黄公望、石涛、朱耷、齐白石、黄宾虹、徐悲鸿。

2. 必读的书

《中国美术简史》(中央美术学院编)

二、中国书法

1. 必知的十大书法家

王羲之、欧阳询、张旭、颜真卿、苏轼、米芾、赵孟頫、文徵明、董其昌、郑板桥。

2. 必读的书

《中国书法简史》

三、中国音乐欣赏

1. 必听曲目

古琴曲:《高山流水》《梅花渔唱晚》《平沙落雁》《渔樵问答》。

琵琶曲:《阳春白雪》《十面埋伏》《大浪淘沙》。

二胡曲:《二泉映月》《听松》《病中吟》《烛影摇红》《怀乡行》。

古筝曲:《渔舟唱晚》《高山流水》。

合奏曲:《春江花月夜》《月儿高》《塞上曲》。

2. 必读的书

《中国音乐史略》(吴剑)

四、中国古代文学必读书目

《古文观止》《唐诗三百首》《宋词三百首》《水浒传》《三国演义》《西游记》《红楼梦》《中国文学概论》(袁行霈著)。

五、中国历史必读书目

《中国史纲要》(上、下册)(翦伯赞主编)

六、中国哲学史必读书目

《中国哲学简史》(冯友兰著)

七、美学

《美的历程》(李泽厚)、《谈美》(朱光潜)、《美学散步》(宗白华)、《新美学》(蔡仪)、《美学对话》(刘纲纪)。

1.4　有效利用大学教育资源

大学生要成长为一位素质全面的人，必须要学会有效利用大学的各项教育资源。很多学生进入大学后，丰富多彩的大学生活，相对宽松的管理环境，自由时间较多的课程安排，令不少初入大学的学生感到很难适应，于是时间在闲聊中、逛街中、网络游戏中匆匆溜走了，他们没有看到校园里等待他们去挖掘的各种“金矿”。除了课堂，其实还有很多我们应该可以很好利用的各种资源。大学毕业后，有些人只得到一张文凭，而有些人却收获颇丰，原因是多方面的，其中很重要的一条就是看我们是否充分利用了大学的资源。大学校园里有哪些我们应该利用而常常又忽视的资源呢?

1.4.1　学业朋友——大学最亲密的学习伙伴

“三人行，必有我师焉。”大学时光，与我们朝夕相处、共同成长的，正是我们的学业朋友。学业朋友不但是自己的学习伙伴，也是最好的知识来源，大学生要学会善于从每个人身上学习他们的优点和闪光点，做到取长补短。英国文学家萧伯纳曾经有一段经典的交换苹果与思想的论述，“交换苹果，每人还是一个，交换思想，每个人都将拥有两种思想”。朋友就是可以交换思想、沟通心灵、彼此相助的人。大学生是大多数优秀青年的集合体，如果细心观察，虚心请教，我们能从这些优秀的伙伴身上学到很多优点。遇到困难，看看别人怎样处理，对自己肯定会有很好的启发，有不会的问题请教身边的同学，不仅能解决困难，而且还会增进同学之间的感情。“闻道有先后，术业有专攻”，每个人的专长不同，每个人对问题的理解和认识都不尽相同，只有互帮互学，大家才能共同进步。学长们的经验和教训对我们的帮助是很大的，尤其是本专业的学长，他们经过了专业课程的学习和考试，对课程内容本身、学习重点都有所了解，可以向他们请教课程的重点内容，学习时要注意哪些问题，以后什么知识或能力在工作或研究中有用，这样可以让我们在学习中少走弯路，尽快达到目的。

大学生要善于结交学业朋友，拓展自己的学业朋友圈子。要跨专业结交朋友，因为可以互相交流专业知识、领悟不同的思维方式，实现知识的互相渗透；要跨个性结交朋友，因为可以吸收不同特质的人的个性优点，使自己的个性更加丰富和完善；要跨学校结交朋友，因为除了彼此的情感、思想交流外，你可以体验到不同学校的精神和文化；若有条件你也可以跨国籍结交朋友，结交学校里的留学生、外教朋友，你会感受到异域文化独特的魅力；跨年龄结交忘年交，你将会受益无穷，甚至终身受益。

结交朋友既要靠缘分，也要靠自己的主动，大学里各种校园文化活动都是你结交朋友的平台。但是千万要记得，不要为了交朋友而交朋友，“物以类聚，人以群分”，要慎重结交朋友，注重结交思想上能相互启迪、心灵上能够相互沟通、学业上能相互借鉴、品质能力上能相互欣赏的朋友，甚至是诤友、密友，这将是你一辈子的财富。

1.4.2 师者——你的人生导师

清华大学前校长梅贻琦曾说："所谓大学者，非大楼之谓也，是有大师之谓也。"老师是知识的传授者、成长的指导者、学生素质拓展的培养者，老师在大学生成长道路上的作用无人能够替代。大学里面的老师大多都思想深邃、个性鲜明、感情真挚，是我们为人治学难觅的楷模。与老师的交流就如同一次思想的洗礼，一次人格的过滤，一次心灵的净化，如果能常与老师交流，你的大学生活将变得无比的丰富和更有内涵。

在大学里，我们要尽可能地多与老师接触，老师们那种历经人生风雨之后的淡定从容，那种深厚的人文素养和含而不露的内在大气，无时无刻不在影响着我们。从学习到生活，从研究到工作，我们都可以在老师那里得到最无私的帮助。遗憾的是，基于很多顾虑，如担心受到老师的冷落、批评，担心老师没时间等，很多同学不敢甚至不愿亲近老师，但是实际上，或许当我们用敬畏的眼光去看待老师的时候，他却用一种欣赏鼓励的眼光看着我们。很多老师并不如我们所想象的那样，总是高高在上，不容靠近，其实他们很喜欢和年轻的学生一起交流，我们只要有勇气跨出第一步，老师就一定会笑着接纳我们。

跟老师交流的第一步就是多跟老师聊聊天。课前、课间、课后都是跟老师交流的好机会。不要担心找不到共同话题，比如请老师帮忙推荐几本专业参考书，请教自己在学习中遇到的问题，或是自己在生活上的一些疑惑都是很合适的。彼此熟悉之后，自然可以聊一些学习和校园之外的东西。不过，我们在跟老师交往的过程当中，一定要注意礼貌和尊敬，不管这个老师多么和蔼可亲、平易近人，他始终是我们的长辈和师尊，我们在表达上要多注意，决不能把平时跟朋友相处的那一套用在老师身上。

平时我们也应该主动去拜访老师，倾听老师的教诲。跟老师深入地交流，往往比课堂的学习效果更好，因为这更有针对性。在拜访自己的老师时，有几个问题需要注意：首先，要跟老师提前约定时间，不要贸然拜访；其次，要事先准备好请教的问题；再次，要注意自己的着装仪容，体现出对老师的尊重。

大学新生要善于向老师请教，勇于提出问题。不论是学习方法、技巧上的问题，还是课程本身内容上的问题，或是老师研究领域方面的问题都可以请教，与老师熟悉了以后甚至还可以提出有关做人方面的问题。能够提出问题正是研究的开始，要锻炼自己这种能力，向老师请教之后，慢慢培养自己解决问题的能力。这样 3 年下来，肯定收获颇丰，甚至会发现终生研究的课题。

俗话说，"听君一席话，胜读十年书"。我们在学校里很容易就能遇到这样的人生导师，既然如此，同学们就要勇敢地跨出和老师交流的第一步，好好地运用这一资源。

1.4.3 图书馆——永远的知识海洋

大学里最有价值的地方是图书馆，图书馆对求知的学生来说，不亚于第二课堂。课堂上老师所讲的只是浓缩了的知识精华，内容只是沧海一粟，更为精深、广泛的知识，相关

或边缘学科的知识等，都需要靠自己在课后去获取，图书馆就是我们寻找答案的最佳去处。不少大学生不能很好地认识图书馆的价值，大学期间很少光顾图书馆，有些同学仅仅把图书馆作为一般自习的场所，没有真正合理、充分地利用图书馆。大学的学习离不开图书馆，能否很好地利用图书馆，几乎就意味着你的大学学习是否成功。

每所大学都会有自己的图书馆，有些大学的院（系）也拥有本院（系）专门的图书资料室。不同学科的图书馆主要的藏书内容和馆藏分类会有所不同，但是一般都会有一些常规的阅览室，如报刊、工具书、社科类阅览室等。不论是专业知识的查漏补缺，还是自身素质的提高，不论是思想品德的培养，还是身心健康的培养，我们都可以在图书馆里弥补自己的不足。知识是人类进步的阶梯，书籍集合了人类几千年的文化知识，而图书馆则集合了书籍中的精华，图书馆就是永不枯竭的知识来源。此外，图书馆还能培养和提高我们的自学能力和学习上的自立精神，古今中外的许多文学家、思想家、军事家等，在图书馆自学而成就事业的不在少数。毛泽东在青年时代就曾在湖南教育会图书馆自学，后来据他回忆说："……但在我学习生活中最有收获的时期却是在湖南图书馆自学的半年。"

大学新生入学后，大部分学校都会举办图书馆使用专题讲座，介绍图书馆学的一些基本知识、图书馆的服务机构、借阅流程等。办理完阅览证、借书证之后，不妨先去学校图书馆大致浏览一番，弄清楚怎样使用电子检索系统找到自己想要的书，怎样浏览图书馆新进的书籍，哪个阅览室都有些什么方面的图书，外借书一次可以借阅几本，续借有什么要求，怎样预约书籍等问题。可以说，如果一本书是一滴水，那么图书馆就是一个知识的海洋；如果一个知识点是一粒金沙，图书馆就是我们身边一座知识的金矿。作为学生，一定要注意利用好学术期刊阅览室和图书馆内的各种工具书，为以后的成才发展打下坚实的基础。倘若在大学四年里，我们很少去图书馆，就等于白白浪费了一大笔财富。相反，如果我们能够坚持经常去图书馆看看书，读读报，即使只是随意翻翻，我们也会获益匪浅。

因此，与其把大好时光浪费在逛街、睡懒觉、玩网游等上面，不妨多去图书馆转转，至少保持一周一次的频率。带上你的水杯、笔记本，认认真真地坐在那里读读书，你会发现自己忽然之间拥有了一座取之不尽、用之不竭的宝山。需要注意的是，图书馆是一个安静高雅的公共场合，我们去图书馆的时候要注意自己的言行举止，遵守馆内的规章制度，不要着汗衫、背心、拖鞋等去图书馆，在馆内不要大声喧哗、举动轻浮等。

1.4.4　学术讲座——提高综合素质

对大学生来说，听学术讲座是学习的重要组成部分。在大学里，尤其是综合性大学里，为了增强学术空气和活跃人们的思维，为了扩大学生的知识面和丰富学生的课余生活，经常举办内容丰富的学术讲座。学术讲座的主讲者，基本上都是专家、教授、知名学者、实干家和社会名流等，这些讲座一般都具有前沿性、创新性、前瞻性，非常有利于提高大学生的综合素质。学术讲座是可贵的思想财富，大学生身处大学校园，有这样的便利条件，如果能尽量多听讲座尤其是质量高的讲座，大学生活定会有更多的收获。这些讲座能开阔我们的视野，拓展我们的思想，增进我们的人生阅历。

但是，不少学生对大学的学术讲座不感兴趣，参与学术报告的积极性不是很高。听学术讲座不要考虑专业对不对口，专业不对口的讲座你也肯定能在思想观念、思维方式和学术精神上受到启发。同时，要拓展知识面，也要我们积极关注专业以外的知识，克服“偏食症”，不要成为“单边人”。也不要以“忙”为借口。只要不是正在上课，再忙也应该抽时间去听讲座，毕竟，一般来说，学术讲座都是主讲人对讲座的主题颇有研究，甚至是终身研究的成果，短短的几个小时，能够吸收别人的研究成果，无疑是最有价值的。

对于大学新生来说，如何有效参加讲座大有学问。首先，我们要准确及时地获取讲座信息。一般来说，讲座主办人或主办单位会提前在相关场所发布这些信息，比如在校园内专门的信息公告地。讲座的宣传材料一般会张贴在公告区最醒目、人流量最密集的地段。所以时常留意校园的信息公告区，你一般是不会错过自己想听的讲座的。如果你上网方便，也可以查看学校里有关讲座信息的专门网页来获取近期讲座的详细资料。当然，有一些讲座具有内部性质，这些讲座的信息通常不会在学校里的公开场合公布，比如，有些院系的内部惯例讲座通常是在特定的时间和地点进行。这些讲座信息往往不在大学校园内的公开场合公布，因此需要自己平时多关注、多留心。另一些讲座特别是学术大师的讲座和国内外政界要员的来访演讲等，常常会因供不应求的局面而对听讲人数做出限制，因此需要排队领票甚至内部发票。如果对这些讲座有兴趣的话一定要提早行动。

知道了讲座的时间和地点，第二步就是有效地去听。考虑到听讲座的效果，一般需要提前赶往指定地点占座。听讲座的时候，要专心去听，跟上演讲者的节奏，同时还要做好笔记，以备查阅。讲座的笔记与平时的课堂笔记稍有不同，最好能记住主讲人的个人信息，尤其是联系方式；其次是简明扼要地记录讲座的理论框架和基本内容，以及令人耳目一新的新概念、新观点、新想法，和自己在听讲座的过程当中的感悟和想法。这些思想的火花都稍纵即逝，所以不管成熟与否，都要先记录下来。讲座结束之后，主讲人一般会留出一段时间，进行互动交流，如果有某些不明白的或是不赞同的观点和内容，可以自由提出。对于同学们来说，这既是与主讲者面对面交流的机会，又能对自己思维的拓展和理论表达能力的提高有很大帮助，所以一定要珍惜这种机会。

1.4.5 互联网——平面的世界

信息时代，获取信息的途径除传统的书籍、报刊、广播、电视之外，又增加了互联网，而且互联网的高效、丰富、即时和交互性是其他传统媒体无法比拟的。在大学里，互联网资源可以说是大学生们平时用得最多的资源。通过互联网，我们可以和世界各地的人做朋友，了解这个世界各个角落的风土人情，收看最新的新闻资讯、科技动态……缤纷的

网络世界，给了我们一个联络外部世界的桥梁，通过互联网，我们可以方便快捷地获取资讯，鼠标轻轻一点，世界就呈现在我们眼前。网络以其免费、快速、信息范围广等优势，给我们的学习带来很大帮助。

但是，大学生对互联网使用的现状，却十分令人忧虑。相当多的大学生更多地把互联网作为娱乐工具，淡化了互联网的学习功能。在互联网上，好多同学都是在QQ聊天、玩网络游戏、看电影等，甚至不少同学因“网游”过度，而无法完成学业；还有一些同学因“网恋”而上当受骗；也有一些意志薄弱的学生受到一些非法网站的诱惑，而走上犯罪的道路。互联网既可以丰富我们的生活，也可以让我们在生活中找不到自己，互联网就是一把“双刃剑”。作为一名大学生，我们理应做一名文明的网民、理性的网民，不断增强自己的法制观念、道德感和责任感，不断增强自己的自制力、判断力和选择力，不断提高自己的网络素养，把握住自己，做互联网的主人。

对大学生来讲，要更加重视互联网的学习功能，突出发挥互联网在大学生成长成才中的重要作用。首先，我们可以通过互联网下载一些学习软件和工具，比如常用的Photoshop、Flash等，帮助我们自学并拓宽知识面。其次，互联网上可以看到很多电子图书，有些专业书籍和论文等很难通过正式渠道获得，可以在互联网上查阅到电子文档进行阅读。第三，互联网上有大量的英语学习资源。这些快捷免费的资源，在大学里不好好运用，着实浪费。

除此之外，学校里还有很多其他资源，比如丰富多彩的校园文化活动，能开阔视野、了解社会的社会实践和专业实习等。只要你做好准备，并充分地利用这些资源，那么你的大学生活会变得更加丰富多彩、更有收获。

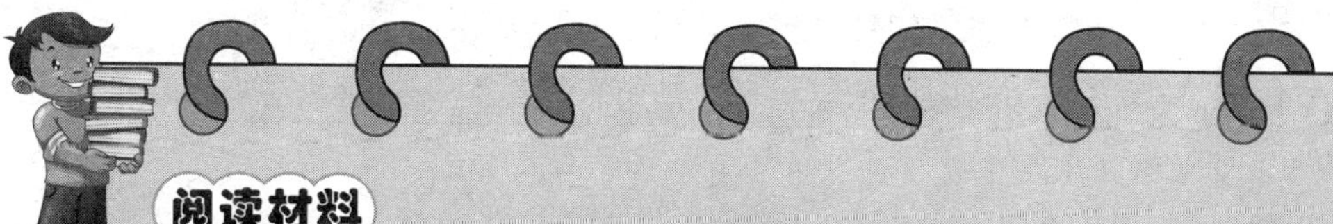

阅读材料

感悟大学

有人说“大学，大学，大致学习一下”，也有不少人宣传“大学里学不到什么，学的东西在工作中根本没用，重要的在于能力的培养”。这些不负责任的说法，导致不少同学对知识和能力有了错误的认识，甚至将它们视为对立的两个方面而完全放弃了求知，一味追求提高自己的“能力”。

的确，大学生需要通过各种途径、参加各种活动来提高自身的组织能力，领导能力，与人交流、沟通、相处的能力。但这些绝不是大学生活的全部，而只是大学生活的一部分。大学生活的另一部分，而且是重要部分，是学习理论知识，提高理论素养。如果大学仅仅是上述那些活动，提高某些方面的能力的话，又何必花那么多的钱来上大学？不如干脆直接进入社会算了，那是一个锻炼谋生能力、积累人生经验的最好的大学。

有人说：男人最大的魅力是从容；女人最大的魅力是自然。而这份从容，这份自然，应该来源于他们所具备的丰富的理论知识，也就是他们的内涵。只有一个具备丰富知识的人，才会具有深邃的思想和独特的思维方式，无论面对什么情况，都能从容冷静。学习、求知是一个长期的不间断的过程。求知，就如同给生命不断地注入新鲜的血液，使其永远保持青春活力，而不至于苍白无力。做过“英语”家教的同学，有这样的体会，当把“英语”那些语法知识全部讲出来之后，突然觉得自己再没有什么可以讲的了，一下子有一种被掏空了的感觉，原来自己的知识竟是那样的贫乏。大学校园，是一个求知的最好场所，而且学生处于大学时期这个年龄阶段，是最年轻且有生命力的时候，是求知和思考的最佳时机。从大一开始就注意学习的同学，到了大三，他们和一般同学的差距就很明显地拉开了，他们已经初步具备了专业方面的基本知识和技能，通过经常与老师交流探讨，他们的思维方式会发生较大的变化，这就是一种通过学习知识而转化过来的思维能力，一种获取创业机会的通行证，一种捕获商机、发展事业的才能。对于刚刚走入大学的新生，对于大学的认识可能是肤浅的，对于未来3年的大学学习生活也可能束手无策，不知如何规划，这都是正常的。但大家应尽快了解大学，熟悉大学生活，适应大学学习规律，规划发展方向，用较短的时间，使自己进入角色。

思考题

1. 阐述大学的定义、功能和精神。
2. 大学与中学有何不同？刚入校的大学生应该如何转变角色？
3. 大学生应该具备怎样的知识、能力和素质。
4. 大学有哪些我们必须利用的资源？如何利用？

第 2 章

修业导航　立志于学

人若立志，并勤奋于学，均可成圣贤。大学生首要的和最重要的任务就是学习。与高中教育不同，大学的独特的教育内容、教育方法和要求，给大学生的学习提出了更高的要求。如何有效学习，成为每一名大学生不得不面对的首要课题。现在的文盲不是不会识字的人，而是不会学习的人。树立我的大学以学为主的观念，学会科学的学习不仅是掌握知识、提高能力的需要，更是当代大学生的一种人生目标和生活态度。

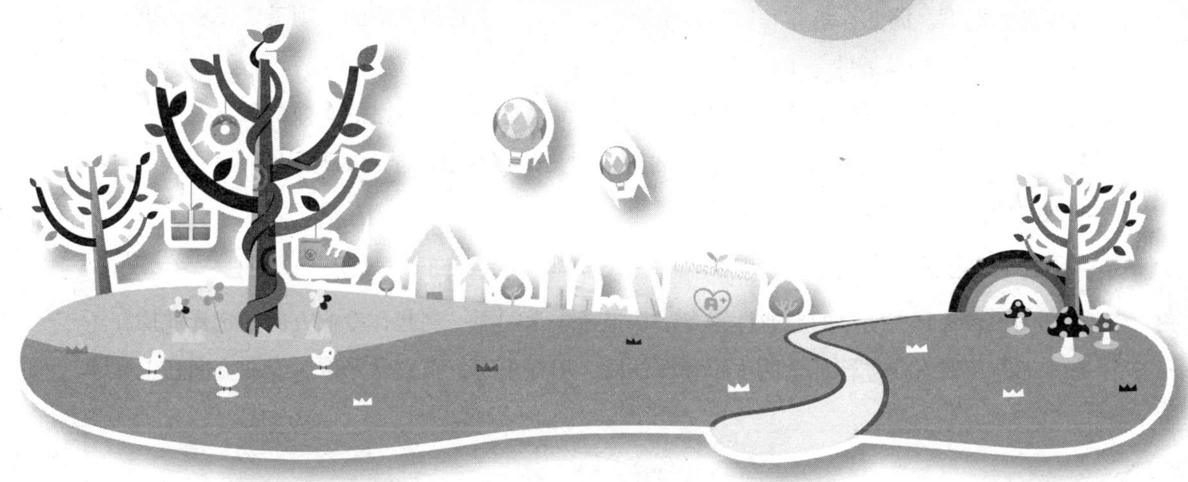

2.1 大学学习的特点及要求

大学学习的内容、方法和要求，与中学时期相比发生了很大的变化。要想真正学到知识和本领，除了勤奋学习、刻苦钻研之外，还要适应大学的教学规律，掌握大学的学习特点，选择适合自己的学习方法。

2.1.1 大学学习的特点

在大学阶段，大学生不仅要掌握比较深厚的基础理论和专业知识，还要在各方面具备较高的能力。大学教育具有明显的职业定向性，要求同学们除了扎扎实实掌握书本知识之外，还要培养研究和解决问题的能力。因此，要特别注意自学能力的培养，学会独立地支配学习时间，自觉地、主动地、生动活泼地学习，还要注意思维能力、创造能力、组织管理能力、表达能力的培养，为将来适应社会打下良好的基础。

大学学习的特点

1. 自主性

大学学习与中学学习截然不同的特点是依赖性的减少，代之以主动、自觉的学习。不少大学生入校后发现，常常半天或一天没有课，不知道做什么，好多学生误以为，没课的时间就是休息的时间，玩的时间。实际上，大学里有一半的时间是自己支配的。此外，大学的课堂教学往往是提纲挈领式的，教师在课堂上只讲难点、疑点、重点或者是教师最有心得的一部分，其余部分就要由学生自己去攻读、理解和把握，大部分时间是留给学生自学的。因此，大学学习不能像中学那样完全依赖教师的计划和安排，学生不能只单纯地接受课堂上的教学内容，必须充分发挥主观能动性，发挥自己在学习中的潜力。

自主性的学习方式，将贯穿于大学学习的整个过程，并反映在大学生活的各个方面。如学习的自主安排、学习内容和学习方法的自主选择等。大学生自学能力的培养，是适应大学学习主动性特点的一个重要方面。不会自学或不能养成自学的习惯，将被时代前进的步伐远远抛下。因此，培养和提高自学能力，是大学生必须完成的一项重要任务，也是进行终身学习的基本条件。不论是课堂学习、自学活动还是独立钻研或者相互启发式学习，大学生都要发挥学习的主动性，根据自己的情况，选择适合自己的有效的学习方法。大学的学习，不再是死记硬背老师所讲的内容，而是根据自己的学习目标和专业要求，选择、吸收、消化有用的知识。

2. 专业性

大学教育具有明显的专业性特点。从报考大学的那一刻起，专业方向的选择就摆在了考生面前，对专业进行了全面了解和评估后，填报志愿，被大学录取。专业方向在上大学

时就已经基本确定了。几年大学的学习内容都是围绕着这一大方向来安排的。大学的学习实际上是一种高层次的专业学习，这种专业性，是随着社会对本专业要求的变化和发展而不断深入的，知识不断更新，知识面也越来越宽。为适应当代科技发展既高度分化又高度综合的特点，这种专业性通常只能是一个大致的方向，而更具体、更细致的专业目标在大学几年的学习过程中或是在将来走向社会后，才能最终确定下来。整个大学学习过程，也是对所学专业不断认可的过程，如果喜欢自己的专业，可以在专业中多投入一些精力；如果不太喜欢自己的专业，而喜欢学校的其他专业，除了申请转专业之外，还可以辅修其他专业的课程。无论作什么选择，需要明确一件事，任何人所适合的专业是一个大体的范围，而不是一个局限的点，因此，大学生千万不要因对所学专业没兴趣而荒废学业，最终留下悔恨与遗憾。反面的事例，年年在大学校园上演。

3. 广泛性

广泛性反映了大学学习的多层面、多角度的特点，表现在两方面：一是在学习过程中可以通过各种不同的途径和渠道吸收知识，也可以靠广泛的兴趣去探求课程之外的知识。上课时间之外，学生有较多时间自由支配，如可参与学术报告、知识讲座、专题讨论、社会调查等，众多形式为大学生从不同层次、不同角度学习知识创造了条件。二是在学习活动中可以发展自己的兴趣，不断丰富调整自己的学习内容，形成合理的知识结构。作为大学生，人文素质和科学文化素质这两方面是不可分割的，犹如一枚硬币的正反两面。

大学生不仅要拥有精深的专业知识，还应利用闲暇时间广泛阅读人文类书籍，如政治、哲学、法律、地理、历史等方面的书。“历史能使人明智，哲学能使人高深，地理能使人豁达……”书是人类进步的阶梯，畅游于其中，必能陶冶你的情操。机遇总是青睐有准备的人。大学生要把握好机遇，合理调整知识结构，不断提高自身综合素质。

4. 创造性

创新是一种精神状态，更是一种科学方法。复旦大学原校长杨福家指出，中国大学生的素质国际一流，单从考试成绩来看，清华大学学生的水准的确比美国哈佛大学学生的水准高。但是中国的大学生在个人创造性、知识广度等方面却有些欠缺。由于教育存在局限性的问题，有些学生带着问号进学校，带着句号出学校，标准答案就一个。这实际上对学生创新思想有较大影响。小学生做缩句训练“百灵鸟放开嗓子在欢快地歌唱”，我们一般地缩为“百灵鸟在歌唱”。但这样的答案是不对的，主要是与标准答案不符。标准答案是“鸟在歌唱”，学生不按此答案就会被扣分。中国的学生，从小学到高中的教育，十分重视一点一滴的知识积累，学的死知识很多，活的思想很少；知其然，而不知其所以然。对于大学生来说，短期看，具有创新素质的大学生在就业市场具有更强的竞争力，长期看，在一个人的职业生涯中，没有创新就很难有发展和进步，因为你不能提出新的见解，不能开拓性地开展工作，所以只能在别人的指挥下工作。

2.1.2 学习是大学生的首要任务

大学生的本分是学习，大学生的天职在于学习。不管是提高综合素质，还是培养综合能力，学习都是基础。知识经济时代是“知识就是财富”的时代，大学生只有不断提高自己的知识水平，才能适应知识经济时代的发展，铺就成功之路。

山东省高校工委在济南高校进行开放式问卷调查，统计结果表明，大学生关注度高的是学习，同时，绝大多数的大学生将“学习”和“增长才干，锻炼能力”列为目前自己最关注的问题。调查也显示，理科生与文科生相比学习欲望更强烈；女生比男生更加关注学习成绩的好坏和在校的收获；大学生最感兴趣、认为最有价值和学习最用心的课程主要是方法技能类的实用课程，然后才是与专业有关的应用性课程。调查也同样显示，大学生对专业基础课显然不是很感兴趣，对公共政治类课程，大学生普遍存在旷课率偏高的现象。

一个学校、一个班级有自己的学风，一个人也有自己独特的学风，并且从学风方面可以看出一个人的整个精神风貌和各种人格因素。

1. 要有正确的学习态度

态度是一件小事，却能导致巨大的差别。有了正确的学习态度，才能克服在学习过程中出现的各种各样的问题。态度明确，注意力专注，学习效率才能提高。当然，正确的学习态度又来源于大学生对大学学习自身重大意义的认识，所以，学习态度是一个人人生观、世界观的具体体现。

15岁考入中国科技大学的李世鹏，在美国完成了博士学业后回国，在“数据压缩”和“数据传输”领域里做出的杰出贡献，使他在全世界计算机领域里享有盛誉。别人都夸他聪明，智商高，而他却认为：“大学的课程更灵活一些，光努力还不够，还要有方法。但是不论在小学、中学还是大学，有一个东西是共同的，那就是态度。态度可能对最后的结果产生很大影响。”学习态度，比课本更重要，比课堂更重要，比分数和名次更重要，比学校是否是重点大学更重要。在无法改变现行教育体制的情况下，大学生可以通过改变对教育的看法，从而对学习充满旺盛的激情。

2. 要有强烈的学习责任感

大学生应具有强烈的学习责任感，市场经济的开放和竞争与就业市场的压力是最好的老师。市场经济不承认特权，它信奉平等竞争；市场经济不相信眼泪，它需要用自身的实力证明自己的身价。市场经济奉行等价交换的原则。

近几年严峻的就业形势，使大学生择业由皇帝的女儿不愁嫁到如今的双向选择，自主择业。大学生在拥有选择自由的同时必须具有被选择的准备。双向选择，自主择业，就像男婚女嫁，你喜欢的，人家未必中意你；人家中意你的，你又不乐意。凭自己的实力打天下，就要反映出你的真实水平。因此，无论从哪个层面，大学生都应该树立强烈的责任感和成才意识，否则，可能会面对毕业即失业的尴尬局面。

3. 摸索适合自己的大学学习方法

大学是系统地学习知识的时期，大学生应该抓住这一难得的机遇，努力成为一个“知识贵族”。自觉学习是大学学习活动的核心特征。大学生的学习不单是掌握知识，更重要的是掌握学习知识的方法。方法不等于知识，知识可以遗忘，而方法则忘不掉。犹如一个从小会骑自行车的人，成年后若干年不骑，一旦再次接触自行车，仍然马上就会骑着行走，不用重新学习。知识是最低层次的，方法比知识更重要，方法是打开知识宝库大门的钥匙。授人以鱼，只能给人几条鱼而已；授人以渔，教人掌握了抓鱼的规律和方法，就可以使其抓到更多的鱼。在面包和猎枪之间选择—猎枪是维持生存发展的条件。

刚进大学的新生，一般都会有 3 ~ 4 个月的调适期。在这段时间里，大学生需要完成从高中的应试教育模式到大学的开放式教学的转换。高中只学习具体的知识，而在大学则应该学习一种思维方式。面对“爆炸式”的信息，我们要从学习知识的过程中学习多角度思考问题。在大学里，学习首先要靠大学生自己支配课余时间，通过大量的课外阅读去整理、消化课内的知识。如果采用“课堂记笔记，课下背笔记，考完全忘记”的方法，被动依赖老师的课堂讲授，就与大学的学习生活不相适应。课堂笔记记得再好，知识点背得再牢，也只是老师教案的一个简易的翻版，重要的是查找相关的资料，补充、丰富教师的讲授内容。其次，大学生应不急不躁地摸索自己的学习方法，逐渐调整状态，达到平衡。客观地说，最好的学习方法每个人都有一套，那就是最适合你的那一套。这套方法是在取人之长的基础上结合自己实际不断探索得来的，照抄照搬是不行的。为此，大学生要在借鉴前人经验的同时，积极探索和造就适合自己的学习方法。

4. 正确处理学习知识与培养能力的关系

成功离不开能力，也离不开知识，两者都不能偏废。但在大学校园里，片面强调能力的培养，忽视专业知识的学习已经成为一个突出问题。一部分大学生认为，知识是会老化的，而能力则是永恒的。因此，学习知识是笨拙的学习方法，学习的捷径在于直接培养能力。

培养能力应该从哪些方面着手呢？在一些大学生看来，能力的培养主要是通过社团活动、社交活动等形式完成的。在今天的大学校园中，热衷于社团活动的学生为数不少。通过社团活动，培养实际能力固然值得鼓励，但投入过多时间是否值得，还得认真考虑。只要想一想，人的一生中发展的机会很多，而集中精力、时间进行系统学习的机会却很有限，孰轻孰重，答案不言自明。当然，大学生在不耽误功课的前提下参与一些社团活动也未尝不可，但是一定要把握好“度”。不少大学生反映，一些被称为“职业活动家”的学生干部，不注意专业学习，将较多的精力投入社团工作，导致成绩不好，威信不高。大学生千万不要忘记，有较强的人际交往能力是必要的，但还应具备良好的道德修养、理智分析问题的能力，而离开专业知识的学习，要获得这些素质是不可能的。我们强调学习知识

的重要性，并不是要大学生都不要做学生工作，都去做书本知识的奴隶，这同样是偏颇的做法。正确的做法应该是摆正完成学业和培养能力的关系，只要处理得当，“鱼”与“熊掌”可以兼得。

5. 用智慧驾驭知识

以新的视角来看待知识与方法的关系，是知识经济时代培养创新人才最根本的问题。诺贝尔奖获得者李政道在《物理的挑战》报告中指出，创新人才不能仅仅依靠课堂讲授、课堂教育，也不能完全依靠因特网等高科技工具，因特网只能提供信息，但信息不是知识。

现在不少大学生认为进入信息时代，鼠标一点，就可以包罗万象、包治百病，实际情况并非如此。信息不是知识，知识不等于智慧，体现智慧的是把信息和知识综合起来予以应用并取得良好效果的能力上。数据资料不加以分析不成其为信息，信息不加以应用不成其为知识，知识不通过智慧加以运用不成其为力量。当今世界不是与社会生活无关的知识竞争，而是人的视野、能力、水平的竞争。美国著名的管理学家彼得·德鲁克把人类处理知识的方式划分为 3 个时代：人类早期是知识启蒙的时代，工业化时期是知识应用的时代，工业化之后是智慧时代。所谓智慧时代，就是要求根据自己的发展目标去检索知识、积累知识、处理知识。

爱因斯坦、牛顿等一大批科学家，都是在二十多岁做出了划时代的科学成果。当时，他们的知识储量和他们同时代的科学前辈相比，可能还要少一点。那么为什么他们取得了巨大的科学成就呢？主要是科学方法。最近，美国一批现代心理学家的研究成果表明：知识相对较少而创新能力强和知识多而创新能力差都属于正常现象。美国有位现代心理学家经过研究后发现，爱因斯坦当年提出相对论，就是因为爱因斯坦当时的物理学知识相对较少。当然，这绝不是说掌握的知识数量多反而阻碍了科学创新素质的培养，只是说明知识的数量不是创新的决定因素，最为关键的是知识的数量与科学的方法结合，用智慧驾驭知识。

2.2 把握大学学习规律

大学学习的自主性、专业性、广泛性和创造性，不仅要求大学生具备强烈的自主学习、终身学习的观念和强烈的学习责任感，还必须把握大学学习的规律。大学生只有把握住了学习的规律，才能增强学习的科学性和有效性，才能事半功倍，取得良好的学习效果。

2.2.1 大学学习过程的基本阶段

大学学习是一个自始至终不断循环向前发展的过程，具体包括以下阶段。

1. 形成动机阶段

动机是引起和维持个体活动，并使活动朝向某一目标的内在心理过程或内部动力。人类的各种活动都是在动机的作用下，向着某一目标进行的，其本质是人的需要产生的，大学的学习活动也是如此。

所谓学习动机，即指激发个体进行学习活动，维持已引起的学习活动，并使个体的学习活动向着一定的学习目标发展的一种内部启动机制。它包括学习的需要，即学习的内驱力和学习的期待。而内驱力又包含3个方面：认知的内驱力、自我提高的内驱力和附属内驱力。依照马斯洛的需要层次理论，当人的生理的需要、安全的需要、爱和归属的需要、得到尊重的需要等基本得到满足后，就进入了成长的需要，即自我实现的需要。自我实现作为一种高级的需要，它包括认知、审美和创造的需要。

大学生涯阶段的划分

一般来讲，较强的学习动机可以促进学习，可以引导大学生具有明确的学习目标，知道自己为什么学。具有较高的学习动机能够长时间保持认真学习的态度，具有较强的学习毅力。

2. 组织信息阶段

组织信息对于大学生的学习来说是至关重要的，它制约着大学生的学习方式。信息的组织、存储、呈现、传递的变化，都会对大学生的学习产生一定的影响。大学生的学习在组织信息阶段，就是要形成自己的知识结构。信息都有它自身横向的（指相关、对比、增添的信息）和纵向的（指分层、伴随、从属的信息）联系。大学生在组织信息时要做到3个“善于”：一是要善于把新信息和旧知识“联系”起来，既可为新信息提供参照系，又便于新信息的消化、吸收，形成更高级的信息网络；二是善于将新信息用直观和文字概括的方式“表达”出来，并将感性认识提高到理性认识，学会表达理性认识的方法（如假设、原理、概念、公式、因果关系等）；三是善于将认识的结果用模型（数学的、物理的、逻辑的模型等）进行特征描述，做到把片段知识加以综合集中。

3. 学习应用阶段

在组织信息的基础上，大学生要通过应用使学习深化，使自己进入角色，成为学习的主人，不能长期停留在被动地听课、看书阶段，也就是要做到学以致用，理论与实践相结合。学习应用阶段的展开首先要通过参与和所学知识技能的相互作用，进入角色（如概括所学内容并提出见解，用学会的知识技能做练习和作业，用自己设想的方案做实验等）；其次要通过将所学内容的各个部分进一步深入学习，如参加实验、进行设计、实际操作、解决一两个实际问题等；最后要看到自己应用后的成果，并对此成果加以讨论、总结、消化，加深对所学内容的理解。

4. 重复巩固阶段

重复是大学生学习获得成功的必要过程和手段，在初步应用以后，必须对基本的学习内容进行重复和强化学习，这样才能达到巩固的目的，使它们长期保存在记忆中。重复巩固阶段的要素主要包括熟练、强化和常规。熟练是对基本的学习内容达到熟练程度，对初步应用时遇到的知识和技能进行提炼，获得初步记忆。强化是指每隔一段时间对一些重要的概念、原理和方法进行再次复习和应用。常规是熟练和强化所学内容所期望的效果，使获得的知识技能在运用时达到常规化的程度。

对大学生来说，及时复习、集中学习与分散学习相结合，加强对所学知识的整理、概括使之系统化，是行之有效的重复方法，不仅能强化、巩固记忆，还能发挥重复在加深理解、促进应用中的重要作用。

5. 迁移综合阶段

学习过程的最终目标不仅仅是将知识技能学到手，更重要的是要知道在什么时候、什么场合、用什么方法将它们迁移应用到新的任务中去。为此，在已经巩固的知识及初步应用的基础上，首先要用学生自己的语言"归纳"出其中最重要的概念、原理和方法；其次要将这些自己归纳出的概念、原理和方法"迁移"到本学习范围以外的领域中加以再应用；最后要把已学习和再应用后的概念、原理和方法"综合"到一个新的参照系中，进行新的学习和应用，使学习处于新一轮的学习过程中。

以上学习过程的后一阶段既是前一阶段的发展，同时，又会反作用于前一阶段。前一轮学习过程的第 5 阶段还会发展成为后一轮学习过程的第 1 阶段。

2.2.2 大学学习过程的层次

除学习过程的 5 个基本阶段以外，大学生在校学习还要经历不同层次的学习过程。

1. 第一层次学习过程——从入学到毕业

从大学生学习的宏观上来说，第一层次包含了大学学习的各阶段、各个方面，是一个完整、系统的层次，一般分为 3 个阶段。

（1）基础知识学习阶段

这是大学的开端，俗话说"良好的开端，是成功的一半"。这一阶段一般要学习公共基础课和一般基础课，包括大学英语、体育、大学生思想品德与法律基础等、计算机文化基础等。这些课程除了在中学的基础上加深、加宽基础科学知识外，还进一步担负着发展智能、训练思维方法，为以后学习专业课打基础的使命。有的同学因在中学学过政治课和数理化而轻视公共基础课的学习，结果造成专业课的学习和研究受到数理知识的局限，难以在专业的广度和深度上发挥自己的能力。无数的事实表明，公共基础课这一阶段的学习非常重要，它不仅直接影响到大学生专业课的学习，而且对大学生未来的发展将产生长远的

作用。大学的学习过程犹如建造一座金字塔，“基础不牢，地动山摇”，学好基础知识对大学生来说可谓至关重要，大学生千万不要从实用主义的角度出发，认为公共基础课不重要。

（2）专业基础知识学习阶段

不同的专业有不同的专业基础课，它重点讲述各专业的基本概念、原理、规律及解决问题的基本思想方法，它在大学学习过程中起到承先启后的作用。有人将公共基础课比喻为塔基，专业基础课比喻为塔身，专业课比喻为塔顶，这形象地说明了公共基础课、专业基础课和专业课三者之间的相互关系。专业基础课是学习专业知识的必要知识，没有扎实的专业基础知识，要学好专业课是不可能的，它是学习和从事专业工作的支柱，也是从事科学研究的基础。优秀学子的成功经验表明，专业基础课学得越扎实，专业学习就越轻松，就越有利于提高大学生综合运用知识的能力。

（3）专业知识学习阶段

这一阶段的学习主要体现专业的特点，要学习从事未来工作最直接、最实用的知识，更是发挥个性特点、提升能力的关键阶段，它包括各专业特有的技术理论课和技术应用课。专业知识的掌握和运用，主要取决于与专业知识相关的基础课程，基础薄弱，很难专深，基础与专业如同金字塔，塔底越宽，塔顶才能越高。学好了基础课，学专业课就轻松，基础越扎实，专业学习就越容易。大学学习的全过程，就是一个好的佐证：大凡在基础课、专业基础课学习阶段学得好的学生在后阶段的专业课学习中往往得心应手，容易获得成功。公共基础课、专业基础课学得不好的同学，专业课往往也学不好，尤其是对理工科专业的大学生来说，更是如此，所以对大学生来讲，不能忽视任何一门课的学习。

2. 第二层次学习过程——从一门课程的开始到结束

在这个过程中，学生的认知水平要经历 3 个阶段，从第一阶段认知水平到第二阶段认知水平的变化是学生自行阅读参考文献，自己进行学习总结，并积极参与课堂讨论。从第二阶段认知水平到第三阶段认知水平的变化是参与各种实践环节的训练，应用理论知识解决实际问题。在这些变化中，学生要把握时机及时将自己从低一级的阶段转化为高一级的阶段。

2.2.3 影响大学生学习效果的因素

大学生学习效果受以下几方面因素影响。

1. 学习的需要

需要是指个人和社会的需求在人脑中的反映，是人感到某种“缺乏”而力求满足的一种心理活动。需要往往表现为意向、愿望、理想的形式，成为行为的基本动力。一般可将需要分为6个层次：生理需要、安全需要、归属需要、尊重需要、自我发展需要和实现理想需要。其中生理需要是其他需要的基础；高层次的需要则是把社会需要转化为自我发展需要；最高层次则是树立抱负，形成实现理想的需要。大学生学习时期的需要是实现理想需要占优势的需要。但是，需要的演进不是像阶梯那样的，而是波浪式的。学习的需要跨越了尊重需要、自我发展需要和实现理想需要3个层次。它既是个人获得成就的基础，也是个人不断进步的本能，随着年龄增长又会成为社会需求在个人大脑里的反映。在高等学校里，必须经常向大学生强调社会发展对高等教育的需要和大学生自身发展的需要，二者缺一不可，从而使大学生建立和巩固较高层次的学习需要，为形成最佳的学习动机打下基础。

2. 学习的动机

学习的动机是直接推动人们进行学习的内部动力，是学习需要的具体表现。它可以引起学习愿望，推动学习行为，引导学习向某个目标进行，维持和不断增加学习能量。大学生的学习动机有多种，按其来源的远近和作用时间的长短分为间接的远景动机和直接的近景动机。在这些动机中，有积极的动机，有功利主义的动机，有狭隘的动机，有消极的动机。学习中的远景动机和近景动机都很重要，两者相辅相成、互相作用。缺乏远景动机会使学习缺乏持久性，学习时会感到精神空虚。缺乏近景动机会使学习劲头不足、效率不高、效果不好。大学生先要具备远景动机，同时要结合自己的学习状况形成不同阶段的近景动机，把每门课程都学好。

学习动机的形成既有内在刺激因素也有外在刺激因素。前者是学习的需要，如感受到社会需求而产生内心的缺乏感；后者是个体以外种种条件产生的，如教师的引导、环境的影响、物质金钱的刺激。外因是通过内因起作用的，大学生有成效的学习始终是自己强烈学习动机和坚毅学习行为的结果。大学生应该自我激发学习动机的外因，自我培养学习动机的内因。自我激发外因，就是通过认真学习和参与社会实践活动来树立对未来的理想，激发对专业的责任感，产生强烈的求知欲，从而产生迫切的学习动机。自我培养内因，就是在产生正确的学习动机后，通过采取确立学习的高标准和大目标，使学习有明确目的，向自己提出问题，将学习不断引向深入等措施将它变成经常起作用的有效动力。

3. 学习的目标

目标是行为期望达到的目的，又是引起需要、激发动机的外部刺激条件。目标有教育者的教育目标和学习者的学习目标，这些目标又分为远期目标和近期目标两种。对教育者来说，远期目标就是本专业的培养目标，近期目标就是一门课程或者一个教学环节（实验、设计、实习等）的教学目标，即教育者期望学生在学完这门课程或完成这个教学环节后，在认知结构、技能、能力上的变化。对学习者来说，在得知专业培养目标以及在教师

告知每一门课和每一个教学环节的教学目的、意义、价值和预期效果后，就应该形成自己的远期学习目标和在每一门课、每一个教学环节前形成自己的近期学习目标。只有有了明确的学习目标后，才能具备学习的意向和计划，形成学习的方法和行动。

4. 大学生学习中的迁移及其利用

大学生在学习一门课程时往往会问：这门课对今后的学习有什么用处？在这门课中用了过去学过的哪些知识？这些问题就涉及学习的迁移。学习中的迁移一般指以往获得的知识、技能和方法对学习新知识和解决新问题所产生的影响。大学生应该活化知识，在学习过程中，学生要主动地将正在学习的知识与自己已经掌握的知识紧密相连，组成一个有条理、有层次的知识网络，以备需要时能迅速提取并加以应用，为学习中的正迁移创造条件。大学生还应该在学习过程中，及时地理解并消化吸收所学的知识，并通过对所学内容进行分析和解决问题的训练（如做题、练习、设计、实验等），尽量做到融会贯通，在这个基础上才开始学习新的知识，以求得到较好的正迁移和顺向迁移的效果。在学习过程中，学生应经常将学到的知识加以综合、归纳和总结，并利用它们去加深理解以往学过的知识，使认识进一步深化，做到逆向的正迁移。此外，大学生要努力提高自己的思维水平，学会用辩证思维，能够辩证分析所要解决的问题，善于根据具体情况处理过去获得的经验。

5. 学习中的记忆和遗忘

记忆是一种主动的心理过程，记忆从识记开始，经过保持，被记忆的信息不断被人脑加工、改造，与人在识记前后的经验建立各种联系，然后在一定条件下加以再认或回忆，这就是记忆的全过程。再认指重新感知已感知过的事物时能够辨认出来。回忆指头脑中重新浮现出过去经历过的事物。再认比回忆容易，因为再认有当前事物为线索，而回忆则没有，它是对已感知过的事物不在眼前时也能重新想起来。例如，学生听说考试采用选择题而非解答题时往往感到轻松，其原因就是做选择题是再认而做解答题是回忆。

遗忘是保持的消失，或表现为不能再认、不能回忆，或表现为错误的再认、错误的回忆。遗忘的速度（或记忆的保持率）随时间、所记忆内容的意义以及重复叙述的程度而变化。若记的是无意义的信息，而且记后不再重述，则保持率急剧下降，几秒或几分钟后可下降至 30% ~ 40%，几天后保持率不足 20%；若记的是有意义的信息，遗忘的速度就慢得多。若保持短时记忆后再用一定时间进行重复学习，称为过度学习（over learning），这时的保持率可以得到提高。此外，记忆还受抑制的影响。

因此，大学生要提高记忆效率，就要理解所学习的内容，有意识地进行阶段巩固，并注意经常应用所学的知识，善于联想，明确记忆目的，保持强烈的动机，讲究记忆的环境。例如，早晨学习的东西不容易遗忘，睡前学习的东西也不容易遗忘，所以，睡前

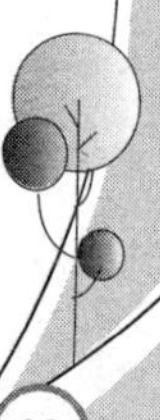

学习新内容，早上进行复习（或反之），往往是提高记忆保持率的好办法。又如在安静和心情舒畅的环境里进行学习，可以没有外抑制。此外为了提高记忆水平，还要注意学会一些有助于提高记忆的技巧。例如：英文中 few 与 little 的区别是前者可数，后者不可数。可记作 few 有 3 个字母，“易数”，而 little 有 6 个字母，“难数”等。

6. 大学生学习中的思维

认知是由具体的感觉到思维，又从理性抽象思维发展到理性具体思维的过程。有人说：“到大学里来学什么？一是要学会做人，二是要学会思维，三是要学会掌握和运用知识的能力。”应该说，人与人的差异，学习有成效与否的差异，乃至事业成功与否以及生活幸福与否的差异，都在很大程度上取决于思维方式和思维水平的差异。一般认为，思维包括形象思维、逻辑思维、辩证逻辑思维和创造性思维 4 种形式。

形象思维即直观思维，指建立在感性认识基础上的思维。学生在学习一个新领域的知识时，常常需要通过对该领域的具体事物进行认真的观察，获得感觉、知觉和表象，从中寻找联系和规律，以便将学习时获得的概念、原理与这些感性认识发生联系，产生联想，提高学习的效果和质量。这就是形象思维对学习的指导作用。比如在专业认识实习中以及在课程的现场教学中得到的感性认识和形成的形象思维，对今后的学习将起到重要的作用。形象思维又是发展创造性思维的基础，由于形象思维既是取得知识的源泉，又是发展创造力的基础，所以重视和锻炼形象思维有着重要意义。

逻辑思维即抽象思维，指借助于抽象的概念、判断、推理等基本形式形成的思维，它与形象思维的区别是摆脱了对感性材料的依赖。逻辑思维对学习的指导作用首先表现在去粗取精、去伪存真、由表及里、由此及彼的学习上，也表现为由现象引导、由浅入深的推理上，因而使学习更容易深入到事物的本质。大学生只有善于把“具体”和“抽象”结合起来，侧重于训练自己的抽象思维，在发展形象思维和逻辑思维的基础上，侧重于发展自己的逻辑思维，才能顺利地完成学习任务，才能提高学习中的认识水平，才能有效地开发自己的智力并形成科学的世界观。

辩证逻辑思维简称辩证思维，是按照对立统一的矛盾运动形式来反映客观事物的思维活动。它要求人们客观而全面地看问题，从事物的发展中对具体事物作具体分析，把握它的全部要素并指出其中什么占主导地位，可能的发展前途，以及怎样创造条件可以促使这种可能性转化为现实性。辩证思维是思维发展的最高形态。大学生在中学时已有辩证思维的萌芽，由于接触到大量科学、技术问题的形成、发展和应用，大学生的辩证思维水平得到迅速提高。同时，辩证思维的发展又能指导他们高质量地进行分析解决实际问题的训练。

创造性思维也称思维的创造性，是在科学发明、技术革新、文艺创作等活动中所特有的思维过程，也是学习过程中必不可少的心理因素。它既具有一般思维的特性，又不同于一般的思维：① 它往往与创造性活动联系在一起；② 它是思维与想象的统一；

③ 它具有潜在性，表现形式往往带有突发性（通常称为“灵感”或“顿悟”）；④ 它是多种思维的综合表现。对于大学生来说，由于创造性思维是多种思维的综合，所以不能为发展而发展，应该在日常学习过程中加强对自身形象思维、逻辑思维和辩证思维的训练，也就是要多看、多听、多思考、多分析。又由于创造性思维既带有突发性又带有潜在性，所以不能只看到“灵感”和“顿悟”的一面，以致平时学习任其自然，没有压力，想象着有一天突然得到什么灵感。灵感和顿悟反映一种质变，但质变是通过量变积累后才能得到的。平时勤奋、严谨的学习态度，刻意、执着的学习追求是产生创造性思维的基础。

抽象的逻辑思维、辩证思维主要用左脑，直观的形象思维和精神思想感受主要用右脑，发挥创造力则既要用左脑也要用右脑。对于理工科大学生来说，既要致力于用左脑学好科技知识，同时又要努力开发右脑，使我们具有充实的实际知识、丰富的精神世界和想象力，这是培养创造力的两个重要“轮子”。

2.3 从容应对大学考试

考试作为衡量学生学习成绩和检查教师教学效果的重要手段，是大学教学活动中不可缺少的一个重要环节。大学的考试一般安排在期中和期末，考试形式多样，有撰写论文、开卷考试、闭卷考试或开卷与闭卷相结合等。考试成绩的好坏，对学生下一阶段的学习乃至毕业有重要影响。因此，能否顺利通过考试并在考试中取得好成绩，对每一个学生有切身的利害关系。

2.3.1 考试准备

要顺利通过考试并取得好成绩，主要取决于大学生平时对课程内容的熟悉、掌握和应用的程度，当然，考试前准备和考试时临场发挥也很重要。

1. 抓好平时的学习，不要“临时抱佛脚”

有的同学平时不用功，到考试时才采取“临时抱佛脚”的复习方式，死记硬背。这种学习方式，对于应付一些客观选择题能起到一定作用，但对于要发挥想象力、创造力的考题就没有丝毫效果。因此，要充分重视平时的学习，课堂上认真听好老师的讲课，坚持做笔记；课后注意及时消化、吸收、巩固课堂上的知识，并举一反三；按时完成老师布置的各种作业；每学完一章，除了要做好必要的练习外，还要进行自我总结，写读书心得，进行自我测试。学完一章要这样做，学完一门课也要这样做，这样学到的知识就比较牢固了。

2. 制订好复习计划，科学合理地安排好复习时间

在大学里，每个学期的期末都要考几门课程，而且一般要集中在期末的一两个星期内

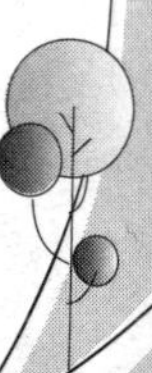

进行。因此，要根据学校考试安排和自己的情况制订好复习计划，把每天的复习划分为几个阶段，分别复习不同的课程。各门课程的复习要交叉进行，若是考完一门课后再复习下一门，时间往往来不及。

3. 系统复习与突出重点、难点相结合

在复习过程中首先是进行系统复习，将一本书各章节的内容进行归纳总结，全面系统地掌握这门课的基本框架、基本概念和基本原理。其次是掌握重点、难点。如果复习时不分难易，不分重点，每次都面面俱到，结果就会越学越多，越学越忙，脑子成为一锅粥。因此，在进行系统复习后，要能区分哪些内容自己比较熟悉，已经掌握，哪些不熟悉，哪些是本书的重点、难点，对重点、难点、不熟悉的内容，要进行多次反复的复习，多做练习，多思考。遇到不懂的知识及时请教老师和同学。在重点复习阶段，可将学到的知识条理化、系统化，用简明的语言和图表概括起来，并且对学习过程中做过的练习再多次进行消化，这样效果会更好些。

4. 养精蓄锐，保持良好的心理状态

首先要相信考试只不过是自己真实水平的展现，要轻轻松松，有压力但不感到恐惧。其次要劳逸结合，在考前如果过分紧张地复习，大量做题、熬夜，就会造成脑力和体力的极度消耗，精神高度紧张，加剧对考试的紧张恐惧，削弱对考试的信心。因此，考试前一定要养精蓄锐，临考前两天不要过度疲劳，每天保证有一定的时间参加体育活动，保证睡眠，同时要加强营养，使自己精力充沛，精神振奋地投入考试。此外，认真学习考试规则，考试应带的东西务必带齐，以免影响考试。要做好扎实的复习工作，不要有任何作弊的侥幸心理，因为考试不及格还有补考或重修的机会。

2.3.2 高等学校英语应用能力考试

高等学校英语应用能力考试是为反映和评价高等学校专科层次（高等专科教育、高等职业技术教育、成人高等教育）修完英语课程的在校生英语应用能力而设立的标准化英语水平考试。参加高等学校英语应用能力考试，取得60分以上（含60分）为考试成绩合格，颁发有“高等学校英语应用能力考试委员会”印章的国家级合格证书。

高等学校英语应用能力考试分A、B两级，A级考试为高职高专学生应该达到的标准要求，B级考试略低于A级考试，是过渡性的要求。学校自主决定参加A级或B级考试。

现有的大学外语考试考点，都可以设高等学校英语应用能力考试考点，均可组织本校的“三校生”（即高等专科学生、高职高专学生、成人高校学生）参加高等学校英语应用能力考试，但需在省教育厅和省招考办备案。现未设大学外语考试考点的学校（主要是独立设置的高职学院、成人高等学校），需向省教育厅高教处申请设置高等学

校英语应用能力考试考点，经审核批准后，可组织本校学生参加高等学校英语应用能力考试。

2.3.3 计算机学习与等级考试

计算机应用是高校教学计划中一门重要的基础课程，衡量学生应用计算机的程度主要是通过计算机等级考试来体现。目前，等级考试有由教育部考试中心和各省（市、自治区）教育行政部门组织的两种考试。

各省（市、自治区）组织的等级考试由各地区制定考试大纲，两种考试均使用全国计算机等级考试合格证书。1994 年，教育部考试中心推出了全国计算机等级考试，并不断修订其教学大纲和考试大纲。这种考试是一种重视应试人员对计算机软件的实际掌握能力的考试，不限制报考人员的学历背景，任何年龄段的人员均可以报考。

现在，计算机应用课已在各高校被列为非计算机专业学生的必修课，大学生不论学什么专业，都要学习计算机，并需通过相应级别的计算机水平等级考试。那么，大学生应如何学习计算机才能在等级考试中取得好成绩呢？

1. 高度重视，统一认识

大学生要充分认识在当代社会学习计算机的重要性，计算机在未来的各行各业中，均会起到越来越大的作用。由于大家学习计算机的起点都较低，同时，计算机的学习对实际动手能力又有较高要求，因此，要求大学生要有顽强的意志和毅力，有高度的自觉性和自信心，才能学好。

2. 吃透大纲，明确要求

等级考试有明确的考试大纲，对考试的目的、具体要求、组织报名、考试时间和方式等，都有具体介绍。大学生进行计算机等级考试，要十分明确大纲的要求，避免盲目和陷入被动。

3. 认真听课，上机实战

计算机学习和其他专业课学习一样，认真听课是学习的关键环节，同时，计算机的学习，多上机练习是一条必经之路，如同外语的学习要经常“讲”一样，计算机的学习要经常“打”。

4. 选择重点，总体把握

大学生对所学内容的概念应重点掌握。笔试部分，往往侧重概念的考核，但同时可结合上机、参观、提问，从中了解硬件方面的知识，但关键还在于复习时要有针对性地做习题，而且要保证有一定的习题量。上机部分，往往侧重于最基本的操作，但是，要求应试者十分熟练，如一级上机考试，要求在 30 分钟时间里录入几段文字、替换及排版，如果

考生平时上机少，不够熟练，就容易失手。因此，复习时，适当做一定量的模拟习题和设法多上机练习有助于等级考试取得良好成绩。

思考题

1. 大学学习的特点是什么？怎样看待学习是大学生活的首要任务？
2. 大学学习过程的基本阶段有哪些？
3. 如何正确理解大学学习过程的层次和影响学习效果的因素？

第 3 章 驾驭自我　自觉修为

大学生活丰富多彩。大学阶段，每个人在不断充实自我、寻找自我的过程中总会面对不同的选择，面临形形色色的诱惑，唯有驾驭自我，自觉修为，才能涉过生活的险滩，到达人生成功的驿站，最终驶向成功的彼岸。

3.1 安 全 第 一

同学们，当你们步入大学校门的时候，你们已经远离了家乡，远离了父母亲人，踏入了半个社会，在一个新的环境开始了新的独立的生活。在这个独立的生活环境里，同学们要清醒地明白，安全是生命的保证，了解学校校园环境和学校周边环境，初步懂得自己所处的环境是一个社会公共场所。在校期间，要牢固树立安全意识，加强自我保护，避免各种意外事件的发生。

3.1.1 增强安全意识

当前校园的开放程度越来越高，大学生所面临的各种不安全因素在逐年增多，大学生受到的非法侵害案件和有关大学生的安全事故数目也在逐年上升。因此，大学生要认真学习安全知识，知晓如何树立各方面的安全意识，培养自我保护能力和安全防范意识，只有这样，才能做到居安思危、思则有备、备则无患。

1. 大学生所处的校园安全环境

与社会上相比，高校的治安状况总体来说是好的，校园安全保卫力量较强，学校安全环境不断得到改善。但是，近年来随着外来人口大量涌入，导致刑事、治安案件呈上升趋势。这类案件的特点为：① 校园公共场所失窃多，盗窃案件作案率居高不下；② 诈骗案件逐年增多；③ 杀人、强奸、抢劫、伤害等恶性案件时有发生；④ 个别学生使用违禁电器，造成火灾；⑤ 个别大学生身陷传销泥潭；⑥ 外来流动人员作案比例高；⑦ 大学生作案逐年攀升。

有些大学生人生观、价值观取向扭曲，对自己的不良意识缺乏理智的控制，导致违法犯罪。高校发生的案件中，作案人往往是在校大学生。

常见的安全隐患

2. 大学生应树立的安全意识

（1）对校园安全状况的认知意识

校园安全受社会治安形势的影响，也出现了犯罪种类多样化的趋势，安全形势十分严峻。而目前高校中有不少学生存在以下问题：少数学生法律意识薄弱；私欲膨胀，道德沦丧，不惜以身试法；思想麻痹、疏于防范，当人离开时，不随手关门，不随身携带好自己的贵重物品，给一些犯罪分子可乘之机。这些都从侧面反映出了大学生心理、生理的不成熟，需要老师、朋友的帮助以树立基本的安全认知意识。

（2）主动的自我防范意识

社会治安形势的严峻和校园现实的安全状况，要求每一位大学生必须有主动的自我防范意识。无论在日常生活中，还是在社会交往、处理社会事务、外出活动中，首先要考虑

到安全，要有自我防范意识，包括防火、防盗、防抢劫、防性骚扰和性侵犯、防食品中毒、防诈骗等；其次要培养自己处理安全问题的能力，掌握涉及社会安全、自身安全等方面的知识和技能，在灾害事故发生时能够采取正确的行动保护自己，采取有效的途径减轻灾害事故的危害，包括火灾逃生、应对暴力、紧急情况下的自我解救等。要学法懂法，学会依法保护自己的合法权益，使自己的人身、财产不受侵害。

（3）面对突发事件的应变意识

突发事件一般是指难以预料、突然发生、关系安危的超出常规的特殊情况，具有复杂性、危险性等特点。在当前我国各种应急体系、公共服务体系逐步健全的同时，大学生也必须有面对突发情况的应变意识。

（4）遵纪守法的自律意识

由于极少数学生法制意识淡薄，违法乱纪现象屡有发生，这不仅影响了学校教学和生活环境，而且也危及社会秩序和国家的长治久安。因此，作为大学生来讲，必须严格自律，必须有遵纪守法意识，不去侵害国家、集体的财产和他人的人身、财产安全，不危害社会，不参与违法犯罪活动。

（5）积极应对挫折的健康心理意识

挫折是大学生成长中不容忽视的问题。大学生在学习、生活、健康、人际关系等方面均不可避免地面临着各种挫折，它影响着大学生的社会化进程及其身心的健康发展。因此，大学生在遭遇挫折时要具备积极应对挫折的心理意识。大学生要学会做到冷静、客观地认识挫折，有效地控制自己的情感，培养健康的心理品质和心理承受能力。

3.1.2 日常生活安全

在日常生活中存在很多安全隐患，因此对意外或突发性事件伤害程度的判断是必须掌握的知识。

扫一扫

大学生日常生活中应该注意的问题

1. 防盗窃

盗窃案在高校发生的各类案件中约占 90% 以上。以作案主体进行分类，盗窃案可分为外盗、内盗和内外勾结盗窃三种类型。对于大学生来说，最重要的是加强防范意识，努力保护好自己和同学的财物不受侵害。

（1）学生的财务防盗措施

学生在宿舍和教室的财物防盗，要注意做到以下几点。

① 最后离开教室或宿舍的同学，要关好窗户锁好门，千万不要怕麻烦。同学们一定要养成随手关窗、随手锁门的习惯，以防盗窃犯罪分子乘隙而入。

② 不要留宿外来人员。如果违反学校学生宿舍管理规定，随

扫一扫

大学生宿舍防盗措施

便留宿不知底细的人，就等于引狼入室而将会后患无穷。

③ 发现形迹可疑的人应提高警惕，多加注意。盗窃分子到教室或宿舍行窃时，见管理松懈、进出自由、房门大开，便来回走动、窥测张望、伺机行事，待摸清情况、瞅准机会后就撬门扭锁或明目张胆入室盗窃。遇到这种可疑人员，同学们应主动上前询问，如果来人确有正当理由一般都能说清楚。但有的也会找各种借口进行搪塞，诸如找人、推销商品等。如果来人说不出正当理由又说不清学校的基本情况，疑点较多且神色慌张时，则需要进一步盘问，必要时可交值班人员处理。如果发现来人携有可能是作案工具或赃物等证据时，则必须立即报告值班人员和学校保卫部门。

④ 同学们应积极参加教室和宿舍等地点的安全值班，协助学校保卫部门做好安全防范工作。通过参加值班、巡逻等安全防范工作实践，不仅可保护自己和他人财物的安全，而且还可增强安全防盗意识，锻炼和增长自己社会实践的才干。

⑤ 注意保管好自己的钥匙，包括教室、宿舍、箱包、抽屉等处的各种钥匙，不能随便借给他人或乱丢乱放，以防“不速之客”复制或伺机行窃。

（2）发生盗窃案件的应对办法

一旦发生盗窃案件，同学们一定要冷静应对，并做到以下几点。

① 立即报告学校保卫部门或当地派出所，同时封锁和保护现场，不准任何人进入。不得翻动现场的物品，切不可急急忙忙地去查看自己的物品是否丢失，这对公安人员准确分析、正确判断侦察范围和收集罪证，有十分重要的意义。

② 发现嫌疑人，应立即组织同学进行堵截，力争捉拿。

③ 配合调查，实事求是地回答公安部门和保卫人员提出的问题，积极主动地提供线索，不得隐瞒情况不报。学校保卫部门和公安机关有义务、有责任为提供情况的同学保密。

④ 如果发现存折被窃，应当尽快到银行挂失。

2. 防抢劫抢夺

抢劫，是指以非法占有为目的，以暴力胁迫或者其他方法施行将公私财物据为己有的一种犯罪行为。抢夺，则是指以非法占有为目的，乘人不备公然夺取他人的财物的一种犯罪行为。这两类犯罪行为都会侵害他人的人身权利，且容易转化为凶杀、伤害、强奸等恶性案件，比盗窃犯罪更具有社会危害性。

同学们在遇到抢劫事件发生时，要尽量做到以下几方面。

（1）案发时要尽力反抗。只要具备反抗的能力或时机有利，就应发动进攻，以制服或使作案人丧失继续作案的心理和能力。

（2）与作案人尽量纠缠。可利用有利地形或利用身边的砖头、木棒等足以自卫的武器与作案人形成僵持局面，使作案人短时间内无法近身，以便引来援助者并对作案人造成心理上的压力。

（3）实在无法与作案人抗衡时，可以看准时机向有人、有灯光的地方或宿舍区奔跑。

（4）巧妙麻痹作案人。当自己处于作案人的控制之下而无法反抗时，可按作案人的需求交出部分财物，并采用语言反抗法理直气壮地对作案人进行说服教育，晓以利害，从而造成作案人心理上的恐慌。切不可一味地求饶，应当尽力保持镇定，与作案人说笑斗口，采取默认方式表明自己交出全部财物并无反抗的意图，使作案人放松警惕，以便自己看准时机进行反抗或逃脱其控制。

（5）采用间接反抗法。间接反抗法是指趁其不注意时在作案人身上留下记号，如在其衣服上擦点泥土、血迹，在其口袋中装点有标记的小物件，在作案人得逞后悄悄尾随其后注意逃跑去向等。

（6）注意观察作案人，尽量准确记下其特征，如身高、年龄、体态、发型、衣着、胡须、语言、行为等特征。

大学生在遭遇抢劫、敲诈时的应对策略

（7）及时报案。作案人得逞以后，很有可能继续寻找下一个抢劫目标甚至在作案现场附近的商店和餐厅进行挥霍。所有高校一般都有较为严密的防范措施，能及时报案和准确描述作案人特征，有利于有关部门及时组织力量布控，抓获作案人。

（8）无论在什么情况下，遇到抢劫时只要有可能就要大声呼救，或故意高声与作案人说话。

3. 防诈骗

诈骗，是指以非法占有为目的，用虚构事实或者隐瞒真相的方法，骗取款额较大的公私财物的行为。诈骗分子利用学生单纯、善良及某些学生爱贪小便宜的心理在高校内行骗，给被骗同学带来了财产损失和心理伤害。

（1）校内诈骗作案的主要手段

校内诈骗作案的主要手段有以下几种。

① 假冒学生，骗取银行卡。诈骗分子往往谎称要马上返校，但银行卡被自动取款机吞掉，借用同学的银行卡让其家人给其汇款等手法，目的是借机窃取密码，并将银行卡调包，分手后将银行卡上的钱取走。

② 投其所好，引诱上钩。一些诈骗分子往往利用被害人急于就业和出国等心理，投其所好、应其所急施展诡计而骗取财物。

③ 真实身份，虚假合同。利用假合同或无效合同诈骗的案件，近年来有所增加。一些骗子利用高校学生经验少、法律意识差、急于赚钱补贴生活的心理，常以公司名义、真实的身份让学生为其推销产品，到时候却不兑现诺言和酬金而使学生上当受骗。

④ 以次充好，恶意行骗。一些骗子冒充学生会干部、高年级学生到宿舍推销复读机之类的电子产品声称优惠赠送磁带，要先交定金，且最后能退钱等形式进行诈骗活动。

（2）诈骗案件的预防措施

诈骗案件的预防措施包括以下几方面。

① 要有防诈骗意识。俗话说："害人之心不可有，防人之心不可无。"对于任何人，尤其是陌生人，不可随意轻信和盲目随从，遇人遇事，应有清醒的认识，不要因为对方说了什么好话，许诺了什么好处就轻信、盲从。要懂得调查和思考，在此基础上做出正确的反应。

扫一扫

大学生必须加强对诈骗的防范意识

② 不要感情用事。诈骗分子的最终目的是骗取钱财，并且是在尽可能短的时间内骗走。因此，对于表面上讲"感情""哥们义气"的诈骗分子，若对你提出钱财方面的要求，切不可被感情的表象所蒙蔽，不要一味"跟着感觉走"而缺乏理智，要学会"听、观、辨"，即听其言、观其色、辨其行，要懂得用理智去分析问题。最好能对比一下在常理下应做出的反应，如认为对方的钱财要求不合实际或超乎常理时，应及时向老师或保卫部门反映，以避免不应有的损失。

③ 对那些过于主动自夸"本事"或"能耐"的人，或者过于热情地希望"帮助"你解决困难的人，要特别注意。那些自称名流、能人的诈骗分子为了能更快地取得你的信任，以达到其不可告人的目的，大多都会主动地在你面前炫耀自己的"本事"，说自己是如何了得，取得什么成就，而且他正在运用他的"本事""能耐"为你解决困难或满足你的请求。当你遇到这种人时，你应当格外注意，因为你面前的那个"能人"很可能是一个十足的诈骗分子，而且他正企图骗取你的信任，此时你的反应很大程度上决定了你此后是否上当受骗。

④ 切忌贪小便宜。对飞来的"横财"和"好处"，特别是不很熟悉的人所许诺的利益，要深思和调查。要知道，天上是不会掉下馅饼的，克服贪小便宜的心理，就不会对突然而来的"好处"欣喜若狂。

总之，诈骗分子行骗的过程可分为两个阶段：一是博得信任，二是骗取对方财物。对于行骗者和受害者来说，第一阶段都是最重要的，也是行骗者行为表现得最为突出的阶段。虽然行骗手段多种多样，但只要我们树立较强的反诈骗意识，克服内心的一些不良心理，保持应有的清醒，做到"三思而后行"，在绝大多数情况下是可以避免上当受骗的。

4. 交通安全

交通出行是大学生学习生活的一部分，然而，许多大学生进入大学后松懈了交通安全意识，并未想到生命危机随时都可能出现在自己身旁。所以，近年来高校交通事故时有发生，然而许多交通事故是完全可以通过预防和应急处理得以避免的。

（1）行走安全

横穿马路时，一定要走"人行横道"，穿越道路时绝对不可成群结队、并肩拉手，不要在过马路途中凑热闹，没有人行横道的路口要走地下通道，在校园内行走时要尽量靠

边走，有些驾驶人员进入校园不知减速，加上同学们普遍意识淡薄，常会造成一些令人悔之莫及的交通事故。

（2）骑车安全

同学们无论在校园内还是在市区道路上骑自行车时，注意力一定要保持高度集中，自觉遵守有关交通规则，不要单手骑车，不要双手撒把。出入学校大门，横过街道时要推行；要在非机动车道内行驶，不准驶入机动车道。

扫一扫

骑自行车常识

5. 消防安全

水火不留情，火灾猛如虎，但是当前大学生的火灾预防意识较低，对发生火灾后的逃生自救和灭火设备的使用等消防知识知之甚少。引发火灾事故的常见原因主要有违规使用电器，使用易燃可燃物品，乱扔烟头，使用蜡烛、台灯不当，乱烧杂物或违章动用明火等。

大学生要做到防患于未然，应特别注意：购买使用具有“3C”标志的电器产品；不在宿舍内使用“热得快”、电褥子、电吹风等大功率电气设备；不私拉乱接电线；离开宿舍时关闭电源开关，拔下电源插头；严禁在宿舍内使用易燃可燃液体；不随意焚烧杂物或动用明火；不乱扔烟头，不躺在床上吸烟；不在消防疏散通道内堆放杂物或擅自封闭消防疏散通道；学习和掌握必要的自救和逃生知识。

（1）常用灭火器的种类、用途和使用方法

灭火器按所充装的灭火剂可分为干粉灭火器、二氧化碳灭火器和泡沫灭火器等。干粉灭火器是以氮气为动力，将筒体内干粉压出，用以扑救石油产品、油漆、有机溶剂火灾，但不能扑救轻金属燃烧的火灾。使用时，先拔掉保险销，再按下压把，干粉即可喷出。灭火时要接近火焰喷射，干粉喷射时间短，喷射前要选择喷射日标，由于干粉容易飘散，不宜逆风喷射。二氧化碳灭火器是以高压气瓶内储存的二氧化碳气体作为灭火剂进行灭火的。二氧化碳灭火器灭火后不留痕迹，适于扑救贵重仪器设备、档案资料、计算机室内火灾。它不导电，也适于扑救带电的低压电器设备和油类火灾，但不可用来扑救钾、钠、镁、铝等物质火灾。使用时，鸭嘴式的先拔掉保险销，压下压把即可；手轮式的要先去掉铅封，然后按逆时针方向旋转手轮即可喷出。注意手指不宜触及喇叭筒，以防冻伤。二氧化碳灭火器射程较近，应该近着火点，在上风方向喷射。泡沫灭火器目前主要是化学泡沫，将来要发展空气泡沫，泡沫能覆盖在燃烧物的表面，防止空气进入。它最适宜扑救液体火灾，不能扑救水溶性火灾和电器火灾。

扫一扫

常见不安全用电因素

扫一扫

火灾预防

（2）火灾中的自救和逃生

被困在屋内准备逃生时，开门前先触摸门锁，并准备好湿毛巾；若门锁温度很高或浓烟从门缝中往外钻，此时千万不可打开房门，应退守房间，关闭房内所有门窗，用毛巾、被子等堵塞门缝并泼水降温，同时利用手机等通信工具向门外报警；若门锁温度正常或门缝没有浓烟进来，此时可打开门观察外面通道的情况；开门时要用一只脚抵住门的下框，以防热气浪将门冲开；逃离过程中通过浓烟区时，要尽可能以最低姿势或匍匐姿势快速前进，并用湿毛巾捂住口鼻。

逃生时注意事项：楼梯可以救急，按楼梯内配有的应急指示灯逃生；逃生勿入电梯，火灾逃生要迅速，但不可乘电梯，一旦断电而造成电梯卡壳，人被困在电梯里，反而会处于更危险的境地，另外，火场上烟气涌入电梯极易形成烟窗效应，人在电梯里随时会被浓烟毒气熏呛而窒息；不可盲目跳楼，在得不到及时救援，又身居较高楼层的情况下，可用房间内的床单、被里、窗帘等织物撕成能负重的布条连成绳索，系在窗户或阳台的构件上向楼下滑去，也可利用门窗、阳台、落水管等逃生自救；使用求救信号，拨打手机，从阳台或临街的窗户向外发出呼救信号，比如向楼下抛扔枕头、衣物等软体信号，夜间可用打开手电、应急照明灯的方式发出求救信号；穿过火焰区，最好用水将衣服浇湿，用湿毯子裹住全身或用湿衣服包住头部等裸露部位，并用湿毛巾、湿口罩蒙住口鼻，弯腰或匍匐撤离；身上着火时，切勿奔跑，应赶紧设法脱掉着火的衣服或就地打滚压灭火苗，能及时跳入水中或让别人向身上浇水，喷洒灭火剂则更有效。

阅读材料

北京 28 所高校一年失窃 808 起，成小偷天堂

每天拿出 2 个小时到高校晃悠一下，23 岁的徐某和他的 4 个小兄弟就“顺”到少则 1 台、多则 5 台笔记本电脑，转手后净赚 2 万多元。这样的生活他们一直维持到被警方抓获。这个案件并不是一个个案，大学几乎就是一个对小偷不设防的“黄金岛”。

高校里究竟有哪些防范漏洞以至于被这些小偷们屡屡光顾呢?

1. 高校失窃案集中在 5 大场所

高校失窃案件中有一个特点就是专门在高校作案的团伙都有固定的“地盘”，而且多是多次重复作案的惯犯。很多专偷高校的小偷都是从顺手机逐渐发展到进入宿舍盗窃大宗财物的。高校失窃的地点也集中在 5 个场所：食堂、宿舍、教室、图书馆、运动场。每个场所容易被侵害的财物都不尽相同，教室和运动场最容易丢的是手机，而到了宿舍，被小偷“顺”走的则多是更加值钱的大件比如笔记本电脑、MP4 等。

2. “高校飞贼”平均年龄二十出头

这些专门到高校偷东西的嫌疑人有一个显著的共同特征就是都是20出头的年轻人。以徐某为头目的5人团伙中，最大的徐某也不过23岁，代某和王某都是刚满19岁，本身就与大学生年龄非常接近。根据警方的统计数字，每年抓获的数十名专偷高校的嫌疑人平均年龄不超过25岁，其中男性占了9成以上。为了掩人耳目，嫌疑人一般都会在穿着上有意向大学生靠拢。代某说：“我们第一次到大学里去偷东西之前，徐哥专门嘱咐我要穿比较休闲的衣服，要打扮得像大学生。这样一方面不会引起楼管的注意，另一方面万一作案时碰上哪个学生醒了，也可以谎称走错房间了。”

3. 宿舍：笔记本电脑失窃高发地

徐某等5人最常光顾的场所就是高校的男生宿舍，选择时间则都在早晨6—8点。“很多男生用笔记本电脑上网或者打游戏，一直会熬到深夜或者凌晨，这个时间正是他们补觉的时候，一般睡得比较死。而且，他们一般都是累极了才睡，很可能没锁宿舍门，也没把笔记本电脑收好锁进柜子里。”据徐某等人回忆，他们在作案的一个多月时间里，没有一个学生会醒过来发现他们。

4. 图书馆、食堂：书包失窃高发地

像徐某等人主“吃”宿舍，而有些团伙则主要盯住图书馆和食堂，这两个地方是学生书包丢失最多的场所。很多学生下课后直接去食堂，然后把书包往座位上一丢，自己到窗口买饭。这个时候小偷们就挨着桌子“收包”。而到图书馆里看书或上自习的大学生一旦进入了专心致志的状态，就放松了对自己书包的控制。还有很多同学在图书馆存包处已满的情况下，就直接把包搁在存包的柜子上。

3.2 诚信为本

诚信是中华民族的传统美德，同时也是处理个人与个人、个人与社会之间相互关系的一项基本准则。失信难于立足，无信难于生存，大学生的信用问题越来越受到社会的广泛关注，因此重视大学生的诚信建设，要求切实加强诚信教育，不断增强大学生的法律意识和守信意识，使大学生提高守法守规的自觉性，认识诚实守信的品德是立身之本、做人之道，树立守信光荣、失信可耻的道德观念，讲诚信，讲道德，言必信，行必果。

3.2.1 大学生诚信的内涵及重要性

1. 大学生诚信的内涵

诚信是立人之本、成事之基。加强大学生诚信教育，应首先弄清大学生诚信教育的真正内涵。

“诚”，是儒家为人之道的中心思想。宋代理学家朱熹认为：“诚者，真实无妄之谓。”

程颐认为："以实之谓信。""诚"主要是从天道而言，"信"主要是从人道而言。故孟子曰："诚者，天之道也；思诚者，人之道也。""诚"本是自然固有之，效法天道，追求诚信，这是做人的道理、规律。二者在哲学上虽有区别，但从道德角度看，"诚"与"信"则是同义等值的概念，故许慎在《说文解字》里写到："诚，信也。""信，诚也。"基本含义都是诚实无欺，信守诺言，言行相符，表里如一，这是做人的基本要求。

2. 诚信的重要性

诚信的重要性体现在以下几方面。

（1）诚信是立人之本

子曰："人而无信，不知其可也。"人若不讲信用，在社会上就无立足之地，什么事情也做不成。

（2）诚信是齐家之道

唐代著名大臣魏征说："夫妇有恩矣，不诚则离。"只要夫妻、父子和兄弟之间以诚相待，诚实守信，就能和睦相处，达到"家和万事兴"的目的。若家人彼此缺乏忠诚，互不信任，家庭便会逐渐崩溃。

（3）诚信是交友之基

只有"与朋友交，言而有信"，才能达到"朋友信之"、推心置腹、无私帮助的目的。

（4）诚信是为政之法

《左传》里写到："信，国之宝也。"孔子认为"民无信不立"，历代统治者必须"取信于民"，正如王安石所说："自古驱民在信诚，一言为重百金轻。"

（5）诚信是经商之魂

诚信更是各种商业活动的最佳竞争手段，是市场经济的灵魂，是企业家的一张真正的"金质名片"。

（6）诚信是心灵良药

古语有："反身而诚，乐莫大焉。"只有做到真诚无伪，才可使内心无愧，坦然宁静，给人带来最大的精神快乐，诚信是人们安慰心灵的良药。

综观而言，诚信对于自我修养、齐家、交友、经商以至为政，都是一种不可缺少的美德，可见诚信在人类社会中是非常重要的。

现代意义上的诚信主张的是人格的独立与平等，要求用"契约关系"代替"人身依附"，注重对承诺、协议、契约的遵守和兑现。这时的诚信更强调法治的要求，更多体现为一种外部约束机制，具有强制性和普适性，即人们在日常行为中首先应遵守法律、法规，履行契约，否则会受到法律的制裁。

3.2.2 大学生诚信教育的重要性

大学生诚信教育是一个广泛的范畴，涉及面广，内容繁多，具体来说，包括以下内

容：大学生的遵纪守法、大学生的网络诚信教育、大学生在学风建设中的诚信教育、大学生择业中的诚信教育等。

当代大学生是我国社会主义现代化建设的中坚力量，是社会主义事业的接班人。大学生的诚信素质如何直接关系到我国经济建设和社会发展的进程。

（1）公民道德建设需要我们必须加强大学生诚信教育。大学生首先是一个普通的社会公民，应该具备一个公民最基本的道德品质。可以说，诚实守信是每一个公民做人立世的根本准则。孔子云："人而无信，不知其可也。"（《论语・为政》）由此看来，在公民基本道德规范中，诚信是一个很重要的规范。

（2）市场经济要求我们必须加强大学生诚信教育。社会主义市场经济是合同经济、法制经济。这就要求作为市场经济的主体必须具备诚实守信的良好品质。在市场经济中，必须要求双方在恪守诚信的原则上行使权利，保障彼此利益的实现。

3.2.3 大学生诚信缺失的表现

从总体情况来看，我国大学生的诚信品质是好的，绝大多数大学生是真诚善良、言而有信的。但是近年来，大学生诚信度有恶化趋势，诚信缺失行为无论在广度还是深度上都有扩大和加重趋势，其诚信缺失行为可具体归纳为以下几个方面。

1. 学习不诚信是当前大学生不诚信行为最突出的表现

对大学生来说，学习上的诚信缺失是最致命的，它不仅影响大学生自身的学习成绩和发展前途，而且会影响一代人的综合素质，进而影响社会和经济发展。学习上的诚信缺失主要表现在以下几点。

（1）考试作弊

一些学生对学习不够重视，把大学校园作为轻松、潇洒的乐土，把学习和学业置之脑后。平时不用功，考试团团转，考试作弊对于许多大学生可谓司空见惯。考试作弊的手段越来越高明，从偷看书本、传递纸条、交头接耳等传统手段发展到了用手机等现代化工具。更有甚者，在考试时雇佣"枪手"。

（2）抄袭、买卖论文

有些学生在写论文时，为了"省时""省心"，就剽窃他人成果，通过网络下载、借阅图书、抄袭文章等所谓"借鉴"的形式剽窃他人的精神成果。更有甚者直接通过手机短信和网上发布求购信息等手段直接购买毕业论文。

（3）抄袭作业，伪造实验数据

部分同学为了应付老师布置的书面作业和实验作业，不想花太多时间去完成，便对书面作业向同学抄袭，对实验作业伪造实验数据，随便写个实验报告便敷衍了事。

2. 精神上的不诚信是大学生诚信行为失范的一个重要方面

对大学生来说，精神上的不诚信往往很容易被人忽视，但是一旦出现不诚信，不但会

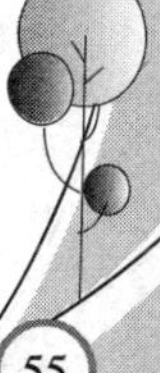

影响自己，还会给他人造成不好的影响。

（1）缺乏理想抱负，捞取政治资本

有些大学生在三好学生评选、奖学金评定、学生干部竞选，甚至是入党等方面，不是去实实在在地拼搏争取，而是弄虚作假、投机取巧或编造事实，为达个人目的不择手段。

（2）恋爱动机不纯

大学生谈恋爱较为普遍，但是不少大学生恋爱动机不纯，对待恋爱不够严肃，对恋爱呈现出明显的非责任化倾向。有相当一部分学生缺乏法律意识和道德修养，把恋爱看成是一种游戏，仅仅是玩玩而已，甚至谈多角恋爱。

3. 经济不诚信是大学生诚信行为失范的又一个重要方面

大学生在经济生活方面的诚信缺失主要表现为恶意拖欠国家助学贷款和恶意拖欠学费两个方面。

（1）恶意拖欠国家助学贷款

国家助学贷款制度，确实解决了许多学生的经济困难问题，但在运行中却存在有些同学提供伪造或者假的困难证明，以骗取贷款从事炒股或者投资经商等；也有的贫困生将获得的贷款用于吃喝玩乐，大肆消费；有的大学生毕业后不能按时缴还利息及本金，甚至有恶意逃款倾向。这些失信行为影响了大学生的信誉形象，同时也为高校德育中的诚信教育敲响了警钟。

（2）恶意拖欠、逃缴学费

目前高校中大学生欠费问题很普遍，有些大学生没有将自己从家长（里）带来的学费上缴学校，而是用于吃喝玩乐，然后向老师诉苦，请求帮助。有种怪现象，大一的新生欠费的很少，二年级之后不按时缴费的或者拖欠学费的越来越多，毕业班成了欠费追缴工作的“老大难”，这使得某些学校实施了“三证”扣押、担保等措施，但仍有不还款者，以至于有的学校开启了“毕业证书仓库”。

4. 就业过程中的不讲诚信是大学生诚信行为失范的重要表现

近年来，大学生就业竞争日趋激烈，求职过程中的虚假包装也日趋普遍，求职就业过程中的诚信缺失主要表现在以下两点。

（1）在制作简历和面试中弄虚作假

大学生就业压力越来越大，为了提高自己的竞争力，一些大学生弄虚作假，伪造英语四、六级证书、计算机等级证书及各种获奖证书，编造“三好学生”“优秀学生干部”的履历，极力夸大自己的筹码，不择手段地抬高自己，想以此来获得进身立业的机会。

（2）违约现象普遍存在

在激烈的就业、择业中，大学生违约率也呈逐年上升趋势，签订就业协议后不履约让用人单位伤透了脑筋。他们有的脚踏“考研”“就业”两只船，一旦考研成功就会不辞而别；

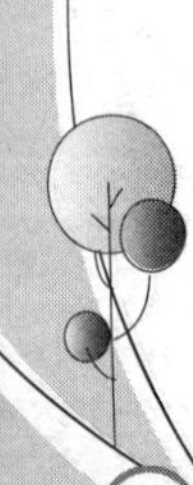

也有的学生这山望着那山高，一旦找到好的工作就会“人往高处走”。这种种的毁约行为不仅会打乱用人单位的工作计划，同时也增加了用人单位的劳动量。

5. 网络世界中的不诚信是大学生诚信行为失范的一种新的表现形式

互联网作为一种新的信息传播媒介，已成为广大大学生学习生活中不可或缺的工具。在网络这个虚拟的世界里，由于交往时人们行为的符号化，传统道德关于诚信的制约机制被弱化了，撒谎、盗窃、诈骗等行为是在鼠标点击中发生的，因此若没有明辨是非的能力，盲目信任对方，则有可能产生不良后果。

3.2.4 大学生诚信缺失的原因

大学生诚信缺失的表现多种多样，关键是要分清是什么原因导致了大学生的不诚信。

1. 社会大环境是诱发大学生诚信缺失的外部原因

在社会主义市场经济转轨时期，整个社会的信用评价体系尚未完全建立，致使产生道德价值的迷失、市场经济的负面效应、网络文化的失范等社会环境因素，这些是导致部分大学生诚信意识缺失的重要原因。

（1）传统道德价值的迷失对诚信道德的根基提出了挑战

在继承与弘扬优秀道德传统方面出现了一些遗憾。大学生没有很好地继承和发扬传统文化的精髓，优秀文化的道德教化作用在部分大学生身上缺位。

（2）市场经济的负面效应对大学生诚信意识的树立产生了冲击

市场经济作为一种以市场竞争为核心的经济，其本质是追求资源的合理配置，所遵循的根本法则是诚信原则，但是由于体制不够健全，诚信保障机制还未建立，市场经济的趋利性和利益原则导致了拜金主义、功利主义、个人主义思想的滋长，淡化了部分人的社会责任感，导致失信行为大量出现。

（3）网络文化的失范对诚信价值的认可造成了阻碍

大学生在网上作为虚拟的个体可以在没有时空限制、没有权威约束的范围内自由自在地发布和接收信息，黄色信息、虚假信息、欺诈信息等诱使大学生形成不健康的道德意识，阻碍大学生对诚信价值的认可。

2. 家庭教育的缺陷是造成大学生诚信缺失的重要原因

家庭是人们接受道德教育的摇篮，家庭教育对一个人的成长有着潜在性、长远性的巨大影响。在中国传统教育中，家长往往只注重对子女的智育教育，而忽视了对孩子的德育教育，普遍关心孩子的成绩和日常生活起居，忽视了对孩子诚信等道德品质的教育、培养和引导，也就忽视了对孩子的诚信教育和监督，影响学校开展诚信道德教育的效果。

此外，有研究表明，经常说谎的孩子往往出自父母经常说谎的家庭。在家庭环境中，家长的言行举止，对孩子有着潜移默化的影响。现实生活中，一些家长表现出了表里不一

或自身不讲诚信、轻视诚信的行为，而这些不良影响在与孩子的长期生活中对他们产生了巨大的负面影响。

3. 学校教育的偏颇是造成大学生诚信缺失的内部原因

学校教育的失衡导致在教育管理方面产生了负面影响，包括学校、教师、思想政治教育等多个方面，这些也容易引发大学生的诚信缺失。一些学校不诚信行为及部分教师道德失范的影响，给大学生塑造了极坏的学习榜样，影响到学生诚信品质的塑造。学校思想政治教育尤其是诚信教育方式方法和效果都存在一定的问题。

4. 大学生自身素质的缺陷是导致诚信缺失的主要原因

大学生作为一个特殊的群体，有其自身特有的特点，由于年龄小及经验欠缺的原因，自身素质存在某些缺陷，这是导致诚信缺失的主要原因。

（1）自律意识较差，反思能力缺失

一方面当代大学生涉世不深，很多学生都是到了大学才开始独立生活、处世的。社会生活经历比较简单，基本是学校—家庭两点一线，道德心理不成熟，缺乏理性思辨和分析选择的能力，缺乏对个人与社会、现实与未来、社会的光明与黑暗之间关系的全面认识，缺乏对失信危害性的认识。另一方面，在现实生活中，当关系到自己个人利益或安危时，便放松了对自己的诚信要求，使得知与行相背离。

（2）责任意识淡薄

当前大学生多是20世纪90年代末期出生的，伴随着国家改革开放、市场经济体制的建立而成长起来的，具有强烈的市场意识、竞争意识和自主意识等。同时，在这个年代出生的大学生也存在着缺乏吃苦耐劳、艰苦奋斗的精神，自私自利，责任意识淡薄的现象。

此外，我国到目前为止还没有形成一个完善的信用评估体系和失信惩罚机制，尚未建立起信用保障体系，于是诚信缺失现象便在各个领域不断出现。人们的失信行为得不到惩罚，诚信者的利益得不到有效保障，在很大程度上纵容了这种失信行为的一再发生。高校中对大学生的学习、生活、工作表现缺乏记录和考核，对违反诚信行为规范的学生也没有强有力的惩戒措施，所有这些便助长了失信行为的发生。

3.2.5 大学生应诚信立身

大学生应努力加强自身修养。培养诚信的良好品德和个体自身的自律精神对道德人格的塑造具有重要的作用，大学生应从自身角度加强个人的道德修养。

1. 加强自我磨炼并随时准备接受考验

通过自我磨炼的方式，其道德修养才能是经得住不良诱惑的真正高尚的道德情操，才能步入更高的道德境界。

2. 经常性地开展批评与自我批评

内省的方法，是一种自我锻炼的修养方法，就是用正确的道德原则和规范，不断清洗、克服错误的道德观念。只有在内心严于解剖自己，对一切错误的道德观念毫不留情地进行自我批评，坚决抛弃，才可能成为一个符合时代精神的有道德的人。

3. 必须做到知行统一、言行一致

苏格拉底认为：知识即美德。道德知识是道德行为的先导，没有道德知识就不可能有道德行为，所以道德知识的学习很重要。同时，在掌握了道德知识后要学会付诸实践，做到理论与实际相符合。

4. 培养独处自觉精神

所谓独处自觉，是指一个人在独处无人注意或无任何监督的情况下，能自觉按一定的道德准则思考和行动，而不做任何坏事。自觉精神是一种境界更高、自觉性更强的自我修养方法。在实际生活中，培养这种精神就需要我们做到“勿以恶小而为之，勿以善小而不为”。

5. 培养奉献的精神和能够奉献的能力

当代大学生应该具备一种为他人奉献的意识。在工作、学习和生活中，不要为个人的小利益而只索取，我们应该多为他人做点什么，多奉献，为社会多做贡献，从而更好地实现自己的人生价值。

3.3 学会理财

随着高校收费制度改革，高校里的经济困难学生日益增多，国家对经济困难学生的资助政策也在逐渐加大。此外，高校里有一部分学生被称为“消费贵族”，大学生的消费理财问题一直是媒体报道和社会讨论的热点。大学生作为特殊的消费理财群体，如何理财，如何培养良好的理财习惯，对大学生树立正确的理财观念和习惯是非常重要的。

3.3.1 大学生消费现状

当前的消费市场中，大学生作为一个特殊的消费群体正受到越来越多的关注。由于大学生年龄较轻，群体较特别，他们有着不同于社会其他消费群体的消费心理和行为。一方面，他们有着旺盛的消费需求，另一方面，他们尚未获得经济上的独立，消费受到很大的制约。消费观念的超前和消费实力的滞后，都对他们的消费有很大影响。当代大学生主要有以下几个支出：伙食费、服饰、恋爱、上网费、手机费等。

除了在校内就餐外，校外就餐已经成为大学生饮食消费中必不可少的一部分，几乎每位同学每个月都会到校外的个体餐馆就餐。此外，各种形式的聚会成为在校大学生饮食消

费的一个重点。几乎所有学生每学期都要参加6次以上各类同学聚会。

大学生对服装消费的档次越来越高，男生买衣服的宗旨是不买则已，要买就买质量好的、价格高的；女生买衣服则总是买个不停，只要自己喜欢的都会买回来，不喜欢了，马上就不穿了。大学生购买品牌的商品，一方面为了满足自己的实用需求，一方面也希望能够增加自己的关注度。

对大学生恋爱族来说，恋爱过程中的消费也是一笔不小的数目。现在大学校园里一半以上的同学都会谈恋爱，大学生恋爱支出主要在吃饭、买零食、逛街、泡吧娱乐等方面。礼品消费是恋爱消费中绝对的“大头”，逢年过节（情人节、圣诞节等）或是俩人过生日及特殊的纪念日，恋人之间必要互送礼物，此项花费少则几十元，多则数百元，甚至有几千元者；在恋爱消费中，支出较大的还有在校外租房居住。此外，大学生的网络费用和手机费用也是一笔不小的开支。

大学生没有经济来源，经济独立性差，消费没有基础，经济的非独立性决定了大学生自主消费经验少，不能理性地对消费价值与成本进行衡量。大学生没有形成完整的、稳定的消费观念，自控能力不强，多数消费都是受媒体宣传诱导或是受身边同学影响而产生的随机消费、冲动消费。

3.3.2　大学生理财存在的主要问题及原因

由于当前大学生消费出现了许多的问题和误区，引起社会的广泛关注，大学生理财成为社会、高校、家庭密切关注的问题。

1. 大学生理财存在的主要问题

大学生理财主要存在以下几方面问题。

（1）支出差距大，消费层次两极化

由于家庭经济状况以及大学生本人的消费心理、消费习惯的差异，大学生消费差异加大的趋势非常明显，个体间消费差距很大，消费层次的高与低竟相差20倍。

（2）攀比风盛行，攀比心理严重

有一项调查显示，有些大学生为了追求时尚，不惜花大量钱财用于购买名牌衣服、名牌运动鞋、首饰等，更有甚者，不惜向同学借钱来满足自己的虚荣心和欲望，情愿在自己的伙食上实行“高压政策”。

（3）消费状况对心理成长存在影响

过于节俭，影响了身体健康。自卑心理，又影响了心理健康，影响了同学间的正常交往。目前，社会和学校对贫困学生进行了资助，都为家庭经济困难的学生提供了一个良好的学习环境，在各高校的关注下，这一问题正得到很好的解决。

（4）理财观念和理财能力欠缺

据一份调查显示，有近97%的同学愿意通过兼职来增加收入，然而却只有36%的同

学愿意节约支出。

2. 大学生理财存在偏颇的原因

当前大学生在消费上出现无计划消费、消费结构不合理、攀比等问题，这既与社会大环境的负面影响有关，同时也与家庭、学校教育有关。

（1）社会大环境及不良风气的影响

今天的大学生有更多的机会接触社会，接触新鲜事物，当某些大学生受到了拜金主义、享乐主义、奢侈浪费等不良社会风气的影响时，如果不能很好地去抵制，且没有得到老师及家长的正确引导，他们很容易形成心理趋同的倾向，尤其是那些学生在经济上可以满足较高消费时，这些思想就会在他们的消费行为上体现出来。

（2）家庭日常生活消费的原则立场和行为习惯的影响

“父母是孩子最好的老师”，父母在日常生活中消费的原则立场和行为习惯是子女最初的效仿对象，有些父母本身金钱观念和消费观念存在误区，或多或少地误导孩子的价值体系。

（3）学校教育环境对学生消费观念养成的重要影响

在高等教育中缺少对大学生勤俭节约消费观和培养合理消费习惯的具体内容，所以大学生在很多方面都具有从众心理。

3.3.3 大学生如何理财

大学生理财问题已经得到社会、学校、家庭的广泛关注，只有三方共同努力，才能培养学生正确的消费观，理性消费。

1. 大学生需要树立勤俭节约的意识

一个国家、一个民族要富强，离不丌自强不息、艰苦奋斗的精神。因此，当代大学生要努力地继承和弘扬艰苦奋斗和勤俭节约的优良传统，要树立勤俭节约意识，消费一定要理智，并根据自己的家庭情况，制订合理的消费和理财计划，量入为出，避免不必要的消费。

2. 大学生要培养正确的理财观念

首先，积极参加学校开设的消费道德教育课和一些有关节俭和消费的讲座；其次，以学生会为龙头，组织成立各种形式的爱心捐助基金，帮助困难学生；再次，学校每年进行评奖活动，以奖励那些家庭经济困难但是成绩优异的学生；最后，家庭经济困难的学生积极参加学校的一些勤工助学活动，提高自身的理财能力。

3. 培养良好的消费习惯，规范不良的消费行为

（1）学会记账和编制预算，制订每月支出计划，这是控制消费的最有效的方法。

（2）确定合理的消费期望。一些大学生消费行为不当就是因为消费期望值太高，脱离

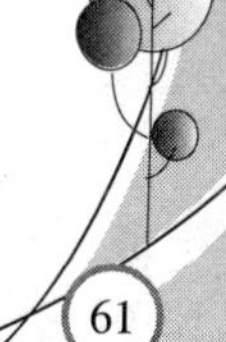

自身实际。

（3）确定生活消费准则。学生时代吃要营养均衡，穿要耐穿耐看，住要简单实用，行要省钱方便。

（4）不贪便宜，只买适合自己的东西。

（5）身上不带大额钞票。有些同学出去逛一次街，总要花掉两三百元钱，百元大钞就像流水一样没了。

（6）努力学习，获得奖学金。尤其是家境不是很好的同学，可以通过努力学习专业知识，获得相应的奖学金，这样不仅可以全面提高自身的素质，而且能在生活上为自己补贴。

（7）最大限度地利用免费资源。大学是个自由的天堂，在这里，你可以尽情地畅游书山，遨游知识海洋，在平常空闲之时可以利用学生证来到图书馆借阅自己感兴趣的一些书籍来阅读，增长自身知识。

（8）养成储蓄习惯。大学新生入学后应该有计划地将自己不用的钱存成三个月定期储蓄或活期储蓄，然后按照计划有规律地进行支取。

（9）善于精打细算。新生应该注意学习省钱窍门，尽量别花冤枉钱，更多地考虑所购物品的性价比和自己的承受能力。

（10）办理助学贷款。我国的助学贷款有两种，一种是国家助学贷款，对经济困难的学生，经学校和银行等部门的审批，政府给予贴息贷款；另一种是商业性助学贷款，由家长提出来，只要符合银行的贷款条件，就可以获得贷款。

阅读材料

张某，某高校大一新生，由于不太会理财，张的生活费总是不到月底就花完，又不敢一直向父母要钱，就找各种借口向同学借。张的债主们陆续找上门来，他有点急了。一次，张发现隔壁宿舍的同学毛某新买了一台笔记本电脑，就起了偷窃的念头。一日他趁学校组织考试期间，借口肚子疼离开考场，携带准备好的作案工具潜入毛某宿舍，将笔记本电脑及两个电脑包盗走（共计价值 1.1 万余元）。公安机关将张抓获，赃物追回，发还被害人。

虽然从参加高考到进入大学，只有几个月的时间，但大学新生的生活费却是成倍地增长。有同学以前在高中的时候每月零花钱只有一二十元，上大学时家里都要给几千元的生活费（供一学期用），这对他们来说简直是一笔“巨款”。刚入高校时，同学们都没有太多“理财”的经验，有的同学在最初的时间里大手大脚，逛街、旅游、聚餐……两个月就把钱花得差不多了，以后的日子只好节衣缩食或向父母索要。

1．记账越勤，理财越行

现在的大学校园中“月光族”越来越多，对付乱花钱最有效的办法就是记账。月初规划好当月开支，比如伙食标准、日常用品等。细心一些的同学可以每天临睡前花几分钟记一下当天的所有开支。一个月下来，就很清楚哪些钱花得不应该。

如果你觉得把钱都放在钱包总会手痒，那就可以办一张银行卡，每周分批定量取钱。不要觉得这是浪费时间，如果你连最基本的“理性消费”都做不到，就别提理财了。

2．信用卡不是随便办的

现在信用卡热已经席卷大学校园。信用卡理财并没有错，但它同样也是一把“双刃剑”。大学生冲动地用信用卡消费，不但使得生活成本增加，而一旦还不上钱，还将影响你一生的信用记录。

3．想挣大钱就学习

目前做家教、打零工甚至炒股票的大学生越来越多。不少学生由于过于热衷于社会实践，导致多门功课不及格，甚至被退学。大学生更应该多花时间在功课上。满腔热情投入学习的一个直接好处就是，你没有过多的时间去校外消费，无形中又帮你省了一笔开销。

4．用二手货是流行时尚

每当大三学生离校，校园里就成了“跳蚤市场”，不少毕业生拿出自己的旧书本、旧用品甚至旧衣裤出卖。用二手货成为当今大学校园的一大时尚。有些大学生在大学3年里几乎没有支出什么书本费，都是从网上或高年级同学那里3～4折买来的一些二手书。有朝一日等你成了毕业生，你也可以在那里把你的旧货卖个好价钱，让它们继续“发挥余热”。

5．创业靠的是积累

很多同学凭着热情创业，但最终不了了之。创业靠的不是冲动而是积累。首先是知识的积累，比如开一家服装店，也需要积累，如何进货，如何与客户交流都是需要提前学习的。资金方面的积累，也很重要。积累是一种习惯，有些同学拿了奖学金要么换新电脑，要么出去旅游，有些同学却懂得把奖学金积累起来。有了积累，才会有投资的基础。

小结

在大学里不少同学因为不会理财，日子过得“前松后紧”，甚至到学期末要借债生活。因此，大学新生要树立“理财”观念：在刚入学的两三个月中，有计划地进行消费，钱要花在刀刃上，避免完全不必要的消费。每个月初都制订一个切实可行的“消费计划”，尽量按照计划执行，多余的钱可以存入银行，以备不时之需。尤其要根据父母的经济能力和自己“勤工俭学”的能力来进行日常消费，切不可盲目攀比。

3.4 理性上网

随着互联网的崛起和迅速普及，一种新的全球性的社会组织形式—“网络社会”正在形成。网络在给人们带来文明进步的同时，其负面影响也开始显现。大学生由于对新生事物有着天生的好奇和热情，加上旺盛的精力和无畏的探索精神，面对扑面而来的网络时代，大学生趋之若鹜，纷纷“触网”。然而，大学生该如何正确地利用网络资源，从而为学习和生活服务，是摆在每个人面前亟待解决的问题。

3.4.1 网络对大学生成长的影响

在现在这样一个信息时代，网络普及大学校园，大学内无人不网、无时不网、无处不网。网络是把双刃剑，在给大学生带来文明进步的同时，也带来了相当多的负面影响。

1. 网络问题对大学生道德品质的影响

网络为道德相对主义提供了温床，为许多不道德的行为提供了新的场所，网络的使用冲击了现存的道德规范。遨游在网络中的大学生不需要真实的姓名、身份，可以隐瞒性别、年龄、身份。在虚拟的空间里，人与人的交往没有责任也没有义务。因此，不道德者随处可见，其中以说谎最为严重。一些男学生说：“我们聊天的时候就说自己是女生，这样网友马上就过来了。与那些不认识的人聊天交友往往都是胡吹乱侃、信口开河，因为不必负责任，谁也不知道你是谁。”据一项调查显示，在网上不以自己的真实情况出现的人占被访对象的 33.3%。不少大学生就是从网上学会了说谎，并以说谎为乐事。大学生在网上经常这样缺乏责任感、不诚实，极不利于大学生道德意识的形成和道德行为的培养，势必降低了大学生的思想道德素质，影响高校人才培养的质量。

2. 网络问题对大学生学业的影响

大学生自由支配的时间较多，一些大学生平时下午和晚上经常上网聊天或玩游戏，真正在网上学习的寥寥无几。还有个别学生旷课去上网聊天，一到星期五、星期六更是如此，有的学生甚至通宵达旦“住在网上”。据调查显示，被访者认为“上网对我的学业或工作已造成一些消极的影响”的占到了 24%，认为“因为熬夜上网而导致白天精神不佳”的占到了 28.4%。多所高校的学籍管理资料也显示，心理障碍和网络成瘾是大学生休学、退学的两大主要原因。

3. 网络问题对大学生身心健康的影响

大学生正处在身心发育阶段，一些学生上网游戏或聊天时间过长，星期五、星期六更是如此。这些学生大都身心疲惫、生物钟紊乱，导致大脑中枢神经系统处于高度兴奋状态，引起肾上腺素水平异常增高，交感神经过度兴奋，血压升高，植物性神经紊乱；严重者可诱发心血管疾病、胃肠神经官能症、紧张性头痛等病症。精力和体力透支，即使下线

离网后，神经的高度兴奋也无法一下平息，网上刺激的画面和字语还在眼前晃动，使上网者睡眠质量下降，食欲不佳，引起消化功能紊乱，出现神经衰弱等“网络综合症”。网上聊天使一部分学生陷入虚幻的世界不能自拔，使美好的心灵扭曲，这对大学生的身心健康极为有害。

4. 网络问题对大学生人际关系的影响

学习人际交往和处理人际关系需要时间的投入，由于大学生恋网，在人机相对封闭的环境里，使得他们在很大程度上失去了与别人交往的机会，减弱了与他人交往的愿望。人际交往的减少很容易加剧自我封闭心理，造成人际关系淡化，导致一部分大学生脱离现实，只满足于精神需求。一些学生在真实的交往中感到紧张、不适应，产生孤僻的情感反应，产生对现实人际交往的逃避和恐惧，甚至还会出现“网络孤独症”等症状，造成人际关系障碍，这对人生的发展是非常有害的。

5. 网络问题对大学生兴趣爱好的影响

丰富多彩的文体活动是大学生生活的重要组成部分。大学生的学习任务繁重，没有良好的情绪情感和健康的体质是不能完成学习任务的。沉溺于网上游戏或聊天以后，大学生将会利用一切可以利用甚至不可利用的时间上网。人的时间和精力是有限的，从这一点来看，他们不可能再给以往的业余爱好让路。迷恋于互联网以后，他们对现实的各种活动，如打球、下棋、看电影以及班级里的各种活动都不感兴趣，认为这些活动没有什么意义，网络已成为能够代替一切活动的一种新的嗜好。

6. 大学生网络上瘾问题

所谓网络上瘾，就是强迫性的过度使用网络和剥夺上网行为之后产生的焦虑情绪及行为。具有这种症状的人主要表现出一种不自主地强迫性网络使用行为和在网络使用过程中不能有效地控制时间，并且随着网上活动带来的满足感的强化，使用者出现欲罢不能、难以自拔的现象。这种症状发展的初期主要表现为精神上的依赖，渴望上网遨游冲浪，而如果这种需要得不到满足就会感到极度的不适。其后可发展成为躯体上的依赖，表现为情绪低落、头昏眼花、双手颤抖、疲乏无力、食欲不振等症状。

3.4.2 大学生沉迷网络的心理原因

大学生沉迷网络的主要心理原因包括以下几点。

1. 缺乏自律，自控能力差

大学生正处在人生的过渡期，他们的生理虽趋于成熟，但心理还正处在迅速走向成熟的过程中。因而，他们的认识和行为常常不能协调一致，知行脱节，即知道该怎么做，可行为却不这么做，表现出意志力较弱，不能完全控制自己的行为；加之，他们的自主意识增强，有较强的成人感，希望别人把他当作成年人对待，但习惯了从小到大被老师、家长

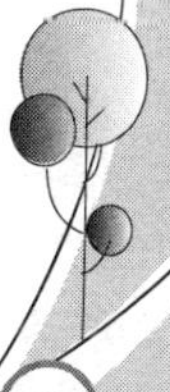

管束的他们，依赖性仍然较强，自主自控的能力没得到应有的锻炼和提高，有时明明知道有些事是不对的，可经不住诱惑还是要去做，这就是大学生普遍的特点。网络上大量的新奇信息、游戏和视听功能为主的娱乐性活动，使得追逐时尚、爱好猎奇的大学生深陷其中不能自拔。正如有的学生说："我也知道天天打游戏对学习和身体有害，但就是控制不住自己，不自觉地又走进了网吧。"

扫一扫

沉迷网络游戏的危害

调查显示，65.2% 的学生上网时的初衷是为了学习，但上网后因抵挡不住网上丰富、新颖、有趣信息的刺激而忘了上网最初的目的。据调查，大学生上网后，63.4% 的学生"玩游戏"，50.2% 的学生是"聊天"，38.5% 的学生是看网上影视。30.8% 的学生因上网而旷课，而"整天在网上，几乎不上课"和"深夜 24 点至次日早晨 8 点上网"的大一学生比例最高。另外，约 10.6% 的学生是在接受同学、老乡的邀请而接触网络的，这以后便一发不可收拾。

2. 摆脱孤寂，宣泄紧张或压抑情绪

当代大学生中独生子女居多，在他们成长的过程中，受到来自家庭和学校的关爱、照顾太多。到大学后，因远离父母和家庭，人生地不熟，大学的管理又以自我管理为主，这就要求学生要独自面对学习和生活。所以不少学生到大学后感到不被重视，缺乏关爱，孤独、寂寞。另外，在现实生活中，一些大学生因为各种角色的需要、利益冲突、人际关系紧张、学习压力等而不能畅快地表达自己的情绪，造成压抑的心理状态。匿名的网络给人们的精神世界营造了相对平等而自由的空间，使情绪得以表现和宣泄。于是，他们就会在虚拟的网络世界里去寻找心灵的慰藉。

调查显示，61.5% 的大学生在"寂寞无聊"时上网，19.6% 的学生认为在网上最主要的收获是"使自己的压抑、苦闷得到缓解"，而来自山区的学生选此项的比例高达 41.3%。36.5% 的学生认为上网"可以减轻学习、生活压力"，28.5% 的学生在网上交友的最主要原因是"可以充分述说自己内心的苦闷或压抑"。

3. 逃避学习困难，逃避现实

不少大学生在进入大学后，认为自己的学习基础好，应付大学的学习绰绰有余，于是对学习抓得不紧，甚至是放松。殊不知，大学的学习远没有像他们想象的那么轻松容易。之所以产生这样的认识，主要是缘于他们对大学学习和生活的不了解；另外，大学的教学和学习方法与中学有很大的不同，不少学生来到大学后仍以中学的学习方法应对大学的学习，结果发现不适应大学老师的教学风格，跟不上老师的讲课速度和思维，同时又发现在学习上的投入和产出极不相符。在进入大学后的第一次测验、第一次考试后的成绩往往出乎很多大学生的意料，在他们的学习生涯中令他们耻辱的分数出现了。当大学生因为对学

习的放松和不努力导致成绩差，或因基础差产生学习上的困难，或因方法不当出现学习障碍时，这一切都将导致他们产生极大的心理压力。面对困难和压力，多数学生不愿面对自己在现实中的实际困难。于是，网络成了他们逃避现实、学习困难的最佳去处。在网络上的流连忘返可以让自己沉醉其中，忘却现实中的学习烦恼，以此来麻痹自己。

4. 缺乏高远的志向，没有奋斗目标

不少大学生在进入大学前把考上大学作为自己的奋斗目标，当大学梦实现后他们就以为万事大吉，达到了人生的终极目标。对于上大学后该如何完成学业，自己将来应成为怎样的人、未来要做成什么事诸如此类的问题根本没有思考过，在这种状况下，他们势必表现出在学习上被动无计划性，在时间上不会有效管理，在生活中无规律性。于是，空虚、孤独、寂寞、无力感、无兴趣感油然而生，他们终日无所事事，对学习、社团活动等校园文化、校园生活毫无兴趣，觉得时间不好打发。在这种情况下，他们极易被网络所吸引，在网络中寻求精神刺激从而获得心理上的满足。这在大一学生中尤为常见。调查中，38.6% 的新生因感觉平时课程不多，不知如何打发时间而上网；有 24.7% 的学生说："因不打算考研，平时就感觉没什么事可做，只好上网消磨时间。"

5. 生活单调、追求刺激

大学生活虽然丰富多彩（校园内学生社团组织、第二课堂活动，由学校组织的大型的学术活动、校园文化活动、体育活动等），但学生是以学为主，以学为重，他们每天更多的时间是要用于学习，尤其是作为工科院校的学生，学习任务更是繁重，每天有大量的作业或实验要完成，客观上要让自己参加校园多姿多彩的各项活动是非常有限的，加之在所有的校园文化生活中，不是多数学生对其都有兴趣，都能参与进去。实际上，参与到每项活动中的学生是十分有限的，不少学生每天的生活依然是三点一线：宿舍—教室—食堂，大学生活与他们的想象相差太大，当进入大学之初的新奇感在对大学学习、生活的熟悉中渐渐消失时，他们对大学的感受归于平淡，进而在以学为主的学习生活中深感生活的单调乏味、缺少刺激。而大学生的心理发展特点是喜好新奇、崇尚冒险、追求刺激，当现实的生活无法满足其心理需要时，他们必然要转向网络，因为网络世界能很好地实现他们的这种心理需要。调查中，97.8% 的学生说："玩网络游戏就是刺激、带劲。"

6. 满足好奇心，实现成就感

大学生有着强烈的求知欲、探索欲和好奇心，乐于尝试一切新生事物。当网络作为一种新事物出现时，立刻吸引了大学生们的眼球，他们迫不及待地要去认识它、使用它，从而满足其好奇心与探求欲。

同时，网络特有的匿名特性，使不少大学生在现实生活中因学习不佳、情感挫折、人际关系紧张等带来的挫败感在网络上一扫而空。他们可以在玩游戏中称霸，在虚拟的世界

中化身为白雪公主或白马王子而获得网络的爱情。在网络世界无拘无束的情感放纵、言语毫无顾忌地自由表露而得到网友的认同，这一切都极大地满足了他们的自尊心，体验到了自己的价值和成功。正如有的学生说："虽然我学习不好，但在网络游戏中我指挥着千军万马，我受到了其他网友的敬佩和仰慕，我觉得自己很了不起"；还有的学生说："我在现实中不善言辞，显得木讷，难以与人交往，但在网上我却能口若悬河、滔滔不绝地与网友交谈并与不少网友有着非常好的感情和关系。"

因此，当虚拟世界而不是现实世界能极大地满足他们的这种自尊和成就需要时，他们自然地选择了网络、迷恋网络、过分依赖网络以寻求这样的感觉。

3.4.3　合理利用网络，做网络的主人

信息化时代，除了看得见摸得着的书籍以前所未有的速度出版面世之外，更为显著的特征是看得见摸不着的网络信息也开始走入千家万户。大学生作为接受新生事物的最敏感群体，应该全面了解网络，并学会如何在网上搜索对自己有用的信息和资源。

因特网上的信息资源大致有以下几种类型。

1. 图书馆馆藏目录

用户可以通过 Internet 进入世界各大学的图书馆、公共图书馆或专业图书馆。不同的图书馆提供的信息不同，但一般都会提供本馆的馆藏目录。同学们可以从作者名、篇名、主题、出版年代、出版社等多种途径查询该馆馆藏情况。

2. 电子图书

许多传统的和现代的参考工具书都被搬进了 Internet，同学们可以在网上看到成千上万的指南、手册、名录、索引等。

3. 电子期刊

电子期刊也是非常重要的网络资源，一般根据其文献提供情况和收费方式的不同可分为免费和有偿使用的。有些机构或高校所提供的电子期刊仅供其会员或学生、老师使用，其他网上用户无法使用。

4. 数据库

Internet 上的数据库不计其数，有的收费，有的免费使用。除文献数据库外，还涉及各个领域、不同专业。

5. 全文资料

越来越多的机构将一些非常重要的、实时性的、有参考价值的全文资料在 Internet 上发布，随时供用户查询，如天气预报、股市行情等。

Internet 上的电子期刊数量庞大，增长迅速，而且涉及诸多学科及领域。有效利用网

上丰富的学术资源，是一名优秀大学生必备的能力之一，也是今后大家进入各个专业领域科学研究的重要技能。

主要学术类数据库分中文数据库和外文数据库两大类。

（1）中文数据库

中国知识基础设施工程（China National Knowledge Infrastructure，CNKI）采用自主开发并具有国际领先水平的数字图书馆技术，建成了世界上全文信息量规模最大的“CNKI数字图书馆”，并正式启动建设《中国知识资源总库》及CNKI网格资源共享平台，通过产业化运作，为全社会知识资源高效共享提供最丰富的知识信息资源和最有效的知识传播与数字化学习平台。

“万方数据资源系统”是以中国科技信息所（万方数据集团公司）全部信息服务资源为依托建立起来的，是一个以科技信息为主，集经济、金融、社会、人文信息为一体，以Internet为网络平台的大型科技、商务信息服务系统。目前，万方数据资源系统提供学位论文全文、会议论文全文、数字化期刊、科技信息、商务信息五大板块，并通过统一平台实现了跨库检索服务。

（2）外文数据库

学术研究图书馆是综合参考及人文社会科学期刊论文数据库，涉及社会科学、人文科学、商业与经济、教育、社会学等学科，收录多种期刊和报纸，其中全文刊占2/3，有图像。

美国学术出版社是一家非常著名的学术出版公司，其出版的范围涉及多个学科，是学术品质非常高的刊物。

除此之外，在网络教育环境下，微信这个新的网络交流平台也被运用到教学中，使其成为同学、教师以及其他微信好友分享学习成果的桥梁，拓展了学习的时间和空间，有利于调动学生的积极性、能动性和创造性，有利于营造自主学习的氛围，是对日常课堂教学的一种强而有效的补充。

网络作为一个人人可以参与的平台，大学生可以在这里尽情地展示自己，让别人了解你的同时也使自己的生活变得更加方便和精彩。但是大学生也应该注意到网络的不安全因素，特别是网络信息的泄露很容易让你陷入他人的要挟之中，造成众多网络事故的发生。所以大学生必须知道如何安全使用网络，尽量减少不安全因素的威胁。

扫一扫

网络信息安全的防范

1. 网络游戏

大学生沉迷网络游戏有多重原因，主要是社会潮流的影响和学生的不正常心理。学生在生长发育的时期，追求刺激，勇敢尝试，在网络领域也想要实践，同时很多同学为了满足自己的虚荣心，就开始了网络游戏的征程。挫折导致的扭曲心态决定了很多学生在现实生活中处处碰壁，事事不如意，因此会产生自己一无是处的想法，对生活感到厌倦，找不到自信，这时候在虚拟的网络游戏中，他们找到了安慰，得到了满足，就会对此无法自拔。学生沉迷网络游戏的另一个主要原因就是大多网络游戏都设置了经验值增长和虚拟物品奖励功能，要想得到奖励，就要长时间在线积累经验，导致学生沉迷网络游戏现象的发生。

2. 网上购物

网上购物作为一种新兴的购物方式，已经渐渐成为一种时尚，并且正在大规模地推广，网上购物理念已经渐渐深入人心，尤其对于大学生。网上购物突破了传统的商务障碍，节省了交易时间，实现了资源最大范围的流动。但是网上购物消费模式并非尽善尽美，网络诚信问题时刻都在威胁网上购物模式的发展。所以大学生在选择网络购物时一定要比较各个商家的信用度和产品质量，更要在平时积累必要的网络购物安全知识。

网上购物存在的安全问题

网络购物存在的主要安全问题有：交货延迟；网上欺诈与虚假广告；交易对象认定的模糊性；售后服务的欠缺；个人信息的泄露——多数购物网站都得注册成为其会员才能购买其产品，个人资料容易流失，很容易被人利用要挟。

大学生在上网购物的时候一定要谨慎，必要时采取一定的措施来维护自己的利益。提交任何有关私人信息时要加强个人信息保护，尤其是要提供个人信用卡号时，一定要确认数据已经加密，并且是通过安全连接传输的；保护好个人隐私；检查销售条款；使用安全的支付方式；权益受损时要及时提出控诉。

3. 网恋

随着网络的发展，人们交流沟通日益加深，网恋应运而生。很多大学生因为在现实中找不到自己的那份幸福，就将生活中的压力和郁闷宣泄在网络上，把现实中说不出的话在网络中尽情地说出来。不管对方是什么样的人，多数人能够找到一个倾听者，这样网恋就顺理成章地产生了。我们不说网恋一定不幸福，但是网恋存在着重大的风险，许多犯罪分子正是利用了网络和人们的心理，对受害人进行诈骗、抢劫，甚至人身伤害。所以大学生要树立正确的爱情观，不要过度沉迷于网恋，以免被坏人利用。

网恋

4. 网上诈骗

现代高科技的发展促进了社会的进步，但同时也给不法分子带来了更加先进的诈骗手段，近些年来网络也渐渐成为犯罪分子所利用的重要手段。

网上诈骗形式多样，但主要有以下几种：“人人中大奖”的骗子游戏，现在网上的虚假信息越来越多，很多人上网时会收到这样的信息“恭喜您中大奖，您可以获得电脑、摄像机、手机等贵重物品”等，可一旦你将他们所要求的邮资寄过去，那些所谓的奖品就没了踪影。所以，当大家上网遇到这类信息时，千万不要为贪一时便宜抱着试试看的态度去做，要相信世界上没有“天上掉馅饼”的好事；假冒伪劣产品的促销；利用网络电话来兜售一些非法或欺骗性的投资产品，夸大自己的产品效果，来骗取人们的信任，获得暴利。

对上述列举的诈骗形式，大学生应时刻提高警惕，切不可贪图一时小利而受到不必要的伤害。

阅读材料

大学生沉迷网络游戏导致自动退学

某大三的李姓学生入学成绩在班上排前两位，大一下学期迷恋上网络游戏，开始阶段经常通宵达旦上网，后来发展到一周甚至半月不回寝室，吃在网吧、住在网吧，经校方多次劝说不改，后来其父得知情况，来学校劝其改过。谈及贫寒的家境和跨出农村的不易，父子一阵唏嘘，小李当面保证以后绝不再玩网络游戏。但其父前脚刚走，他后脚又进了网吧大门，最终导致多门成绩挂红灯，不得不自动退学。

有一段时间里，小李也曾想收回心来好好学习，可是由于他在网络游戏中确实占有霸主的地位，只要一有什么大的网络游戏比赛，以前的网友总是千方百计找到他，因为他不出征，他们所组的战队就无法获胜。无奈，小李躲不过就得继续出征，而导致一发不可收拾。虽然在现实中小李已经找不到成功的感觉，但是在网络游戏中他是绝对的“大哥大”，受人追随和尊敬。就这样，小李最终走向了网络的深渊。

思考题

1. 大学生应树立哪些安全意识？
2. 联系现实，举例说明大学生周围存在哪些诚信缺失的现象？
3. 当前大学生理财存在哪些问题？
4. 大学生应如何利用好丰富的网络资源？

第4章
德育为先　全面发展

如果说社会是大海，人生是小舟，那么理想是引航的灯塔，信念是推进的风帆。没有理想信念的人生，就像失去了方向和动力的小船，在生活的波浪中随处漂泊而找不到自己的港湾，甚至会沉没于急流险滩。大学时代，正是人生之舟启航之际，崇高的理想和科学的信念将帮助我们扬起生命的风帆，伴随着我们走过人生之旅。

4.1 筑牢理想信念

理想是指路明灯，没有理想，就没有坚定的方向；没有方向，就没有生活。

——托尔斯泰

理想是石，敲出星星之火；理想是火，点燃熄灭的灯；理想是灯，照亮夜行的路；理想是路，引你走到黎明。

——流沙河

理想信念，是一个人的世界观、人生观和价值观的集中体现，是一个人的精神内核和前进灯塔。它是人生不可缺少的精神支柱，是促使人前进和奋斗的精神动力。它像一朵明亮的火花，点燃人们的激情，激发人们的才智，焕发人们奋发向上的勇气。理想就是人们所向往、信仰和追求的奋斗目标。树立崇高理想是确立正确世界观、人生观、价值观的必然要求，也是大学生健康成长的客观需要。

进入新时代，肩负起新的历史使命，当代大学生必须深入学习贯彻习近平新时代中国特色社会主义思想，始终把坚定理想信念摆在首位，补足精神之“钙”，永远保持一往无前的勇气和奋发有为的斗志，在进行伟大斗争、建设伟大工程、推进伟大事业、实现伟大梦想中建功立业，努力交出一份经得起实践、人民、历史检验的优异答卷。

4.1.1 理想信念的含义与特征

1. 理想的含义与特征

（1）理想的含义

理想一词，最初来源于希腊语“ideal”，意思是人生的奋斗目标。《现代汉语词典》解释为“对未来事物的想象或希望（多指有根据的、合理的，与梦想、幻想不同）”。《新华词典》解释为“对美好未来的设想（指有根据的，可以实现的，区别于梦想、幻想）”。理想作为一种社会意识和精神现象，是人类社会实践的产物，是人们在实践中形成的具有现实可能性的对未来的向往和追求，是人们的世界观、人生观和价值观在奋斗目标上的集中体现。

理想主要包括 3 个基本要素：一是社会生活发展的现实可能性；二是人们的愿望和要求；三是人们对社会生活发展前景的形象化构想。人们在改造主客观世界的实践活动中，既追求眼前的生产生活目标，渴望满足眼前的物质和精神需要，又憧憬长远的生产生活目标和物质精神需要，对现状永不满足，对未来不懈追求，这就是理想的本质内涵。

（2）理想的特征

理想的特征包含以下内容。

① 现实可能性。理想虽然是人们以观念的形态对未来的想象和设计，但理想是在现实的基础上提出的，是对客观现实的自觉反映。从形式上看，理想是主观的精神现象，主

体的需要、价值、人生观等影响着理想的形成。但从内容上看，理想又具有客观的因素。理想是对客观现实的自觉反映，符合社会发展的客观规律，它的内容是客观的而不是主观的，它最终是能够实现的。要想使理想真正变成现实，还需要一定的客观条件和主观努力。理想来源于现实，它本身包含着现实的要素，反映现时发展的客观规律，并表现为明确的追求目标，因而具有现实可能性。

② 时代性。理想作为一种社会意识，既不是人们头脑中先天固有的，也不是凭空产生的，它同一定时代的生产发展水平紧密相关，是一定社会历史条件和经济政治关系的产物。理想体现着时代精神，反映一定时代的特征。不同的时代有不同的理想，没有也不可能有一切时代都通行的永恒的理想。随着时代的发展，人们的理想也不断调整、充实和发展。诗人流沙河写过一首优美的诗，诗名叫《理想》。

理想

饥寒的年代里，理想是温饱。
温饱的年代里，理想是文明。
离乱的年代里，理想是安定。
安定的年代里，理想是繁荣。

这首诗反映的正是不同的时代，人们不同的向往和追求，理想带有鲜明的时代特色。

③ 超越性。理想来源于现实，但又高于现实，是对现实生活的超越。一方面，理想作为对美好生活的想象具有完美性，它是对现实生活的缺陷和不完整性的超越。由于人的主观能动性，人们在现实生活中总会对现状有所不满，设想和追求更加美好的生活。理想正是人们对美好未来的追求和期望最集中、最直观的表达。另一方面，理想作为未来图景，总是指向未来的，是现实生活中尚未存在的东西，具有超前性，是对现在的超越。理想虽然源于现实和实践，但它却是对现实和理想的超前反映。正因如此，理想也最具吸引力和感召力，能够诱发人的内心激情，强化人的进取精神，唤起人的创造欲望，鼓舞人们去奋斗，从而不断推动人类社会的进步。

④ 阶级性。在阶级社会中，由于个人的阶级地位和利益不同，理想也必然不同。任何理想都受到一定的阶级地位和阶级利益的制约，各种理想无不打上阶级的烙印。人们对未来的追求，都是从他们所处的阶级地位和阶级利益出发的，没有也不可能有各个阶级都信奉的超阶级的社会理想。人们所处的阶级地位不同，理想的内容也是极不相同的。

⑤ 实践性。理想是一个包括形成与确立、追求与实现的完整的实践过程。一个人的理想总是随着他的社会实践的深入发展而逐步形成并确立的，也在社会实践中不断检验和完善，最终经过社会实践将理想实现。由于社会实践的深度和广度不同，人们所确立的理想也不尽相同。一旦理想确定之后，它一方面要给人生提供导向，另一方面进入人们为实现理想奋斗的实践中，转化为巨大的热情和顽强的意志，成为鼓舞人们前进的强大动力。同时，理想也要在实践中接受检验，不断修正和发展。理想只有通过人们的社会生活实践

才能实现。要把理想转化为现实，就必须脚踏实地反复实践。离开实践，再美好的想象也不是理想，而是空想。

（3）理想的类型

按不同的标准理想的类型有以下几种不同的分法。

① 从性质来看，理想可分为崇高、远大理想与狭隘、庸俗理想。凡是符合客观事物发展规律，反映人民群众根本利益，追求祖国的繁荣、人民的幸福和社会的进步的理想，就是崇高、远大的理想；相反只注重追求个人私利和贪图物质享受的追求，则是狭隘、庸俗的理想。

② 从主体来看，理想可分为个人理想与社会理想。个人理想是指一定历史条件和社会关系中的个体对自己未来的物质生活和精神生活的向往和追求。社会理想是指社会集体乃至全社会成员的共同理想，指在全社会占主导地位的共同奋斗目标，实现共产主义是中国人民的社会理想。个人理想与社会理想是互为依赖、密不可分的。

③ 从时序上看，有长远理想与近期理想之分。长远理想是指必须经过长时间的艰苦努力和不懈奋斗才能实现的理想，如共产主义需要若干代人的共同奋斗才能实现，这就是人类的长远理想。近期理想是指在较短时间内经过努力能够实现的目标。

扫一扫

人生价值分析

④ 从内容上看，理想主要包括社会政治理想、道德理想、职业理想和生活理想等。社会政治理想是一定社会的阶级、政党或个人对未来社会制度、政治结构和社会意识形态的设想、追求和向往，包括未来社会的政治、经济、法律、道德、思想文化、精神面貌和人民具体生活的设计。道德理想是指人们对道德关系、道德标准、道德原则、道德风貌等的向往和追求，是对崇高道德境界的设计和构思。职业理想是指人们对未来所从事的职业、工作部门以及职业上所要达到的成就的向往和追求。它包括人们对未来的工作部门、工作类型、工作业绩、工作强度等方面的设想。生活理想是人们对未来爱情、婚姻、家庭以及物质文化的消费性生活等方面的向往，它包括人们对衣食住行水平和方式的构想，也包括人生过程中各阶段各种生活方面的美好状态。社会政治理想、道德理想、职业理想和生活理想之间是相互联系、相互影响、相互制约的，其中，社会政治理想是核心，它决定和制约着道德理想、职业理想和生活理想，起着主导和支配的作用，调节和控制着人们的思想和行为，一个人有了崇高的社会理想，就会产生高尚的道德境界和强烈的责任感、事业心。只有树立了远大的社会理想，才能自觉地把个人的前途和命运同社会的发展和进步联系起来，把个人的工作和生活变成社会理想奋斗不可缺少的一部分。

2. 信念的含义与特征

（1）信念的含义

信念同理想一样，也是人类特有的一种精神现象。信念是认识、情感和意志的统一体，是人们在一定的认识基础上确立的对某种思想或事物的正确性坚信不疑并身体力行的精神状态。信念不是一种单纯的知识或想法，而是一种具有明确价值指向的综合的精神状态，它不仅具有理智上的坚信不疑，而且得到了情感的强烈支持，集中体现了一个人情感的倾向性与意志的坚定性。

信念和理想紧密相连，是对理想的支持，是人们追求理想目标的强大动力。追求一种理想，就意味着相信这种理想是正义的并且能够实现，这种信心就是一种信念。信念一旦形成，就会使人坚贞不渝、百折不挠地追求理想目标的实现。而缺乏科学的信念，理想就失去了坚实的基础，就容易发生动摇。理想确立了人生的方向，信念奠定了人生的根基。总之，信念坚定的人，认识深而牢固，情感强烈而积极，意志坚定而持久，行为自觉而有力。

（2）信念的特征

信念具有稳定性、执着性、多样性、亲和性等特征。

① 稳定性。信念是在人生实践中逐步形成的，其中积淀了一个人多年的经验，是一般认识的升华，既具有理智上的坚信不疑，而且还得到情感上的强烈支持，因而，信念具有远比一般认识更高的稳定性。信念一旦形成，就不会轻易改变。信念的稳定性也不是绝对的，科学的信念必然会随着客观实际的改变而与时俱进，不断充实、调整和完善，在现实不断变化的考验中变得更加稳定、更加坚强。

② 执着性。信念的稳定往往带来情感上的执着。信念是人们在认识、情感和意志基础上形成的非做什么不可和非要去做的欲念。这里的认识，是指对一定的理想、主义、思想主张的认识。人们在认识的基础上产生某种情感，才会接受它并把它作为自己的最深切的需要，继而努力地在现实中开拓出理想的境界。这种努力长期不懈地坚持下去，就在人的内心形成一种坚定不移的信念，即非这样做不可的信念。坚定的信念，体现了对理想、主义或思想主张认识的深刻性，伴随着热烈的情感体验和坚定不移、坚持不懈的意志力，因而具有执着性。

③ 多样性。同理想的多样性一样，信念也是多种多样的。不同的人，由于成长的社会环境、思想观念、利益需求和具体经历以及自身性格、爱好等不同，会形成不同的信念。即使同一个人，在社会生活的不同领域也会形成政治、经济、道德、科学、审美、真理、事业等不同的人生信念。

④ 亲和性。亲和性是信念在感情上的表现。一个人对与自己信念相近或相同的人往往会产生极大的兴趣和热情，那些志同道合的人更易于接近。而信念相迥者则可能导致关系上的疏远和情绪上的对立，即所谓“道不同，不相为谋”。中国共产党就是靠共同的政治信念把千千万万名党员凝聚到一起，为了一个共同的革命目标团结奋斗、前赴后继、勇往直前的。

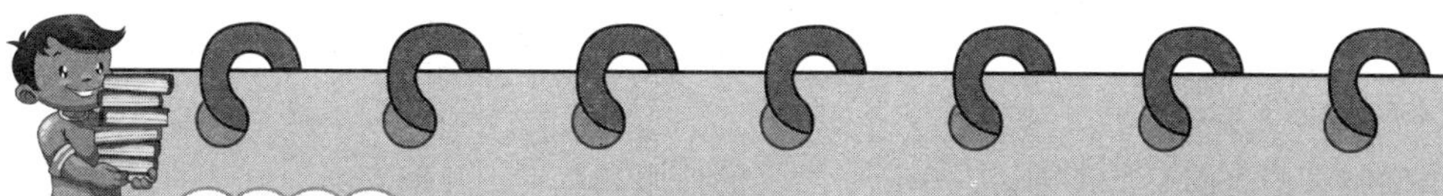

阅读材料

冯如和他的飞机梦

冯如是我国杰出的科学家、第一个飞机制造专家和飞行家。他出生于农民家庭，12岁开始旅美生活。美国工业的繁荣使他认识到，中国要富强，就必须有先进工业。他省吃俭用，大量购买机械学书籍刻苦自学，并于几年后开始了发明创造。1904年，俄日帝国主义为争夺中国东北三省爆发战争，给中国人民带来深重灾难。冯如闻后立志为祖国制造飞机，并发誓："苟无成，毋宁死。"1906年，冯如在美国旧金山，向华侨募集了1000美元资金，与9位华侨青年助手开始了飞机的研制工作。面对一次次失败和各方面阻力，冯如毅然宣布"飞机不成，誓不回国"。在伟大理想的激励下，经过艰苦设计、研究实践，冯如终于在1909年9月21日驾驶自制的飞机翱翔在奥克兰的上空。它震惊了西方世界，在中国航空史上写下了光辉的一页。之后，冯如谢绝美国的高薪延聘，回国创办了飞机制造公司，致力于祖国的航空事业。直至1912年8月15日，冯如在一次飞机试飞中因故遇难，年仅29岁。

（3）信念的类型

信念是一个复杂的系统，具有特定的层次和结构。一般可分为以下几种类型。

① 政治信念。政治信念是指人们对国家、政党、政治制度等政治现象的看法、认识和心理认同。政治现象是阶级社会所特有的，政治信念也只有在阶级社会才会出现。在阶级社会中，由于人们的阶级地位、利益不同，因而政治信念也有所不同，甚至完全相反。共同的政治信念，是现代社会文化整合的纽带，会产生巨大的政治思想凝聚力，对于维护一个国家、社会等的政治稳定，起着重要的作用。

② 科学信念。科学信念是指对反映自然、社会和人类思维等客观规律的科学体系的信奉和尊重。科学是建立在人类伟大实践基础上的对客观规律的认识和把握，是人类逐步走向文明，实现更高程度自我发展的阶梯。科学信念所体现的是人类的理性精神，是对理性的崇尚。树立科学信念，就意味着相信科学、尊重科学、破除迷信，用理性之光照亮人的精神世界。

③ 道德信念。道德信念是指人们对一定的社会道德原则、道德规范体系所持的信奉态度。道德作为人类特有的精神现象，根植于一定的经济基础之中，是靠内心信仰、社会舆论等维持的社会规范体系。在人类历史上，曾有过不同的道德。就我们今天的现实生活而言，积极弘扬社会主义道德，自觉抵制资产阶级道德的侵蚀，做一个高尚的人，一个有道德的人，需要坚定的道德信念。

④ 生活信念。生活信念是指人们对人生旅程、生活前景的信任态度，是人生态度的具体体现。对待生活，有人积极向上，乐观豁达，勤于探索，勇于开拓，这是正确的生活

信念；有人看破红尘，心灰意冷，不思进取，消极保守，这是错误的生活信念。

（4）信仰

信仰则是指人们对某种理论、学说、主义的信服和尊崇，并把它奉为自己的行为准则与活动指南。信仰和信念都是人的精神支柱，是自觉的。信仰属于信念，是信念的一部分，但信仰不是一般的信念，而是信念最集中、最高的表现形式。

信仰包括科学的信仰和非科学的信仰，非科学的信仰是对虚幻的世界、不切实际的观念、荒谬的理论的盲目相信、狂热崇拜。科学的信仰则是建立在对事物发展规律的正确认识基础上的思想见解或理论主张。比如，我们对真理、爱、正义的信仰等都是科学的信仰。

信仰并不是遥不可及的，它统摄着我们的精神世界，是每一个人都必须具备的精神品质。文天祥的“人生自古谁无死，留取丹心照汗青”，谭嗣同的“我自横刀向天笑，去留肝胆两昆仑”，就是对各自人生信仰的真实表白。

4.1.2 理想信念对大学生成长成才的重要意义

理想和信念对大学生的成长成才具有重要的意义，它是人生的指明灯，也是前进最重要的动力，是大学生不可或缺的一笔宝贵财富。

1. 理想信念的作用

理想和信念是人的精神活动过程的两个方面：理想源自于人的生命的深层需要，使人的有限生命获得了坚强的精神寄托；信念使理想深深扎根于人的内心世界，并使之化为生命的精神。崇高的理想和信念是对社会发展规律正确认识与献身精神的合金，是点燃人类生命的火炬，是人生的精神支柱，是鼓舞人们英勇奋斗的力量源泉。

（1）理想信念具有导向作用——指引人生的奋斗目标

人生是一个在实践中奋斗的过程，要使生命富有意义，就必须在有意义的奋斗目标的指引下，沿着正确的人生道路前进。理想信念对人生历程起着导向的作用，是人的思想和行为的定向器。理想信念一旦确立，就可以使人方向明确、精神振奋，不论前进的道路多曲折、人生的境遇多复杂，都可以使人透过乌云和阴霾，看到未来的希望和曙光，永不迷失前进的方向。

李大钊曾告诫青年说：“青年啊！你们临开始活动之前，应该定定方向。譬如航海远行的人，必先定个目的地，中途的指针，总是指着这个方向走，随风飘转，恐怕永远无达到的日子。”古往今来，凡是有作为的人无不注重树立远大的人生理想，确立人生奋斗目标。1835 年，17 岁的马克思在中学毕业考试的作文《大学生选择职业时的考虑》中，明确提出了自己的理想标准，决心选择为全人类幸福而奋斗的人生目标，并为之奋斗到底。正是为了这样的理想，无论反动政府的迫害和机会主义的诽谤，还是个人物质生活的贫困和疾病的长期折磨，都没能使马克思发生丝毫的动摇，把毕生的精力贡献给了壮丽的共产主义事业。毛泽东少年时期就“书生意气，挥斥方遒，指点江山，激扬文字，粪土当年万

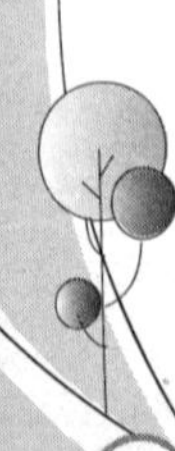

户侯”，立志让祖国“富强、独立起来”，并终生为之奋斗。“水激石则鸣，人激志则宏”，古往今来，无数事实证明，人生有了正确崇高的理想和坚定的信念，就会在黑暗中看到光明，在平凡中看到伟大，在困难挫折中充满信心并坚信胜利。反之，人生就如无舵的小舟，或随波逐流，或触礁，或被搁浅。

（2）理想信念具有动力作用——提供人生前进的强大动力

崇高的理想和信念，是激励人们向着既定目标奋斗进取的动力，是人生力量的源泉，是人们取之不尽、用之不竭的“内推动力”。有了这种“内推动力”，人们就能登上胜利的顶峰，创造辉煌的业绩。一个人有了坚定正确的理想信念，就会以惊人的毅力和不懈的努力，成就事业、创造奇迹。《钢铁是怎样炼成的》的作者奥斯特洛夫斯基就形象地把理想比作一个人心灵的“发动机”，有了这个发动机，人就有了奋发前进的强大动力，就有了发挥聪明才智、战胜各种艰难险阻的信心和勇气。有着坚定的理想信念的人，绝不会轻易放弃奋斗目标，为了实现理想，走向成功，往往会付出不懈的努力。翻开任何一个英雄或伟人的传记，我们都可以清楚地看到，他们之所以最后能走向成功，并非是因为他们的幸运，而恰恰是因为他们有着坚定的信念在支撑着自己，不管遇到什么挫折和失败，他们都坚信自己必将走向成功，实现自己的人生梦想。

阅读材料

成功的背后

新东方的创始人俞敏洪曾经两次高考落榜，作为一个农民的孩子，离开农村到城市生活就是他的梦想，带着这样的梦想，他锲而不舍，最终考进了北京大学西语系。大学毕业后，由于各方面的原因，做大学老师的梦想最终落空，赴美留学的憧憬也化为了泡影，当然，与之同时失去的还有青春年华和生活的积蓄。但是，这些挫折，并没有使他放弃追求事业和美好生活的理想，反而使他更踏实地追求理想。俞敏洪 29 岁这一年，开始在中关村第二小学租了间平房当教室，开办了东方大学英语培训班。培训班举办伊始，只有破桌子，破椅子，破平房，第一天只招收了两名学生，最后这两名学生还因为不信任把学费又要了回去。尽管困难重重，但他依旧没有放弃希望，凭着内心永不放弃的理想信念，俞敏洪的培训班渐渐有了起色。

新东方精神到底是什么？俞敏洪说：“新东方精神是在痛苦之后绝不回头的努力，在绝望之后坚韧不拔的追求，在颤抖之后不屈不挠的勇气，在哭喊之后重新积聚的力量。”

【案例点评】这就是俞敏洪在学业和事业上所经历过的挫折，他走到今天的辉煌原因就在于，他没有因为挫折而停止对理想的追求！也正是因为他有坚定的理想，在面临困境时才没有退缩和放弃，勇敢地走了下去。俞敏洪曾经在自己的一篇演讲中说过：“只要你是树的种子，即使你被踩到泥土中间，你依然能够吸收泥土的养分，使自己成长起来。而这树的种子就是成为树的理想。一个拥有树的理想的人，就会成为树一样的栋梁。”正是因为这种理想，即使一时我们被压在底下，只要有理想在，我们就能够向着理想的召唤勇往直前，也终有一日能成就出树的辉煌！

（3）理想信念具有支撑作用——提高人生的精神境界

法国著名作家雨果说：“人有了物质才能生存，人有了精神才能生活。”人生是物质生活与精神生活相辅相成的统一过程。理想信念作为人的精神生活的核心内容，一方面能使人的精神生活的各个方面统一起来，使人的内心世界成为一个健康有序的系统，保持心灵的充实和安宁，避免内心世界的空虚和迷茫；另一方面又引导着人们不断地追求更高的人生目标，提升精神境界，塑造高尚人格。一个人的理想越崇高，信念越坚定，精神境界和人格就会越高尚。

人在一生中难免会遇到挫折和逆境。当一个人身处逆境时，理想信念就是生活的希望、精神的支柱，它支撑着人的精神大厦，它能够支撑起人们的精神和意志，人们就能在顺境中奋斗前进，居安思危；就能在逆境和失败中百折不挠，矢志不移；就能在任何情况下都保持顽强的毅力、高昂的热情和不竭的勇气，永不停息地奋斗向前，激发出强大的精神力量，去克服困难和障碍。反之，如果失去这一支柱，人们一旦身陷逆境绝境，就会出现精神崩溃，悲观绝望，遇到风浪，面对挫折，就会心灰意冷，甚至自暴自弃。

2. 理想信念与大学生

当代大学生肩负着祖国和民族的希望，承载着家庭和亲人的嘱托，满怀着对未来美好生活的向往。我们在大学期间，不仅要提高知识水平，增强实践才干，更要坚定科学、崇高的理想信念，明确做人的根本，这对于同学们成长成才具有重要的意义。

理想信念对当代大学生成长成才具有重要意义。

（1）引导大学生做什么人

人的理想信念，反映的是对社会状况和人自身状况的期望，因此，有什么样的理想信念，就意味着以什么样的期望和方式去改造自然和社会，塑造和成就自身。在有理想、有道德、有文化、有纪律的“四有”新人的目标中，“有理想”具有更加突出的位置，这表明理想信念与做什么人关系重大。在大学阶段，“做什么人”是同学们在学习生活中会时时面对的人生课题，只有树立起高尚的理想信念，才能全面发展自我、完善自我，做一个对国家、社会有用之人。

（2）指引大学生走什么路

大学时期，同学们都普遍面临着一系列人生课题，如人生目标的确立、生活态度的形成、知识才能的丰富、发展目标的设定、工作岗位的选择，以及如何择友、如何恋爱、如何面对挫折、如何克服困难等。这些问题的解决，都需要有一个总的原则和目标，这就要确立科学、崇高的理想信念。大学时期确立的理想信念，对今后的人生之路将产生重大影响，甚至会影响终身。因此，同学们应当高度重视对理想信念的选择和确立问题，努力树

立起科学、崇高的理想信念，使将来的人生道路越走越宽广，使宝贵的一生有意义、有价值，富于成就，充满自豪。

（3）激励大学生为什么学

对当代大学生而言，为什么学的问题，是与走什么路、做什么人的问题紧密联系在一起的。全面建设小康社会和实现社会主义现代化的艰巨任务需要同学们努力学习；中华民族伟大复兴的历史使命需要同学们努力学习；个人的成长成才也需要同学们努力学习。大学生只有树立高尚的理想信念，把个人的奋斗志向同国家和民族的前途命运紧紧联系在一起，把个人今天的学习进步同祖国明天的繁荣昌盛紧紧联系在一起，才能明确学习的目的和意义，使理想信念之花结出丰硕的成长成才之果。

（4）坚定大学生的意志品质

一个人在成长成才的道路上，并非只有成功与鲜花，也可能遇到挫折和失败。是在逆境中奋起，还是在逆境中消沉，常常成为一个人能否成功的关键。理想信念是激励人们迎接挑战、克服困难的精神支撑和强大力量，理想信念越坚定，克服困难的勇气和意志就越坚定。大学生树立崇高的理想信念，会使我们更加坚强，在追求理想的过程中，我们会克服一切困难，勇往直前。

4.1.3 树立建设中国特色社会主义的理想信念

当代大学生要树立正确的世界观、人生观、价值观，解决好这个“总开关”问题，正确认识社会发展规律，正确认识国家的前途命运，正确认识自己的社会责任，确立在中国共产党领导下走中国特色社会主义道路，把我国建设成为富强民主文明和谐美丽的社会主义现代化强国，为实现中华民族伟大复兴的中国梦而奋斗的理想信念，努力做共产主义远大理想和中国特色社会主义共同理想的坚定信仰者和忠实实践者。

理想的形成与确立，是通往理想彼岸的第一步。坚定理想信念，就有了正确的前进方向和强大的精神动力，就能抵御各种腐朽思想的侵蚀，矢志不渝地献身于伟大事业，作出无愧人民和时代的业绩，最大限度实现人生价值。坚定的理想信念不是与生俱来的，也不是一劳永逸的，需要在不断的教育和学习中形成并加固。进入新时代，开启新征程，大学生需要强化自身的理想信念，坚持用习近平新时代中国特色社会主义思想武装自己，增强“四个意识”，坚定“四个自信”，自觉做共产主义远大理想和中国特色社会主义共同理想的坚定信仰者、忠实实践者。

有了美好的理想，如果不为之奋斗，不把它化作改造现实的实际行为，那么，再美好的理想也不过是水中月、镜中花。理想不是生活的点缀品，不是供人欣赏的风景画，它是必须付诸行动、通过艰苦努力而实现的人生目标。俄国作家克雷洛夫曾经作过这样的比喻：“现实是此岸，理想是彼岸，中间隔着湍急的河流，行动则是架在川上的桥梁。”这个比喻生动地说明，理想的实现有一个艰苦奋斗的过程，要把理想变为现实，必须付出辛勤的劳动。不经过人们的劳动、实践和艰苦奋斗，任何理想的实现都是不可能的。

个人理想的实现，要靠每个人的实际行动。然而，在大学校园中，有的同学却只有美好未来的蓝图，而没有具体的实际行动；期望成为专家、能人，但在学习上却不肯下苦功夫；喜欢谈论理想、前途，却没有脚踏实地地去付诸努力，总是幻想付出最小的代价而获得最大的效果。这样的人，往往一天一个理想，始终徘徊在现实的此岸，永远到不了理想的彼岸。毫无疑问，以实践为桥梁，用自己辛勤的双手，开辟到达理想境界的通途，就当成为当代大学生的重要品格。

古人说得好："道虽迩，不行不至；事虽小，不为不成。"理想之所以美好，不仅仅在于它的最终实现，而且体现在其实现过程中，体现在实现理想的平凡劳动中。要成就一件大事业，必须从一点一滴做起。伟大来自平凡，任何伟大成就，都是由无数具体、平凡的工作积累、发展起来的。实现理想目标如同登台阶，要经过许多中间步骤才能最后到达，而每一步、每一个小目标的完成都会给人一种踏实感、满足感，同是也增强了实现理想目标的信心。因此，在实现人生理想的过程中，必须脚踏实地、一步一个脚印地从身边的小事做起。对于大学生来说，要从学好每一门功课、培养各方面能力、提高基本素质做起，抓住大好时光，刻苦攻读，全面锻炼，为今后实现自己的理想做好准备，打好基础。

不管通往理想的道路上有多大的困难，不管理想的目标离我们有多远，只要我们的理想是科学的，信念是坚定的，在脚踏实地不懈的奋斗中，美好的理想一定能够实现。

4.2 投身团学活动

班委会、团支部是进行高校学生管理和教育的基本组织，也是发挥学生自我管理、自我教育、自我服务的主要渠道，加强班委会、团支部的建设对于开展学生工作有着重要意义。

4.2.1 班委会工作职责

班委会是在学院的领导和辅导员、班主任、院系学生会的指导下开展工作的，班委是班级工作的组织者和管理者。它的基本任务是：全面贯彻新时期党的教育方针，坚持四项基本原则，执行院、系有关学生工作的规章制度和要求，全面负责班级的学习、生活、劳动、卫生管理和组织开展有益同学身心健康的活动，加强组织纪律，建立良好的班风，使全班同学德、智、体全面发展，成为社会主义的建设者和接班人。班委会是班级学生实现自我管理的最基层的一级学生群众组织，主要作用是具体贯彻落实学校和本院的各种决议、决定和精神，并在上级组织的领导和指导下，团结带领本班同学进行自我教育、自我管理、自我服务。班委会工作职责具体包含如下内容。

（1）根据校、院、系学生会的工作安排，制订班级的实施计划，并组织全班同学贯彻

落实。

（2）带动全班同学积极参加学校的各项活动，协助学生政工干部、班主任、团支部组织好全班同学的政治学习，通过各种形式的座谈会、演讲会、交流会，经常组织全班同学学习党的方针政策、时事政策，坚定正确的政治方向。

（3）引导全班同学养成良好的班风、学风，勤奋学习，努力成才，及时反映学生对教学效果、课程设置的意见和建议。

（4）组织全班同学的综合测评、奖学金评定、评优奖励、贫困生认定等工作，带领全班同学争创先进班集体。

（5）开展丰富多彩的文体活动，活跃同学的课余文化生活。

（6）关心同学的学习和生活，代表同学的利益，了解同学的思想状况，并为全班同学服务。

（7）经常开展谈心活动，增进全班同学的团结，及时协调和解决学生中出现的问题，帮助他们排忧解难。

（8）配合好学生会做好其他工作。

4.2.2 团支部工作职责

团支部是团组织工作和活动的基本单位，它处于团组织工作的最基层，处于团的思想教育的第一线。团支部建设的根本任务是围绕成才这个中心，团结全班同学努力建设一个团结友爱、健康向上，朝气蓬勃的集体，在这样的集体中培养出德、智、体全面发展的社会主义事业的建设者和接班人。

围绕上述根本任务，团支部的工作职责主要包含以下内容。

1. 学习和贯彻执行党的路线、方针、政策，加强对团员的思想政治教育

重点抓好以下 6 个方面的教育。

（1）马克思主义理论教育。帮助团员利用阶级观点、劳动观点、群众观点、辩证唯物主义的观点认识事物，分析矛盾。

（2）邓小平理论的教育。帮助团员坚定共产主义信念，坚定走有中国特色社会主义道路，自觉坚持党的基本路线。

（3）爱国主义教育。帮助团员了解我国的历史特别是近、现代史和我国的国情，激发团员的民族自豪感和自信心，为振兴中华刻苦学习。

（4）成才道路教育。引导团员深入社会生活的实际，与实践相结合，与人民群众相结合，走当代知识分子成长的正确道路。

（5）艰苦奋斗知识教育。帮助团员树立艰苦奋斗精神，养成艰苦朴素的生活作风和勤奋刻苦的学习态度。

（6）团员意识教育。帮助团员增强团的组织观念，遵守团的纪律，正确行使团员权

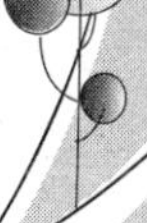

利，自觉履行团员义务，发挥团员的先进作用。

2. 做好团支部的基础工作

具体内容如下。

（1）建立“三会一课”制度。

“三会一课”制度是共青团组织的重要制度。“三会”指的是支部团员大会、团支委会和团小组会。“一课”指的是团课。

① 支部团员大会是团支部的领导机构，是支部全体团员共同讨论决定本支部重要问题的会议。团支部大会一般应一个月或一个季度召开一次。支部大会的内容需要根据党组织的指示或上级团组织的决议以及团支部的实际情况来决定。

② 团支委会一般应半个月或一个月召开一次，讨论本支部工作的一些重大问题，总结支部工作并对支部下一步的工作做周密细致的布置。

③ 团小组会应经常召开。小组会内容根据上级团组织的指示或团支部决议以及团小组的实际情况来决定。

④ 团课应一个季度讲一次。通过团课对团员进行系统的思想政治教育和党团的基本知识教育，提高团员的意识、思想理论水平和政治素质。

（2）了解、反映团员青年的思想状况，关心团员生活，利用各种条件开展健康有益的课外活动，使团员的才干和集体素质得到提高。

（3）严格团的纪律，加强对团员的管理。通过强化团支部组织纪律建设，坚持“制度先行，教育为主，处分为辅”的原则，引导团员自觉遵守团的纪律。

（4）推荐同学参加党校学习，推荐优秀团员作为党的发展对象。

（5）坚持理论学习与社会实践相结合，组织团员参加社会实践，参加科技、文化、卫生“三下乡”活动，深入社会，了解国情，参加课外科技活动，培养实践能力。

（6）与班委会密切配合，开展班级课外文化、科技、体育等活动。

4.2.3 班委会、团支部干部岗位职责

班委会、团支部干部，要明确自己的工作职责，只有这样开展工作才能有章可依，才能做到相互配合，共同做好班级和团支部工作。

1. 班委会干部工作职责

① 班长是班委会的主要负责人，对班委会的工作全面负责，其具体职责是：主持班委会日常工作，制订班级工作计划和活动方案，组织、指导、检查和督促其付诸实施；负责召集班委会和召开班会，根据上级指示精神结合本班的具体情况，研究安排本班工作；经常了解同学们的思想、学习和生活方面的情况，帮助排忧解难；加强班委会自身建设，指导、协调各成员所分管的工作，协调班委会和团支部的关系，并协调做好班上违纪同学

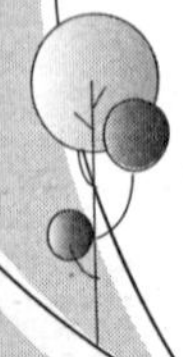

的教育处理工作，积极配合学校、学院和学生会开展工作。

② 副班长主要是负责课堂考勤、请假管理和夜间晚点名，掌握本班学生动向，及时向年级辅导员、班主任反映本班存在的违纪问题，协助年级辅导员制止和处理班级的不良倾向和违纪行为，保证班级正常秩序和工作顺利开展。

③ 学习委员主要分管班级学习方面的工作。负责配合学院教学工作，加强与学院主管教学的领导、教学秘书和任课老师之间的联系；沟通任课老师与同学之间的信息联系，把任课教师对同学的意见和要求及时传达给班级同学，把同学对课程及任课老师的意见和建议及时地反映给任课教师或有关部门；组织班上同学开展学习活动（如组织英语竞赛，组建兴趣小组，开展学习竞赛等）；经常找学习后进同学谈心，开展互帮互学活动，同时狠抓班级的学风建设。

④ 生活委员分管班级生活和卫生等方面的工作。负责各种贫困生补助、奖学金等发放工作；经常了解同学们的生活情况，积极帮助生活有困难的同学排忧解难；协助班长组织同学开展创建文明宿舍活动，积极组织同学在宿舍及卫生责任区开展卫生大扫除，组织学生开展美化校园活动，积极配合院系学生会生活自律部开展工作。

⑤ 文体委员负责班级的文化、娱乐和体育工作。负责组织开展有班级特色的各种文体活动；协助体育课任课老师完成班级体育教学任务；积极组织班级同学参加校、院、年级开展的各种文娱体育活动，活跃班级同学的文化生活。

⑥ 心理健康委员负责收集本班同学的心理健康信息，掌握学生心理健康情况，并将获得的信息及时向辅导员、班主任、学院和心理咨询中心汇报；在年级辅导员、班主任指导下，利用适当形式，配合班委会开展与心理健康知识宣传教育有关的工作，普及心理健康知识，提高本班同学的心理健康意识和水平；在学院党委、党总支领导下，对本班有心理异常情况或心理问题的同学给予关心与帮助；协助学工处、心理咨询中心做好大学生心理健康普查与建档工作；采取各种措施，尽可能避免本班学生因心理问题引起的突发事件发生。

2. 团支部干部工作职责

① 团支部书记是团支部的核心人物，是班集体的核心，全面负责团支部的各项工作。具体职责是：带领团员正确贯彻执行党的路线、方针、政策，遵守校、院的各项规章制度，组织好每两周一次的团组织生活，利用多种形式开展理论学习和教育活动，经常了解团员思想，深入细致地做好团员经常性的思想政治工作；密切联系团员，做团员的知心朋友，及时反映他们的合理呼声和要求，帮助解决实际困难；积极开展批评与自我批评，认真搞好团支部的自身建设；积极配合分团委、团总支、班委会做好其他工作。

② 组织委员做好“两簿两册”（团费收缴登记簿、入党积极分子档案簿、团员花名册、团支部工作手册）记载工作，适时完成“四项任务”（收缴团费，发展团员，团员奖惩，办理离团退团手续）；协助团支书做好推优工作；配合院分团委、团总支组织部做好其他

工作。

③ 宣传委员负责组建支部宣传小组，围绕团支部中心工作。利用广播、板报等宣传阵地，开展思想教育和理论宣传，宣传团员中的先进典型和好人好事，展现支部良好的精神风貌，促进支部良好风气的形成。组织团员青年学习马列主义、毛泽东思想、邓小平理论，学习时事政治、团的基础知识。积极配合团委、团总支、学生会的宣传部门做好其他宣传工作。

4.3.4 高校学生干部应具备的素质

高校学生干部具有双重身份，既是一名普通学生，又是一名“学生官”，承担着组织和管理学生的任务，是学校各级党团组织和学生管理职能部门联系学生的桥梁和纽带，是学校各项教育管理工作的具体参与者和实施者。因此，学生干部应具有比较好的自身素质。这些素质包括以下内容。

1. 政治思想素质

俗话说，“其身正，不令则行；其身不正，虽令不从”。大学学生干部更应以身立教，为人楷模，把学生紧紧地吸引和团结在自己的周围。同时学生干部要注意培养自己的事业心，自觉认识自己所从事的学生工作的重要意义，明确自己所肩负的重托，增强责任意识，保持旺盛的工作热情，兢兢业业，积极工作。

2. 业务素质

大学生都具有一定的专业知识和理论水平，而且求知欲强，喜欢探索，这就要求学生干部有较高的业务素质和合理的知识结构。一般来说，学习成绩好的干部更容易赢得同学的尊敬和爱戴，更容易建立起自己的威信，对同学实行有效的领导。业务素质不仅只表现在本专业学科的学习成绩方面，还应包括与本职工作有关的自然、社会科学知识，这些知识对于学生干部提高自身分析问题和解决问题的实际能力，增强对学生的吸引力和感染力，为大学生提供多方面的指导与服务，从而对提高领导行为的有效性具有十分重要的作用。

3. 能力素质

学生干部要想出色地完成各项工作任务，就应不断增强领导才能，提高能力素质。大学学生干部的能力素质包括很多，其中最主要的有以下几个方面。

（1）交往能力

学生干部要熟悉交往艺术，善于同各种类型的同学交朋友，学会与各种群体和组织打交道，只有这样，学生干部才能和同学以及其他组织和群体建立密切的关系，各种信息也会源源不断地向自己传来，为开展各项工作创造一个宽松的外部环境，扩大视野，开拓思路，做好各项工作。

（2）分析、判断能力

学生干部面临的工作往往是纷繁复杂的，这就需要提高自己分析、判断各种社会现象、社会思潮和客观事物等各种信息的能力。没有正确的分析和判断，就没有正确的决策，也就没有正确的领导行为。

（3）决策能力

决策是领导行为的基本功能，领导行为的效果，依赖于决策的性质。学生干部应结合本部门或本系、本班的特点和具体工作的实际情况，找出关键问题所在，权衡利弊，及时做出有效可行的决策。

（4）组织能力

学生干部要把性格各异、素质不同的同学组织起来，合理安排，充分调动每个人的积极性，把他们的活动协调起来，团结互助，拧成一股绳，为共同目标的实现而努力，保证决策的实现。这就需要学生干部有较强的组织能力。

4. 心理素质

良好的心理素质是学生干部对同学实现有效领导的又一重要因素。它包括广泛的兴趣、丰富的情感和坚定的意志等方面。拥有丰富的情感是联络和沟通同学之间关系的有效途径，它可以增强领导者的感染力和影响力，得到同学的信任和敬佩。坚定的意志就是要求干部要自觉地确定目标并为实现这一目标而努力奋斗。学生干部在工作中应表现出主动精神和独立自主精神，勇于为自己的决定和行为承担责任。对工作中出现的挫折和干扰有坚强的自制力，善于控制自己的情绪，保持高度的自信心。只有这样，才能带领同学完成预定任务。

4.3　提升素质能力

随着社会的进步、事业的发展、我国现代化建设宏伟大业的实现，对大批已走向社会和即将走向社会的大学生来讲，具备一定综合实际应用能力至关重要。在21世纪人才竞争激烈的情况下，大学生作为一个知识时代的知识分子群，是社会发展的主要动力和后备人才，将会成为推动社会发展的主要力量。大学生综合能力的高低直接决定一个国家的发展情况，决定着一个国家或者一个民族伟大复兴的共同理想能否实现。所以提高大学生的综合能力有着重大意义和必要性，它是一个极其重要的话题，也是一项极其艰巨的任务。

能力是人们在参与社会活动的过程中自我形象的设定和自我角色的认定。它带有明显的人际行为特征，可以决定个人行为的基调和心境，可以在很大程度上左右人的社会行为模式。良好的能力是个人事业成功的基础，是大学生进入单位的“金钥匙”。大学生综合能力包括学习适应能力、环境适应能力、人际交往适应能力、创新能力、表达能力、动手

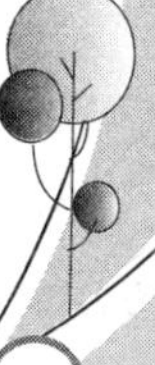

能力、竞争能力、沟通能力、就业竞争力、团队精神等。

进入21世纪的中国，经济快速发展，人们的生活节奏加快，随之就业压力也慢慢加大，当代大学生从入校开始首先面临的就是就业的问题，如何能让自己在众多竞争者中脱颖而出，能力是关键。大学是人生的关键时期，是能力展示的舞台，也是能力锻造的工厂。当代大学生一定要最大限度地珍惜利用校内外资源，提高自己，展示自己，学习好专业知识，学习团队精神和沟通能力，提高自身修养和人格魅力，努力把自己培养成为一名合格的社会主义事业的建设者和接班人。

4.3.1 学习适应能力

学习适应能力主要是指在学习环境如学习目的、学习内容、学习要求、学习方式、学习时间等发生变化的情况下，人们调节、控制自己做出正确恰当反应的能力，因此，学习适应能力是大学生社会适应能力的基本能力。大学生应学会学习，学会思考，具有可持续学习的能力。

大学生最重要的任务就是学习，学习适应能力的提高是大学教育的关键任务，是大学生其他能力培养的一个最重要的基础。大学生在学习上不仅面临从中学到大学的学习环境变化和适应，而且面临大学毕业后继续学习的环境变化和适应。引导学生探索大学学习规律，寻找一个适合自己的学习方法是大一的关键任务。为此，高校要引导学生由应试教育向素质教育转变，由应试学习向专业学习转变。

在科学技术迅猛发展的今天，大学生仅满足于掌握本专业范围内的知识是不够的，必须具有多学科的知识储备，熟练掌握复合型国际人才应有的基础知识，优化知识结构。学生在刚刚进入大学阶段就应该有意识地了解本专业学习特点、教学进程、发展趋势，学会充分利用大学期间的一切学习资源，掌握适合自己的学习方法，懂得寻求帮助。

4.3.2 环境适应能力

角色转变是人生的重要课题。从高中到大学，无论是生活方式、学习方法还是人际交往都会有全新的感受。正因为如此，在英文中，大学新生一词叫“freshman”，这个词蕴含着新鲜的意思，代表了步入大学后，将会出现许多新的体验、新的希望、新的追求。新生也只有积极地了解环境，适应环境，才能在新的环境中，重新认识自己，找到自己新的发展机会。

大学一年级，高考成功的自豪感在新生身上体现最多，他们对自己、对未来充满了信心。一方面，大学生活的新鲜感、陌生感深深地吸引着新生，他们成为各种校园文化活动参与的主体，给校园注入了无限的生机。另一方面，面对新的环境、新的同学、新的老师，离开了父母、亲人独自在学校生活，面对生活环境和学习环境的巨大变化，他们在很多方面都表现出明显的不适应性，这包括对环境和学习的不适应。从学习环境看，学习环

境的变化导致许多习惯了“填鸭式”教学的新生很不适应，他们不知道怎样合理安排自己的时间；从生活习惯看，饮食、气候、语言环境、作息制度与卫生习惯的不同，导致新生不适应新环境；从生活范围看，生活领域拓宽，社会实践增多，人际关系更加复杂。诸如此类变化，许多大学生一时难以适应，学习动机受到影响，学习兴趣不浓，心理矛盾加剧，学习缺乏动力，人际关系紧张，陷入心理误区，严重影响了大学生的学习生活。

阅读材料

刚刚步入大学的小王，面对一个全新的环境，许多方面都不适应，甚至有些恐惧。面对食堂不那么可口的饭菜，吃饭成了一种无奈；面对新的教学方式，不知道怎么去学习；面对性格各异的舍友，时时感到陌生和孤独。小王非常想念父母，想念家乡，想念往日的同学，时常辗转反侧，夜深难眠。

英国著名的哲学家怀特海说过：“在中学阶段，学生伏案学习，在大学里，他需要站起来，四面观望。”从中学到大学，从备受家庭呵护到走向独立，因此就需要大学生调整心态，适应各种转变，适应新环境、新生活，让自主、自立、自律成为大学生活的主旋律，自觉遵守学校的规章制度和作息时间，养成良好的生活习惯，注意培养独立生活的能力，要积极参加学校、班级组织的文体和第二课堂活动，自主而合理地处理好个人的学习和生活问题，注重培养独立生活能力。

1. 加强生活能力和自理能力的培养

很多大学新生在适应环境中出现的问题都与自己生活能力、自理能力等方面存在的问题有关。跨进大学校门，对大多数学生来说，他们所面对的是一个既新鲜又陌生的学习生活环境，在这种环境中学习生活，必须具有一定的生活能力和自理能力。然而随着大学生入学年龄的降低，独生子女比例的提高，加上中学应试教育的现实，很多新生都存在着不同程度的依赖性强、独立生活能力较差的现象。大学新生要注重生活自理能力及生活能力的培养，养成良好的行为习惯和生活规律，按时作息，保持一个良好的宿舍卫生环境，勤俭节约，遵守各项规章制度等。要从心理上和行为上摆脱依赖，从小事做起，从点滴做起，逐渐提高自己的生活能力和自理能力。学校可以通过辅导员、党团组织、高年级同学等给大学新生以指导和帮助，帮助他们尽快熟悉学校的学习和生活环境。

2. 增强适应环境的能力

大学新生适应环境中的问题，其实也反映了他们自身的适应能力。面对改变了的环境，大学新生必须增强自己的适应能力以适应变化了的环境。适应不是一个被动的过程，而是积极主动的过程，它既包括改变自己的生活、行为习惯，顺应新的学习、生活、工

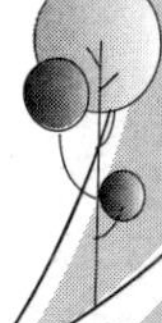

作、人际关系以及物质的环境，还包含着对一些不良环境的改造。这就要求刚进入大学的新生要有充分的心理准备，具备吃苦耐劳的精神、克服困难的毅力，积极主动地锻炼自己。将逆境看作生活的挑战，将障碍看作前进的动力，通过参加多种实践活动，向他人、向生活本身学习，从挫折和困难中吸取经验，培养自己良好的心理品质，乐观、自信、坚强、进取，从而提高自己适应环境的能力。

4.3.3　人际交往适应能力

人际交往适应能力是指人们在通过各种手段进行人与人之间联系和接触的过程中，调节、控制自己做出正确恰当反应的能力。人际交往作为人类的一项基本的实践活动，存在于社会生活的各个领域，贯穿于人们的一生，具有沟通人际信息，交流人际情感，协调人际行为，提高人际知觉准确性的普遍作用。大学生作为社会的成员，参与各种社会实践活动是其人生的需要，而在各种社会实践活动中必然面对各种社会关系，进行各种交往。进行人际交往必须了解相应的道德规范、礼仪规范和习俗规范。对人际交往的适应是向大学生提出的一项重要要求。

扫一扫

怎样调适人际交往的问题

一位哲人说过："没有交际能力的人，就像陆地上的船，永远到不了人生的大海。"人们学习知识，进入社会，了解自我，获得爱情等，都是在人际交往中发生的，没有良好的人际交往能力，既无法取得成功，也不会得到生活的幸福和身心的健康。大学生进入学校的那一刻就已决定了其需要交往，良好的人际交往能力是生存和发展的必要条件。在大学校园里，如果人际交往顺利则会形成一种团结友爱、朝气蓬勃的环境，这将有利于大学生形成和发展健康的个性品质。

1. 大学生人际关系的主要类型

（1）师生关系

老师与学生，是大学校园里两大基本群体。老师是学生人际交往的重要对象，师生关系是学生人际关系的重要内容。师生关系如何，直接影响学生能否在学校健康地学习成长，并在很大程度上决定了学校能不能对学生的身心施加符合社会要求的影响。

（2）同学关系

同学是大学生人际交往的基本关系，也是大学生人际交往的主要对象。大学校园里的同学关系总的说是和谐、友好的，同学之间的关系有亲情化、家庭化的趋势，即在日常生活、学习中创造一种如同亲属一般和谐稳固的同学关系。

大学生与同学间的交往最普遍，也最微妙与复杂：一方面，大学生年龄相仿，经历相同，兴趣爱好相近，又共同生活在一个集体，学习相同的专业，沟通与交往容易；另一方面，大学生来自不同地域、不同家庭背景，生活习惯、个性气质有差异，再加上大学生空

间距离小、交往密度高而自我空间相对狭小，而对人际交往的期望较高，一旦得不到满足，容易采取消极退避的态度。

体现大学生之间关系比较频繁的场合有三个方面：班级内的同学关系，宿舍同学关系以及老乡、社团等关系。班级同学交往以学习与班级活动为主；而宿舍同学关系以情感交往与生活交往为主；老乡关系以情感交往为主，社团关系以兴趣与工作交往为主。

2. 大学生人际关系的适应

（1）师生关系的适应

很多新生发现，除了上课，很难见到任课老师，甚至见到班主任或辅导员也颇不容易。在大学，在老师的指导下，具体的学习和工作大多由学生自己完成，这让许多在中学依赖惯了老师的新生感到难以适应。在处理师生关系上，对老师尊敬、真诚、主动、热情、信任是良好师生关系的基础。新生要确立好自己的学习和发展目标，制订好自己的学习计划，自己检查学习效果，当出现问题时能主动找老师征询意见，请老师帮助解决困难；能主动向老师汇报学习情况，提出问题与老师共同探讨。一个好的学生干部，要能够经常与老师进行思想交流和沟通，定期汇报工作，不隐瞒情况，能够主动、及时、出色地完成老师布置的各项工作任务，做到言而有信。师生关系处理得好，不仅有利于学业的进步，也有利于我们感受到师长的关爱和温暖，有利于我们感受到社会的尊重。

人际交往中的心理学效应

（2）同学关系的适应

人际关系中适应问题最多的是同学之间的关系。大学生在基本摆脱了对家长、老师的依赖后，生活的主要场合转移到宿舍和教室。能否与朝夕相处的同学，尤其是本寝室同学建立良好的人际关系就成了一个关键问题。宿舍是大学生在校期间活动时间最长的地方。良好的宿舍关系可以使大学生愉快地度过大学时代的生活，给自己将来留下美好的回忆。但由于一个宿舍的同学来自不同的地域、不同的家庭，生活习惯、价值观念以及个性特征都存在很大差异，因而也容易产生矛盾，如果处理不好，也会影响大学生的心理健康。要处理好宿舍同学关系，彼此和睦相处。

3. 大学生人际交往的特点

从交往心理看，大学生交往呈现出多元与开放交往。大学生渴望友谊，渴望结交更多的朋友，交流更多的信息，接受更多的新思想。在这种心理的作用下，大学生的人际交往呈现出前所未有的开放式交往趋势，表现在以下几个方面。

扫一扫

良好人际关系发展的阶段

（1）交往的范围扩大

交往对象由以前的亲缘、朋辈交往转向更广泛的社会群体交往。同学交往不局限于同班同学，发展到同级、同系甚至是同校的可认识的所有同学；不仅包括同性交往，异性交往也是同学交往的重要方式。

（2）交往频率提高

交往由偶尔的相聚、互访发展到较为经常的聊天、社团活动、聚会、体育活动、娱乐、结伴出游以及其他一些集体活动。

（3）交往手段多元化

电子网络的发展为大学生的交往提供了更加广阔的交往空间，交往手段的发展，使大学生的人际交往变得更方便、更快捷，交往距离更远，交往范围更广。从交往方式看，以寝室为中心，社会工作和网络社交占主导。大学生虽然主动追求开放式的人际交往，但由于时间、精力、生活环境、经济条件等方面的限制，交往的主要场所仍然在校园内，中心是学生的寝室。

美国心理学家巴克说："人生需要友情，人生需要交往，人生需要自我的形象推销与展示。"人际交往是一门学问，更是一种艺术，只有将科学性和艺术性结合起来，掌握并灵活运用一些技巧，才能提高交往的效果，才能改善人际关系。不论是在校园里还是将来从事任何工作，大学生都必须学会处理各种人际关系，学会人生的公关。

4. 大学生人际交往的方法

大学生人际交往要从以下几方面做起。

（1）建立良好的第一印象

人际关系是在人们的交往中产生的。交往伊始，大学生必须遵循一定的规范、礼仪、风俗、习惯来给人以良好的第一印象。例如，人际称呼要适当，登门拜访要有礼貌，喜庆节日要致意，谈话态度要诚恳，玩笑和幽默要掌握分寸等。同时，衣着整洁、大方，仪表举止文明会给人一种亲近感，反之，过分修饰，浓妆艳抹，则会给人一种不合时宜的印象。

（2）主动交往

要想与他人建立良好的人际关系，须掌握主动，如主动问候，主动示好，认真倾听，常说"我们"，学会欣赏，制造幽默等。这些也都是在交往中能获得良好心理效应的方式。因此，我们要想赢得别人，同别人建立良好的人际关系，就必须做交往的始动者，处于主动地位。当你的成功经验越来越多，你的自信心也会越来越充分，你的人际关系处境也会越来越好。

人际交往的技巧

（3）待人要真诚热情

实事求是，态度热情，往往给人一种信赖感、亲近感，这有利于交往的继续深入。当一个人遇到坎坷、碰到困难、遭到失败时，往往对人情世态最为敏感，最需要关怀和帮助，这时哪怕是一个笑脸、一个体贴的眼神、一句温暖的话语，都

能让人感到安慰，感到振奋。因此，当别人遇到困难，陷入困境时，只要你能伸出援助之手帮助困难者，安慰失意者，就可以很快赢得别人，与他人建立起良好的人际关系。

（4）互助互爱，彼此尊重

同学之间应学会相互帮助，互相关爱，尤其是当其他同学遇到学习困难、经济困难或出现情感问题与身体不适等需要帮助时，要及时伸出援助之手。同学相处是一种缘分，要注意彼此尊重，互助互爱，友好相处。

（5）尽快找到自己的新朋友

大学生刚刚离开昔日的中学好友、师长及家乡的亲人，来到新的集体中生活。面对陌生的校园、陌生的大楼、陌生的面孔，他们需要帮助，需要理解。但是，由于许多学生缺乏独立生活和集体生活的能力，既不善于让别人了解自己，也不善于接触他人，缺少新的朋友，"寂寞感"和"孤独感"油然而生，陷入烦恼和痛苦之中。大学新生要摆脱这种烦恼，首先要树立自信，大胆热情地与别人交往；其次主动参加集体活动，热情帮助他人，扩大自己的交往范围，从而结识新同学，结交新朋友，冲淡思乡之情，消除孤独之感。

人际吸引的条件

4.3.4 创新能力

创新是一个民族的灵魂，是一个国家兴旺发达的不竭动力。创新是现代科学技术发展的原动力，科研能力和科研成果标志着一个国家的科技水平，创新也是富国强民的必由之路。如何培养大学生的创新意识是我们高等教育面临和必须解决的实际问题。

提高大学生创新能力有着重要的意义，增强大学生的创新意识，不断培养年青一代的知识水平和创造性能力，是继承中国先进知识成果的首要条件，也是不断创造新发现并赶超世界先进生产力的不竭动力。唯有不断发扬创新精神才能保持民族事业的顺利开展，因此，大学生积极思考并主动参与创新活动，提高自身的创新能力，有其重要的历史意义。

1. 夯实基础知识

只有打好坚实的基础，才能谈创新。可以肯定，良好的基础知识是创新成果诞生的基点，优秀的创新成果都是饱含科技含量的，没有坚实的知识积累和深厚的知识底蕴，是不可能孕育出优良发明的。因此，在大学期间，一定要重视学好基础知识，其中包括数学、英语、计算机以及本专业要求的基础课程。需要注意的是，我们切不可一味埋头苦钻基础而放弃了对基础知识的延伸和新知识的发现，抱着质疑的态度学习，敢于挑战权威，在学习中求创新，是创新性学习的关键。

2. 要注重综合能力的全面发展

创新型人才首先是全面发展的人才，一个人如果没有正确的世界观，没有坚定的信仰，没有良好的品德修养，没有高雅的审美情操，不仅不能成为一个合格的创新型人才，就是作为一个健全的人也是有困难的。作为当代社会的创新型人才，还要以个性的自由和独立发展为前提，作为工具的人、模式化的人和被套以种种条条框框的人都不可能成为创新型人才。因此，作为当代大学生，首先要学会做人，要重视自己的生理与心理、智力与非智力、认知与意向等因素的全面和谐发展，成为有理想、有道德、有文化、有纪律的合格公民；其次，重视自我个性的培养与完善，增强自己独立思考问题、分析问题和解决问题的能力，努力使自己成为一个在情感、智力方面全面发展的人。

3. 通过学习实践培养自己的动手能力和创新精神

可以通过参加选修课学习优化自己的知识结构，为自己在某个专业深造做好准备，同时有利于扩展自己的知识兴趣，使之能学有所长。通过加强实践环节，强化大学生的实际动手能力和实践技术的培养，实现从科学知识型向科学知识实用技术型的转变。通过设立开放型实验室，建立大学生实习基地，进一步开展校企合作，为大学生提供实践的机会和场所，学生可以从实践过程中进一步锻炼、提高自己以适应新型社会的需求。还可以通过团队的形式参加“挑战杯”等大学生科技创新竞赛来培养锻炼自身的创新能力和团队合作意识。

大学生自身创新能力的提高是件任重而道远的事情，但它对于提高我国自主创新能力、振兴民族科技和发展民族经济起着重大作用，也是提高大学生自身综合素质，担负建设中国和谐社会重任的必然要求。作为大学生，更应该刻苦学习、深入钻研，积极主动地成为创新活动的重要角色，为成功推进自主创新战略的实施作出自己的应有贡献。

4.3.5 表达能力

表达能力主要包括语言表达能力、文字表达能力、数字表达能力、图表表达能力等。语言表达能力是大学生必须具备的又一项重要能力，学习、工作和社会人际交往等需要语言表达能力。社会竞争是人才的竞争，而一个人，只有具有很强的语言表达能力，才能在市场竞争中处于不败之地。在现实生活中，许多大学生，尤其是理工科学生的语言表达能力现状令人担忧。当前的大学生对开口讲话普遍存在畏惧心理。在回答问题和发表见解时，由于紧张或担心别人耻笑等心理因素的影响，一般不愿也不敢在课堂、座谈会等公众场合表达自己的思想，往往在被点名后才被动发言。有的大学生怯场现象严重，害怕甚至拒绝在公众场合发言。对于同学间的交往和交流，因缺少自信心和热情，而宁愿选择“独自看书”“独自欣赏音乐”等完全是个人行为的活动。大学生的这种自我封闭，是主观上有意回避语言交流。

若要具备这一能力，当代大学生首先要敢于说，这也是练好口才的前提；其次要做到有话可说，这是练好口才的基础；再次是要善于说话，注意什么场合说什么话，注重语言的得体，这是练好口才的关键。为此，大学生应该抽出时间阅读有关的文学著作和口才范文，多做练习，以便使自己的语言表达能力得到锻炼和提高。

4.3.6 动手能力

动手能力是将理论知识转化为实践工作的重要保证。对于大学生来说，毕业之后是从事教育教学研究、自然科学研究，还是在生产第一线从事技术管理工作，动手能力的强弱，都会影响一个大学生的发展前途。为此，当代大学生就要勤动手、重实践、多做实事，在扎实理论知识的指导下，提高自己的实际动手能力。

4.3.7 沟通能力

随着现代社会的进步和科学技术的飞速发展，需要每个大学生都具备较强的沟通能力。沟通能力是社会交往的关键，一个具有很强沟通能力的人，能把工作做得得心应手。而培养沟通能力需要自信心和必要的技巧。对当代大学生来说，应注意以下几点：一是要注意沟通中双方的互惠和相互尊重；二是要学会站在对方的立场和观点上看问题，了解对方的思想观点；三是要积极地在矛盾和冲突中找共同点，提高沟通的技巧。但特别要注意几点：一是对别人任意的评价；二是不恰当的询问；三是命令的语气；四是威胁的话语；五是高傲的态度；六是注意力不集中；七是言不由衷。

人际沟通分析理论

4.3.8 就业竞争力

大学生就业竞争力一般可以理解为大学生通过大学阶段的长期准备，其竞争力在最后就业市场上的表现，具有比竞争对手更能够全面满足社会和用人单位需求的能力。它不仅是高校培养的“特殊产品”外部的市场表现，更多的是高校一种内部的支撑能力、生存能力和发展能力的体现。大学生就业竞争力主要反映高校的人才培养质量和社会及用人单位对某所大学的信任。20 世纪 90 年代以后，随着人才市场的建立和完善以及高校逐步实行“供需见面，双向选择，自主择业”的就业制度后，毕业生和用人单位逐渐习惯在市场的调控下相互选择，在高校扩张以后，毕业生市场成为买方市场，用人单位开始用谨慎的眼神看待毕业生，这时符合“厚基础、强能力、高素质、善创新”的人才培养要求的毕业生在就业市场上逐步受到了人们的关注。

（1）基本工作能力

基本工作能力包括适应环境的能力、组织管理能力、人际沟通能力、团队协作能力、外语和计算机运用能力及从事实际工作必需的思想素质和心理素质。基本的工作能力，良好的职业道德、职业意识和职业精神，是大学生作为社会人、单位人应该具备的基本素质，是用人单位挑选大学生的首要标准。

（2）专业技能能力

大学生经过严格的专业训练，全面系统地掌握了本学科、本专业的基本理论和方法，

能够运用它指导实践的能力就是专业技能。专业技能决定了大学生的就业方向和将来的职业目标。专业技能是大学生可持续发展的基础，是大学生就业核心竞争力之所在，也是用人单位挑选大学生的关键标准。

（3）求职技能

求职能力包括信息收集与处理能力、准确定位能力、抓住机遇的能力、表达能力、自我决策能力、自我推销能力、自我保护能力、职业规划能力等，这是决定大学生能否实现劳动者和生产资料的结合，达到人职匹配的重要因素。

4.3.9　团队精神

所谓团队精神，是指组织成员对组织感到满意与认同，自觉地以组织的利益和目标为重，并在各自的工作中尽职尽责，自愿并主动与其他成员积极协作、共同努力奋斗的意愿和作风。团队精神所表达出来的不仅是一种精神境界的要求，更重要的是一种理念、指导思想和方法。

培养大学生的团队精神，有利于塑造大学生的人格，有利于大学生综合素质的提高，有利于创新能力的培养。团队精神要求团队成员必须精诚团结、相互协作，在团队内部开展良性竞争。而且，团队精神建设对成员个性化的要求及认同自己的社会角色要求，符合素质教育健全人格、塑造学生良好个性的目标。通过培养大学生的团队精神，有助于提高与人共事时奉献、进取、团结合作的人际交往能力和作风，养成民主意识，提高心理素质。在长期的活动中培养大学生的团队精神，能创造出一种增加满意度的氛围，使他们创造性地工作和学习，谋求通过与人合作来共同创新和发展。

4.4　学生团体

4.4.1　学生社团简述

学生社团是指学生为了实现会员的共同意愿和满足个人兴趣爱好的需求、自愿组成的、按照其章程开展活动的群众性学生组织。

学生社团必须自觉接受学校团委、各院系团委的领导，必须遵守相关法律法规以及学校的各项规章制度。社团活动不得妨碍学校各类正常工作和教学、生活秩序。学生社团的会员应当是具有正式学籍的在校学生。学生社团不得从事以营利为目的的经营性活动。学生社团基本任务是：适应社会发展需要，适应教育改革及学生成长成才的需要，积极开展健康有益、丰富多彩的课外科技、文化、艺术活动，促进学生德、智、体、美、劳全面发展。

4.4.2 学生社团的类型

1. 知识学术型社团

高校社团中有一些是学术研讨型的，这类社团以理性文化知识为主要内容，具有理性思辨的特征，包括一些专业知识型社团、学术研究型社团和政治型社团。

2. 社会服务型社团

社会服务型社团经常组织一些诸如社会实践、义务维修、捐款献爱心、慰问老人等活动。还有一些社团多为大学生解决学习、生活、心理上的一些问题。

3. 文化娱乐型社团

文化娱乐型社团以文娱、体育、艺术等方面内容为主，以追求感官刺激为主要特征，如围棋协会、篮球协会、吉他学会、大学生艺术团等，名目繁多。

4. 研究创造型社团

研究创造型社团是以创作、发明、软件制作为主要特征的，以培养学生动手能力、锻炼学生思维能力为目的的与市场紧密结合的社团。这些社团往往具有明确的目标和较为详尽的行动计划，人数不多，却具有较强的团队精神。

4.4.3 学生社团活动的特点

1. 内容的广泛性

现代高等教育逐渐改变了过去那种重知识传授、轻能力培养，重课堂统一授课、轻课外拓展知识面的传统教育模式，强调学生的智能发展和个性发展，以适应社会主义市场经济条件下社会对人才的多样化需求。在这种形势下发展起来的学生社团，以其大跨度、多层次的活动范围，备受学生欢迎。大学生根据自己的兴趣爱好和发展意图，对社团活动进行多种选择，合理取舍，是其获得其多层次能力、提升素养的重要途径。

2. 形式的多样性

社团活动形式极为活跃多样，通常有学术研究、座谈交流、讲座报告、创作表演、实践服务、义务咨询等类型。近年来，社团活动还逐渐由“单一型”向“综合型”转变，即通过横向联系，多个社团联合办活动，这样既克服了人力、物力、财力方面不足造成的活动困难，还能扩大影响，提高社团活动的辐射能力，做到不仅社团成员可以参加，还吸引其他学生参加。

3. 目标的整合性

参与社团活动的学生，总是在观念、志趣、特长等方面具有某种程度上的一致性。这种一致性决定了大学生在社团活动中能积极主动，表现出较高的参与精神和工作热情。而

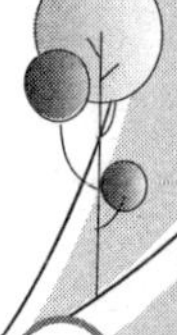

且，个体参与活动的目标在总体趋势上具有共同性、整合性，这是学生社团活动得以顺利开展的前提。

4. 成效的渗透性

学生社团活动作为学校课堂教育的补充，其目的是锻炼能力、提高素质，良好的社团活动对成员内在素质的影响是潜移默化的。这就决定了社团活动对学生的影响是隐蔽的，却也是深远的。因此，那种急功近利的追求“短、平、快”就见效果的心理是不切实际的。

4.4.4 大学生如何选择社团

社团有很多种类，不是所有的都适合自己，选择社团时先要考虑自己擅长什么和是否感兴趣。每个人的兴趣爱好是不同的，擅长文艺的同学可以加入到大学生艺术团、戏剧社、话剧社；爱好新闻采编和文学写作的同学可以参加文学社和校报记者团；乐于青年志愿者服务的同学可以加入志愿类组织；对播音主持有兴趣的同学可以到校广播站一试身手。

抱着功利性的想法去参加社团是非常不可取的。社团为大学生提供了一个与人和社会接触的机会，从中可以提高自己的社交能力、实践能力、自制能力、生存能力，弥补某些性格上的缺陷，也可以增进同学之间的相互了解，结识更多的新朋友。因此，参加社团不可带有功利性。

4.4.5 社团活动对大学生的影响

1. 培养和塑造大学生的健康人格

大学生在参加社团活动、课外活动中，可以定期参加辅导和交流、举办各种团体训练，把集体作为一面镜子。同学们在活动的过程中可以发现彼此的优点，使其转化为集体的优点。

2. 培养学生学习的能力，提高学生的文化素质

学术研究型社团都有专业老师指导，有自己的研究方向，一般采用系列讲座、专题报告、专题讨论、学术研究等形式开展活动。这些活动满足了大学生希望在同学之间进行学术交流、学科之间相互渗透的愿望，这有利于提高学生的文化素质，发展个性特长。文化类、艺术类、技能类社团组织参加学生最多，大学生在活动中主动学习文化知识、探讨文化问题、培养兴趣爱好、锻炼文化技能、发展专业特长，不仅活跃了校园生活，发展了个人爱好和特长，而且其影响往往能扩展到社团之外的成员。最终使得学生具有良好的观察力、记忆力、思维力、注意力等。

3. 能加强个人的人际关系

参加社团活动、课外活动，首先让大学生有机会去认识更多的朋友，加强了自身的人际关系面；其次，在交往中，大学生会学会如何处理好朋友与朋友之间的关系，懂得如何珍惜朋友，如何帮助朋友，也懂得接受朋友的帮助；最后，朋友之间的关爱使得大学生身心健康发展。

4. 对学生的思想道德水平有潜移默化作用

一个社团，它的成员能通过加入社团、参与社团活动、参与社团管理等多种途径紧密地与社团联系在一起，由归属感到认同感，由认同感到荣誉感，由荣誉感发展为对集体的责任感；同时，一个优秀的社团在成员中倡导的价值观能够潜移默化地影响成员的心灵。爱心服务类社团可以说是这方面很好的例证，社员通过参加社团开展的各种传递社会关爱的实践活动，不仅能够很好地提高大学生的沟通、交际、动手等实践能力，而且更为重要的是能够通过活动潜移默化地培养社员良好的道德品质与素养，使社员深切地感觉到参加每一次活动都是一次精神的洗礼、身心的净化，这类社团让成员更加富有爱心，不断提升思想道德水平。

5. 培养学生的良好情绪、积极心态

学生社团活动要求全体成员参与，锻炼了社员的计划、组织、控制、协调、指挥和领导能力，以及团结协作、共同攻关的能力。通过在课外活动、社团活动中的交流、发展，学生普遍有一个积极向上的心态，不怕挫折，一方面自我认可，接受属于自己的一切，从而形成对自己较积极的看法，另一方面自我客体化，对自己的所有和所缺有一个明确的认识。

思考题

1. 结合自身实际，谈谈理想信念对大学生成长成才有什么重要意义？
2. 大学生活有哪些新变化？结合自己的实际谈谈如何适应从中学生到大学生的环境转变？
3. 结合自身实际，谈谈如何在大学阶段提高自身综合能力？
4. 如何成为一名优秀的学生干部？

第5章 积极心态 健康人格

对大学新生来说，无论是生活环境还是学习方法，无论是个人目标还是社会期望，都会发生很大的变化。大学的生活环境、学习要求、人际关系、管理制度等与中学有极大的差异。从被人管理到自我管理，难免有些不适应，可能会凸显不同的心理问题。学生在追求知识的过程中，时刻要记得比知识和能力还重要的是，一个人要有积极心态、健康人格，悦纳自我，从容生活，让青春与快乐结伴，与幸福同行，成为一名阳光快乐的大学生。

5.1 大学新生常见心理困惑及调适

每年9月，莘莘学子怀着胜利和喜悦的心情跨入大学校门，进入人生发展的又一个起点。面对新的学校、新的老师、新的同学、新的生活，大学新生一定会感到兴奋而激动，新鲜而愉快。但是，新鲜过后，往往就会有部分学生出现种种的不适应，主要表现在以下几个方面。

5.1.1 大学新生适应期可能出现的心理困惑

1. 环境不适应产生的失落心理

（1）理想与现实的差距产生失落感

中学生想象中的大学是神秘的、浪漫的和完美的。他们往往在入学之前心里就有了一个关于大学生活的模式：春风得意的大学生、满腹学问的老教授、宽敞明亮的大教室、风景如画的校园环境、丰富多彩的文化生活、浪漫的同学情趣等。然而这种美好的期望会在他们进入大学后逐渐减少，直至幻灭。原来大学生活并非想象中的那么诗情画意，不过是教室、宿舍、食堂“三点一线”的枯燥生活，现实与理想的差距太大了。还有人会抱怨说，“真没想到堂堂大学，有的教学设备甚至不如中学，图书资料贫乏，师资水平也不过如此”。也有人后悔自己高考成绩不理想，或是填报志愿时受到老师、家长的左右，所上大学并非自己所愿，所学专业自己并不感兴趣。面对这种情况，大多数同学会积极调整，主动去适应大学的新环境；而有的同学则情绪低落，感到前途渺茫，困惑失望，从而形成失落心理，甚至产生退学的念头。

扫一扫

大学生压力的来源

（2）角色转换的不适应产生的失落感

社会是个“舞台”，每个人都是一个“角色”。人的社会角色会不时转换，由中学生变成大学生，这便是一种角色转换。

高考前学习成绩的好坏是衡量一个学生能力、素质高低的主要指标，而进入大学后，学习成绩不再是衡量一个人好坏优劣的唯一标准，取而代之的是每个人自身的全面素质和综合能力，表现在眼界学识、文体特长、组织才干、人际关系等方面。在这种情况下，要么奋起直追，迎头赶上；要么停滞不前，自卑自责，从而导致自我评价的失调。此外，有些来自农村、山区和贫困地区的学生，或因为家庭经济条件差被人轻视，或因为浓重的乡音遭人鄙视，或因为孤陋寡闻怕被别人嘲笑，自感与人相形见绌，总有“见人矮三分”的感觉，于是便沉默寡言、自我封闭，从而导致自我认识的困惑。

2. 学习上的不适应产生的茫然心理

学习问题是大学新生关心的首要问题。进校后大多数学生对学习表现出浓厚的兴趣，学习积极性较高，但由于对教学方式、竞争方式不适应，学习的盲目性也较大，渴望求知与盲目学习并重，表现出一定的不适应。

（1）教学方式不适应

有些大学新生课堂学习仍寄希望于教师的灌输和安排，不会自己支配时间，听课抓不住重点，做不好笔记，不会科学地、充分地利用图书馆来进行学习，由于学习方法不对而导致学习兴趣减退。在高校心理咨询时就有大学生自述，他们上课听不懂，作业不会做，学习成绩总上不去，而在读高中时，自己能控制、掌握自己，通过努力，学习成绩总能赶上去。承袭过去在高中阶段的学习方法，较难获得满意的效果，这在大学新生中是相当普遍的现象。

（2）学习目标不明确

有些大学新生形容中学阶段的生活“就像在黎明前漆黑一片的隧道中赛跑”，高考就是前方那一盏最明亮的灯，同学们你追我赶地向着这一目标奔跑，虽身心疲惫但目标十分明确，有强大的动力做支撑，因而生活紧张而又充实。顺利地进入大学之后，天虽已大亮，但高考这盏明灯也熄灭了，一时不知目标和动力何在，周围全然一片陌生的景观，大学生活反而显得茫然。

许多大学新生认为，进入大学后就可以潇洒轻松、痛痛快快地玩了，加上大学不像中学管得那么紧，自由度较大，自我支配的时间也较多，一些自觉性较差的同学不知不觉失去了明确的奋斗目标，失去了前进的动力，变得无所适从，放松了对自己的要求。这部分学生不再把分数看得那么重，学习不再认真，泡网吧，谈恋爱，有的甚至模仿社会上的一些做法，进歌厅、下饭馆、抽烟、酗酒，丧失了年轻人蓬勃向上的健康心态。不知不觉就会沉溺于花花世界不能自拔，把将来用以安身立命的大学学业荒废了。在几乎所有高校的历届新生中，都不乏这样的前车之鉴。

（3）竞争方式不适应

大学的学习氛围是外松内紧，竞争是潜在的、全方位的。和中学相比，在大学里很少有人监督你，很少有人主动指导你。这里没有人给你制订具体的学习目标，但这里绝不是没有竞争。每个人都在独立地面对学业；每个人都该有自己设定的目标；每个人都在和自己的昨天比，和自己的潜能比，也在暗暗地与别人比。在大学的竞争中，考试分数不再是衡量人的唯一指标，人们更看重的是综合能力和全面素质的高低。

中学的学习主要是一种应试教育，为了在激烈的高考竞争中取胜，中学生几乎是全身心地投入学习，分数成为学生的命根，导致学生在许多方面发展得不够好，如学习技能欠缺，知识面狭窄，加上家长和老师的过度保护，使他们缺乏应有的挫折承受能力，因而面对大学高强度、高难度的学习，面对其他同学在学习上的进步，很多学生感到忧心忡忡。

3. 生活上的不适应产生的焦虑心理

进入大学之后，远离了父母和家庭，大学新生需要适应集体生活方式，学会自己洗衣服、打饭、料理生活；大学老师往往是讲完课就走，不容易亲近；同学之间也较陌生，回

到宿舍便“躲进布帘成一统”。恍然四顾，人生地不熟，心里的话无处诉说，遇事时没人商量，生病时无人照顾，孤独感便会笼罩心头。

有些学生因缺乏独立生活的能力，一时生活上不能自理；有的学生开支无计划，女生攀比衣着打扮，男生抽烟饮酒，同学之间过生日以及恋爱消费等，时常出现“经济危机”；有的学生每天循环往复于“三点一线”（宿舍、教室、食堂），面对丰富多彩、目不暇接的校园文化生活无所适从；有的学生因缺乏集体生活的经历，总希望得到他人的照顾和帮助，不知道也不会关心他人；还有的学生不适应学校饮食方面的差异以及气候、语言环境及作息时间的变化等。大学新生在遇到这些问题时，常常束手无策、郁郁寡欢，致使有的学生出现烦躁、痛苦、紧张不安等焦虑情绪和疲倦、失眠、注意力不集中等症状。

4. 人际关系上的不适应产生的孤独心理

大学生的很多时间都是在寝室度过的，与同寝室同学的相处非常重要。同学们来自五湖四海，初来乍到，彼此陌生，有着不同的生活背景、不同的方言、不同的性格，同学之间的磨合是个新问题。一方面，大学生来自四面八方，由于同学之间生活习惯、家庭背景等客观因素的差异，造成了人际交往的困难，特别是独生子女，他们多数习惯以自我为中心，待人接物时缺少从多角度考虑问题的通融性，容易造成交往障碍；另一方面，个体的性格特征也会阻碍人际交往，如自卑、怯懦、鲁莽和孤僻等也会造成人际交往的困难。所以，许多大学新生一方面渴望交流沟通，另一方面却屡屡失败，他们日益感到压抑和郁闷，越来越不愿意同其他同学交流，如有些同学逐步迷恋网络，希望在虚拟世界里觅到知音和良友，冷漠地对待现实世界。“踏着铃声进出课堂，宿舍里面不声不响，互联网上诉说衷肠”，这句顺口溜实际上反映了相当一部分大学生的交际现状。

5.1.2 成长的必由之路

新生进校以后，由于环境的变化而出现各种心理问题，如茫然心理、失落心理、焦虑心理、孤独心理，在以后的学习中还可能产生抑郁心理、自卑心理、怀旧心理等。怎样看待这些心理问题，同学们的看法有差异，专家们的看法也有争议。有的认为以上问题是一种心理病态或者是心理障碍，需要找心理专家咨询和治疗；有的认为以上问题只是一种心理现象。为什么说是一种心理现象呢？因为茫然心理、失落心理、焦虑心理、抑郁心理等问题，不仅新生有，老生也有；不仅学生有，老师也有；不仅平民有，专家也有。可以说，每个人在人生发展过程中都曾有过，所以说是一种心理现象。

扫一扫

如何预防心理危机

两种意见，谁对谁错，要具体问题具体分析，不能一概而论，是心理病态（心理障碍）还是心理现象要看问题的实质。核心的问题是看以上心态是局部的、偶然的、短暂的反应，还是过度的、反复的、长期的存在。如果是前者，只能算是心理失衡，最多也只能说是心理暂时有点问题，过了这个时间段，过了这件事，心态也就恢复正常了，这样的心理失衡每个人都有；如果是后者，就是心理障碍或者心理病态，就需要找心理专家咨询、治疗，有的还需要用药物辅助治疗。

新生出现的种种心理问题，绝大多数只是心理失衡，而且这种现象的产生是出于环境的变化而引起的。这种心理失衡经过入学教育、老师的辅导、环境的熟悉、认知的改变和自我的调适，随着时间的推移会慢慢消失的，所以，新生遇到这种现象时不要过于着急，换一个角度思考，把它看成青年学生成长的必由之路，每个人都会遇到、都要经历的一种心理现象，只不过是时间长短、反应轻重的差别。同时，它还与个人心理素质和释放、调适能力有关，能力强恢复就快，能力差恢复就慢。

5.1.3　学会释放

新生进校以后，一切环境是那样的陌生，心中的孤独感和压力油然而生。此时此刻，往事总是历历在目，想到了过去，想到了高中那段时光，想到了初中校园，更想到了小学的教室。那时，是多么的天真，过得是那样的开心。可如今千头万绪，均要一人承担，思维就像一团乱麻，是那样的郁闷和寂寞。

对于大一新生来说，从此以后，在遇到压力的时候，可能都要由自己一个人默默承担，有时候会让你疲惫不堪，所以学会释放压力就显得十分重要。记住以下几点，会使你释放压力，找回轻松。

（1）不要恐惧压力，要勇敢地去面对压力

因为毕竟我们刚进大学，谁都会遇到这样或那样的压力。鲁迅先生曾说过："真的勇士，敢于直面惨淡的人生，敢于正视淋漓的鲜血。"

（2）保持豁达、乐观的生活态度

任何事情都有正反两个方面，不能只看到消极的一面，凡事要往好的方向想。在遇到困难时就当成成长过程中所必经的历练，不断进行自我激励和肯定，学会吸取他人的优点和长处。运用积极思维，不管处境如何，都应该抱着一颗乐观开朗的心去对待生活，我们要坚信"阳光总在风雨后"。

（3）通过学习来充实自己，对生活充满希望

读书可以明智，可以移情易性。情绪低落的时候，可以多读些励志类书籍和伟人传记。

（4）学会放弃

有个词语叫"舍得"，有"舍"才能有"得"，有时候真的是不舍不得，大舍大得。如果什么都不想失去，什么都想得到，结果往往会事与愿违。

（5）放松大脑，调适心情，给心放假，充分休息

心情不佳时，参加一些文体活动，换换环境，因为新鲜的体验可以让你忘却烦恼。有意识地强迫自己转移注意力，对于调节情绪会有很大帮助。

（6）说出你的想法

当你心情不愉快时，不妨与同学和朋友交谈，向他们倾诉，特别是向要好的异性朋友倾诉，会使不愉快的心情得到显著的改善。研究表明，向异性的倾诉比向同性的倾诉更有效。

（7）多参加运动

运动能调节人体的内分泌，可以加速血液循环，使能量得以合理的释放，有利于身心的健康和愉悦，可增强抗压能力。

（8）学会正确评价自我

不可总拿别人的标准来要求自己，尽量做好自己的每一件事，快乐地生活。

5.2 积极心态 做情绪的主人

扫一扫

情绪的功能

情绪管理是指一个人对自己情绪的自我认知、自我控制、自我驱策能力和对他人情绪的识别与适度的反应能力。它包括如何准确地了解自己的真情实感；如何克服冲动，延迟满足；如何调整情绪，避免因过度沮丧而影响思维；如何设身处地地为他人着想，真诚地去理解别人；如何激励自己越挫越勇，对未来永怀期望等内容。一个善于管理自己情绪的人，其情绪的基本基调应该是积极的、乐观的、愉快的，能够接纳自己与他人的情绪；能够表达自己的情绪；能够较好地把握与调节自己的负面情绪，有效地管理自己的情绪；能够适时、适度地做出情绪反应，而且情绪反应能够与周围的环境相协调、相适应。

5.2.1 情绪管理的意义

一个人的情绪健康情况不仅影响人的身心健康，还会影响人的事业发展。

1. 情绪管理与身心健康

俗话说：“情积百病生，情舒百病除”，可见情绪管理对人的身心健康具有重要的意义。大量的生活实例和研究都已证实，情绪活动能影响人的身心健康，情绪不仅可以致病，而且可以治病。不良的情绪不仅会导致心理疾病，还会导致生理疾病；良好的情绪不仅可以治疗心理疾病，还可以治疗生理疾病。

处于忧郁、焦虑不安和烦恼等消极情绪之中会使人的内分泌失去平衡，造成器官功能活动受到抑制，如果反复出现这种情绪就可成为致病因素，并带来一系列不良后果。比如急躁而经常发脾气的人，易患高血压；忧郁而多愁善感的人，易患肺病。情绪的激烈变化是大病的先兆，盛怒之下会使人脑血管破裂、当场中风或冠状动脉闭塞而突然死亡。发怒时，胃幽门处肌肉骤然紧缩，会使整个消化道痉挛，腹部剧痛。生气时吃饭，则会消化不良。具有不良情绪的人，往往表现出过度的情绪反应与持久的消极情绪，而消极的、负面的情绪如果持续时间过长，则会干扰一个人正常的心理活动，对人的身体健康、人际关系、工作学习效率等产生不良影响，甚至导致心理障碍，引发生理疾病。

良好的情绪则会对人体的身心健康起到积极的作用。积极情绪可以使人的内分泌腺向血液中分泌肾上腺素，它参与代谢可以提高能量。乐观、开朗、心情舒畅的人，其各种内脏功能健康运转，对外来不良因素的抵抗力较强。美国哈佛大学的一些学者曾用了 40 年的时间，对 204 位成年人做了跟踪调查，结果发现，在 21 ~ 46 岁，过着舒畅精神生活的 59 人中，只有 2 人在 53 岁时得了重病，其中 1 人死亡；而在同一时期内，得不到舒畅精神生活的 48 人都在 55 岁以前死去。

因此，只有学会管理好自己的情绪，你才能保持健康、良好的情绪状态，有助于学业的进步、人际关系的改善以及身心健康的保持。

2. 情绪管理与人生成败

情绪管理不仅与身心健康有密切关系，从广义上讲，它与我们能否适应社会，获得事业成功和更好地享受生活也有着密切的联系。一直以来我们都非常重视人的智力开发，并认为一个人的事业成功是和他的智商的高低成正比的。但这种智力学说无法解释这样一些常见的现象：为什么有的人在学校是尖子生，但步入社会后却表现平平？为什么我们对有些人一见面就能产生好感，而对另外一些人却一见生疑？为什么面对同样的困难和挫折，有的人会一反常态、精神沉沦，有的人却能保持轻松愉快、一如既往？研究发现，影响人生发展和事业成败的因素，主要是情绪管理能力。一个善于管理情绪、调节情绪的人，当他面临困难和挫折的时候，往往能够及时地调整自己的情绪，合理地看待困难和挫折，从而使自己能够保持乐观、自信的心态，并最终战胜困难和挫折。反之，一个不善于管理情绪、调节情绪的人，当他面临困难和挫折的时候，他往往不能够合理地看待困难和挫折，从而使自己陷入悲观、消极的心态中无法自拔，甚至一蹶不振，最终则会被困难和挫折所击垮。

5.2.2 引起不良情绪的不合理认知

不同的个体面对同一外界刺激或是面对同一挫折，情绪反映可能差别很大，这些差别与身体的先天素质关系不大，最主要的问题还在于每个人的认知不同。

1. 不合理认知的含义

人们为什么会产生不良情绪呢？合理情绪疗法的创始人—美国心理学家艾里斯（Alben Ellis）为解答这个问题，在 1979 年曾提出 4 点基本假设。

（1）自寻烦恼是人的本性，人并不完全是理性的动物，人常为情绪所困扰，而困扰多半是由内因造成的，很少是由外因造成的。

（2）人有思考能力，但在思考自身问题时，则多表现出损己害己的倾向。对与自己密切相关的事，往往做过多的无谓思考，这是困扰自己的主要原因。

（3）不需要有事实根据，单凭想象力处理问题，想象力越丰富，就会使人陷入越想越苦恼的困境之中。

（4）人有自毁倾向，同时也有自救能力，合理情绪疗法则可以通过转化前者来帮助发展后者。

因此，当你对与自己有关的事件作出不合理的解释和评价时，则会导致不良的情绪或行为后果的发生。而你对自己、对他人以及对周围世界的不合理的认识和评价，心理学上称之为“不合理认知”。

2. 不合理认知的特征

不合理认知具有以下特征。

（1）绝对化的要求

这是不合理认知中最常见的特征，是指人们以自己的意愿为出发点对事物怀有必定发生或不会发生的信念。例如：“只要我付出了努力，我就应该获得成功”“我那么喜欢他，他就应该用同样的爱来回报我”“他是我最好的朋友，现在我遇到了麻烦，他理所当然要帮助我”。显然，这些认知常常与“必须”“应该”等词语联系在一起。为什么说这类认知是不合理的呢？因为万事万物的发生和发展都有其自身的规律，并不能以你的主观愿望为转移，同时你对这些客观规律的认识往往是不完全的，因此，考虑问题就不能太绝对，要留有余地。

（2）过分概括化

过分概括化是一种以偏概全的思维方式。用艾里斯的话来说，“这就好像是以一本书的封面来判定它的好坏一样”。过分概括化的具体表现是个体对自己或别人做出不合理的评价，其典型特征是以某一件或某几件事来评价自身或其他人的整体价值。例如，有的人遭遇失败后常常认为自己“一无是处”或“毫无价值”，这种片面的自我否定往往会导致自责、自卑、自弃的心理，以及焦虑和抑郁等情绪，而一旦将这种评价转向他人，就会对他人做出不符合实际的评价。抓住一点不放，就会一味地责备别人，并产生愤怒和敌意的情绪。例如，某人有某种缺点，就会据此认为他一无是处，本质不好，进而对他产生敌意。为什么说这类认知是不合理的呢？因为世上没有一个人能做到十全十美，每一个人都应认识到自己和他人都是有可能犯错误的。因此，比较妥当的做法就是“评价一个人的行为而不是评价一个人”（艾里斯）。也就是说，我们应该就事论事地去评价自己或别人的具体行为和表现，而不应动辄对自己或别人做出整体价值的评价。

（3）糟糕至极

不合理认知的第三个主要特征是“糟糕至极”，是指对事物的可能后果做出非常可怕、非常糟糕甚至是一种灾难性的设想。这种想法之所以是非理性的，是因为对任何一件事情来说都有比之更坏的情况发生。因此，没有任何一件事情可以被定义为百分之百的糟糕透

顶。如果某个人坚持这样的观念，那么当他遇到了自认为是百分之百糟糕的事情或比这还糟糕的事情发生时，他就会陷入极度不良的负面情绪中。其实，虽然不好的事情确实可能发生，你也有很多理由不希望它发生，却没有理由说这些事情不该发生。因此，面对这些不好的事情，你首先应该努力地去接受现实，然后在可能的情况下想方设法去改变这种状态，如果确实不能改变则要努力学会如何在这种状态下继续生活下去。总之，所谓“糟糕至极”就是认为一件不好的事情发生之后会带来非常糟糕的后果，这种认知会给人带来严重的不良情绪，并使人陷入恶性循环中难以自拔。

3. 日常生活中常见的不合理认知

艾里斯认为，日常生活中常见的不合理认知可以归结为三大类，即对自己、对他人、对周围环境及事物的不合理的、绝对化的信念和要求。这些不合理认知的显著特征是在语言上经常使用“应该”“必须”“一定要”等词。

第一类不合理认知：我必须出色地完成我所做的事情，以赢得他人的赞赏，否则，我会认为自己是一个毫无价值的人。

艾里斯认为，这是一个不切实际的目标。理性的人会在自己原有的基础上努力做好每件事而不去和别人做比较；他们会在努力的过程中寻找乐趣而不是忙于得到结果；他们会努力学习怎样把事情办得更圆满而不是试图去做一个完美的人。以具体的一件事来评价一个人的全部是不理智的，人的价值仅仅在于他是一个人，具有人性，每个人都应该承认和接受自己是一个可能犯错误的人。

第二类不合理认知：人们必须善意地对待我，体谅我，以我所希望的方式对待我，否则，社会和上天应该对他们给予严厉的谴责、诅咒和惩罚。

艾里斯指出，任何人都不可能控制他人的意愿。理性的人受到他人的责备时，如果自己确有错误，会努力改正；如果自己没有错误，会认为这种责备是别人情绪的表现。当别人犯了错误时，可能的话，他会阻止其继续发展下去，阻止不了的，就尽量使自己少受别人行为的影响。

第三类不合理认知：我们周围的环境与条件必须安排得井然有序，以便我能很舒服地、迅速地、很容易地得到每一样我想得到的东西，而我不想要的东西一件也碰不到。

艾里斯指出，人们周围的各种事物有其自身的运动规律，理性的人会努力去改善那种令人不愉快的环境，当无法改善时，则会努力学会接受这种现实。

5.2.3 保持良好情绪的基本原则

每个人都希望保持良好的情绪，保持愉快的心情，只要坚持以下几点就能做到。

1. 不要过分关注自己

有一个大学生，他每天都为别人总在看他而感到苦恼。当他走在路上时，总是觉得路

上的行人都在盯着他看，以至于他走路的姿势都很不自然；当他走进教室时，会觉得整个教室的人都在看他，看得他面红耳赤、手足无措、非常不自在。这样的日子让他实在难以忍受，于是他来到了心理咨询室。听完他的诉说后，咨询老师问："那么，当你走在路上时，你有没有老盯着别人看呢？当你坐在教室里，有同学走进来时，你会不会老看着别人呢？"他说："那倒没有。"老师又问："你为什么不会老盯着别人看呢？"他说："因为我自己的事都忙不过来，哪有那么多时间去看别人呢？"老师又问："既然你没有那么多时间去看别人，为什么你却认为别人会有那么多时间看你呢？"他却答不上来了。

扫一扫

培养积极情绪的
五种方法

其实，每天盯着他"看"的不是别人，而是他自己。由于他过于关注自己而导致了他的苦恼。因此，要保持良好的情绪，首先应学会不要过分关注自己。

2. 不要太在乎他人的评价

别人的评价是否总是那么客观地反映了自己的真实情况呢？形象地说，别人的评价就像一面镜子，有时会是平面镜，能真实地反映自己；有时则是哈哈镜，会歪曲地反映自己。因为每个人在评价别人的时候，受自身生活经验等因素的影响，看待问题的角度往往不一样，因此对别人的评价往往也会有很大差别，因此要想得到别人完全客观的评价显然是不可能的。如果说有人为哈哈镜里的自己是个胖子而苦恼的话，你一定会觉得这个人很可笑，而事实上因为别人的评价而使得自己的情绪大受影响的大有人在，其实这和为哈哈镜里的自己是个胖子而苦恼的道理是一样的。因此，要保持良好的情绪，就应学会不要太在乎别人的评价。

3. 学会积极认知，培养积极心态

有这样一则故事，它的题目是《多看了一眼》，讲的是一个大学生到郊外去写生时，突然看到田里有一个农民正背对着他坐在地上插秧，当时他想：这个农民真够懒的，连插秧都要坐着干。想到这里，他摇了摇头，准备绕开这个农民，当他绕到农民前面的时候，无意中回头多看了一眼这个农民。这时他才发现，原来这个农民是个残疾人，他的两条腿都没有了！至此，这个大学生的想法又完全改变了，他感叹道："这位农民真勤劳啊！即使两条腿都没有了，他还要自食其力，我回去就以这为主题画一幅画！"

其实，那个残疾农民在种田这个客观事实并没有改变，但由于大学生看待这个客观事实的角度不一样，他得出的结论就完全不一样。当他从背后看的时候，对这个农民做出了消极的评价；当他从前面看的时候，则对这个农民做出了积极的评价。这个故事说明，其实任何事物都有两面性，关键在于你从哪个角度来看待它。如果从消极的角度来看待它，你就会觉得心情很糟糕；但如果从积极的角度来看待它，你就会感到心情很愉快。因此，

要保持良好的情绪，就应学会积极认知，培养积极心态。

所谓积极认知，就是在看到事物不利的方面的同时，更要学会“多看一眼”，看到事物的有利的方面。这种看问题的方式，容易使人看到希望，增强信心，保持良好的情绪多于不良的情绪。

4. 学会顺应情绪的自然发展规律

日常生活中，你可能有过这样一种体验，那就是有的时候情绪会莫名其妙地变得非常低落，什么事情也不想干，如果这时强迫自己去做事情，则会使自己的心情变得更加烦躁。其实，这是由情绪周期所决定的。生理学家发现，人的情绪变化周期为 28 天，在这个周期里人的情绪要经历一个“高涨期”和一个“低落期”。当情绪处于“高涨期”时，会感到心情愉快，做事的效率也很高；当情绪处于“低落期”时，则会感到情绪低落，做事的效率也比较低。因此，要保持良好的情绪，则应学会顺应情绪的自然发展规律，当情绪处于“低落期”时，就不要勉强自己去学习或工作，可以适当地去做一些休闲、娱乐活动，放松一下情绪。一般来说，情绪“低落期”只会维持两三天，过了这两三天的情绪“低落期”后，你的情绪就会慢慢地好转起来。

5.2.4 管理好情绪的方法

人的一生不可能不碰到这样或那样不愉快的事情，因此就不可能没有烦恼、焦虑、忧愁和恐惧的时候。不愉快的事情往往会引起人们的心理骚动和心理失衡，使人们的情绪活动偏离正常状态，并过多地出现诸如恐惧、忧郁、紧张、焦虑等情绪，心理学上把这种心理状态称为“情绪失调”。情绪失调会对人的心理和生理产生不良的影响。轻度的情绪失调会干扰人们正常的学习、工作和生活，诸如注意力不集中、记忆力减退、判断力降低、学习和工作效率下降等。严重的情绪失调则会导致恐惧症、恐慌症、强迫症、忧郁症、神经过敏症等病态人格或神经方面的疾病，还会导致胃溃疡和十二指肠溃疡、心肌病等，甚至危及人的生命。因此，应当尽量地防止和减少情绪失调，在情绪出现失调时，应及时采取各种情绪管理技巧，防止其进一步恶化，以保持良好的情绪状态。一般来说，比较常用的情绪管理方法有以下几条。

1. 宣泄法

所谓宣泄，实质上是指个体通过所能够采取的行为，将郁积于个体内部的受压抑的能量引导出来并消耗掉，借此使个体获得平静。宣泄的方法有很多，如运动宣泄法、倾诉宣泄法、娱乐宣泄法、眼泪缓解法等。

（1）运动宣泄法

较为剧烈的劳动或体育运动，能在一定程度上起到宣泄情绪的作用。因此，当你的情绪处于不良状态时，可以通过参加一些较为剧烈的劳动或游泳、跑步、踢球等体育运动来

释放心中的郁闷。

（2）倾诉宣泄法

当一个人遇到痛苦的事情时，通常都希望得到别人的理解、同情、安慰、鼓励、信任和支持。在遇到痛苦和烦恼时，如果有一个值得自己信任的人在身边认真倾听自己的诉说，即使他没有提供很有价值的建议，但诉说之后，你会感到非常畅快。

（3）娱乐宣泄法

当情绪不佳时，可以通过听音乐、看电影、看电视、读小说、散步等娱乐活动来宣泄不良的情绪。

（4）眼泪缓解法

美国精神病学家曾对 331 名 18 ～ 75 岁的人进行调查，结果表明，女性每月平均哭 3 ～ 5 次，男性每月平均哭 1 ～ 4 次，他们都感到哭过以后情绪明显好转了，对恢复心理平衡很有帮助。因此，当你感到心情很难受时，不要过于压抑自己的情绪，该哭就哭。

2. 升华法

当个体出现一些不能为社会所允许和接纳的动机、欲求与行为时，强烈的冲突可能使得个体将自己的心理能量导向比较崇高的方向，使之符合社会文化和社会规范的要求，这就是升华法。比如，一个失恋的男青年，他很想报复和自己分手的女朋友，但如果用伤害她的方法来报复，则要受到法律的惩罚，于是他将对恋人的报复心理转向了对事业的追求上，通过在事业上获得成功，让女朋友为当初和他分手而感到后悔，从而将报复心理导向了比较符合社会规范的方向。

3. 补偿法

社会性需要区别于生理性需要的一大特点是可以通过补偿来获得满足。比如，饥饿不能通过饮水得到满足，但家庭的美满幸福能缓解人们事业失败的苦痛；“我”饥饿了不能通过“你”吃饭获得满足，但自己的未竟之志可以在儿女的成就之中得以实现，这就是补偿。补偿的另一种含义是指个体在某一方面的缺憾或不幸，可以通过其他方面优势的发挥来弥补，使自己获得成功。比如，在容貌方面的自卑心理可通过学业或事业上取得成就来补偿。

4. 自我积极暗示法

自我积极暗示是一种自我刺激过程，指个体以超出客观现实的想象或自认为某些特定的事、物、人的存在来进行自我刺激，达到改变行为和主观经验的目的，同时引起心理、生理上相应的变化。比如，一个心情不佳、郁郁寡欢的人可以拿起镜子直视自己，然后强迫自己露出笑容，看着自己的笑容告诉自己：你看，我不是很高兴吗？我应该放声大笑。通过这样的身心相互暗示，也许郁积的心情会获得很大的释放。有时候，自我积极暗示能使自信心自觉地发掘与确立。当遇到挫折、身陷困境时，能够处变不惊、临危不惧，通过内心自我激励而产生出惊人的力量，获得真正的成功。

5. 文饰法

顾名思义，这是文过饰非的一种心理防御机制。当个体面临挫折时，为减轻挫折的程度，维护个人的自信心和心理平衡，人们常常为自己错误的行为寻找理由或对自己遭受的挫折作歪曲的理解。具体的方法有以下几种。

（1）酸葡萄法

酸葡萄法是指对自己无法得到的东西降低好感。《伊索寓言》中有一则《狐狸和葡萄》的寓言，说的是狐狸饿极了，看见架上挂着一串串葡萄，想摘又摘不到，临走时自言自语地说："葡萄还是酸的。"这则寓言在世界上广为流传，可以说家喻户晓，在西方还被引入字典。酸葡萄表示得不到的东西就说它不好。心理学中也借用了这个术语，用来解释合理化的自我安慰，它是人类心理防卫功能的一种。其实，每个人都会遭遇到那个狐狸的境遇。

（2）甜柠檬法

甜柠檬法是指另一种与"酸葡萄"心态相对应的称为"甜柠檬"的心态，它指的是人们对得到的东西，尽管不喜欢或不满意也坚持认为是好的，即对自己被迫得到的东西增加好感。例如，你买了一套衣服，觉得价钱太贵，颜色也不如意，但你也许还是会告诉别人，这是今年最流行的款式，很值得。

（3）援例自慰法

即用别人或名人做过的事来解释自己行为的合理性。

5.3 完善自我 塑造健康人格

人格是个体心理特征的核心部分，对大学生身心健康有很大的影响。大学是人格发展和完善的重要时期，在这一时期，大学生关注自己的人格发展，体现出强烈的自尊心，个性强，重视维护自己的人格尊严。然而，大学生对于如何塑造自己健全的人格，存在着许多困惑，甚至误区。比如有些同学认为个性的体现就是要与众不同，无拘无束，表现很自由散漫；有些同学则认为体现个性就是追求时髦，喜欢奇装异服，不加区分地抛弃传统等。因此，校园里有不少很有"个性"的学生，"以自我为中心"，对学校的规章制度非常抵触，疏离于集体之外，与同学、班级关系不协调，这不仅影响到大学生人格的健康发展，还影响了自身身心的健康。

5.3.1 健康人格特征

塑造健康人格，首先必须要了解什么是人格。

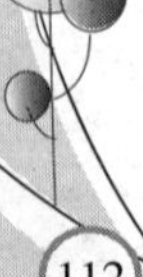

1. 人格的含义

人格（Personality）是个相当宽泛的概念。“人格”在生活中很常见，也广泛运用于社会、法学、伦理学、心理学等众多学科，但指的含义都各不相同。这里所讲的人格是从心理学角度，与个性含义相同，指的是一个人在漫长的历程中所逐渐形成的表现稳定的和持续的心理特点，包括需要、气质、性格、能力等。也就是说人格是由现实生活中独特的个人，由社会化获得的具有内在统一性和相对稳定的个人特质结构，是人的思想和行为的综合。对此，我们可以从以下几个方面加以理解。

（1）人格具有全面性。人格不是对人的某一方面的描述，而是对人整体的描述，反映人的整体性。既包含人的内在品质，又包含人的外在行为实践，具有表里一致性。

（2）人格具有相对稳定性。人格的内在品质和行为具有相对稳定性。

（3）人格具有鲜明的特色性。人格是人的独特的结构，具有复杂的内部组织，给人言行以特色，使一个人成为有别于他人的独特的个体。

（4）人格具有内部动力性。人格结构不只是一个素质结构，更是一个动力结构。它具有能量，决定人的动机和行为，是人的行为实践的推动力量，也是人在行为实践中遭受挫折、产生疾病的内在原因。

（5）人格是社会化的结果。人格是人在社会生活中，不断吸收社会思想和行为规范的结果。人格的形成和变化过程就是人的社会化过程。

扫一扫

奥尔波特的人格特质理论

2. 人格在人生发展中的作用

人格的健康对个人发展及社会发展都具有积极的意义。这主要表现在以下几个方面。

（1）人格决定人生命运

人格对个人发展具有决定性影响。一个人选择什么样的人格模式，将决定他的命运。同样生活在社会变革时期的大学生，如果选择了正确的人格模式，必将走向成功。在文化多元化和社会变革的今天，大学生只有选择了适应时代需要的人格模式，才能有美好的现在和光明的未来。

（2）人格影响身心健康

人格是人的心理行为的基础。人的心理行为是人格与环境相互作用的结果。人对客观世界的不同反应都打上了人格的烙印。人格在很大程度上决定了人如何对外界的刺激做出反应以及反应的方向、程度、效果，因而人格会影响一个人的身心健康及适应状况。

医学研究发现，许多身心疾病都有相应的人格特征模式，这种人格特征在疾病的发生、发展过程中起到了生成、促进、催化的作用。比如，哮喘病患者多表现过分依赖、幼稚、暗示性的人格特征；偏头痛患者多表现出刻板、好竞争、好嫉妒、追求完美的人格特征；而具有矛盾、强迫性、抑郁特征的人易得结肠炎、胃溃疡等疾病。

讲究人格心理卫生并不仅仅是为了避免疾病，更重要的是要发挥积极人格的作用，增强人的社会适应能力，促进人格的健康和完善，进而促进社会的文明和发展。现实生活中，一个性情开朗、热情、善于交际、为人诚恳的人，往往较容易得到团体和他人的接纳、欢迎、帮助，容易创造出一个和谐的环境，从而有利于自己的心情愉悦，施展才华。大学新生入学后的适应状况以及大学毕业之后的社会适应状况，往往是一个人人格综合素质的反映。

（3）病态人格害人害己

所谓病态人格又称变态心理，是一种人格发展的内在不协调或对正常人格的偏离现象。病态人格的人外表与正常人并无两样，完全能够处理生活和工作，但在情绪和行为活动方面存在明显障碍，比如情绪极不稳定，对人感情淡漠，甚至冷酷无情，行为极易受到偶然动机或本能欲望的支配，缺乏自制力和理智，行为表现过分幼稚或过分冲动。病态人格的人在现实社会上极为少见，他们中的某些人会给他人和社会造成无法估量的麻烦和危害。

3. 人格的特征

人格特征具有独特性、稳定性、综合性和功能性。

（1）独特性

个体的人格是在遗传、环境、教育等先天和后天环境的交互作用下形成的。不同的遗传及教育环境，形成了各自不同的心理特点，我们经常所说的“人心不同，各如其面”就是这个意思。有的人开放自然，有的人顽固保守，有的人沉默寡言，有的人豪爽，有的人谨慎等。环境会使某一人格品质在不同人身上表现出不同的含义。如独立性这一人格特质，在缺乏父母爱护的家庭中成长的孩子，独立带有靠自己努力的含义；而在一个民主型家庭成长的孩子，独立则为健全人格培养的重要部分。

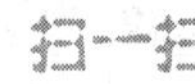

人格的特点

（2）稳定性

人格的稳定性是指那些经常表现出来的特点，是一贯的行为方式的总和。正如我们所说“江山易改，本性难移”。一个人的某种人格特质一旦稳定下来，要改变是很困难的，这种稳定性还表现在不同时空的一致性。例如一个性格外向的大学生，他不仅仅在家庭中非常活跃，在班级活动中也表现出积极、主动的一面，在老师面前照样也能坦然地表现自己，不仅大学期间如此，即使毕业若干年后，这个特质也依旧不变。

（3）综合性

人是极其复杂的，人的行为表现出多元性、多层次的特点，各种人格结构的组合千变万化，因而使人格表现得色彩纷呈。在每个人的人格世界里，各种特征是依据一定的内

容、秩序与规则有机组合起来的动力系统。人格的有机结构具有内在一致性，受自我意识的调控。当一个人的人格结构的各方面彼此和谐一致时，他就会呈现出健康的人格特征，否则就会出现各种心理冲突，导致“人格分裂”。

（4）功能性

“性格决定命运”。人格决定了一个人的生活方式，甚至会决定一个人的命运。人们经常使用人格特征解释人的言行及事件发生的原因：面对挫折与失败，有的人会认真总结经验教训，在失败之后重建人生的辉煌；有的人则一蹶不振，失去了奋斗的目标。当人格功能发挥正常时，表现为健康有力，支配着人的生活与成败；当人格功能失调时，就会出现懦弱、无力、失控甚至变态。

5.3.2　大学生常见的人格缺陷

这里所说的人格缺陷是介于健康人格与病态人格之间的一种人格状态，表现为人格发展的不良倾向。在大学生心理咨询中，我们发现相当一部分学生存在着不同程度的人格发展缺陷，常见的主要有自卑、懒惰、拖拉、粗心、鲁莽、急躁、悲观、孤僻、多疑、抑郁、狭隘、冷漠、被动、骄傲、虚荣、焦虑、以自我为中心、敌对、冲动、脆弱等。在此，我们简要分析部分人格发展缺陷及其调整方法。

扫一扫

心理测验预测人格的方式

1. 自卑

自卑感是对自己不满、鄙视、否定的情感。进入大学后，有些大学生发现自己在学习、社交、文体方面显示出某些不足时，就会陷入怀疑、否定自己之中，从而产生自卑心理。因此，自卑往往是自尊心受挫的结果，过强的自卑心往往又通过过强的自尊心表现出来。有些大学生敏感、脆弱、经不起批评，原因就在于此。

如何才能走出自卑的阴影呢？对于大学生来说，首先要正确认识自己，悦纳自己，寸有所长，尺有所短，不要为自己的短处而自卑；其次要进行自信心的磨炼，将目标定得小些，切合实际些，多积累成功的愉悦体验；再次要确立合理的评价参照体系和立足点，选择适合自己的评价标准。理性的比较方式是多与自己做纵向比较而不是一味地与别人做横向比较。有了足够的自信心，自卑感就会悄然而退。

2. 怯懦

怯懦主要表现为缺乏勇气和信心，害怕可能面临的困难和挫折，在挫折、困难面前常常知难而退、不战而败。有些大学生特别害怕失败，“只能成功，不能失败”的非理性意念是造成一些大学生怯懦的认知因素。

有些大学生由于怯懦，不敢与人讲话，不敢出头露面，也不敢表明自己的态度，甚至不敢向老师提问题；有些大学生由于软弱，不敢冒风险，不敢承担责任，不敢同坏人坏事做斗争，不敢坚持自己正确的观点。

怯懦会失去很多成功的机会，积极迎接挑战，争做生活的强者才是明智的选择。改变怯懦最好的办法就是要敢于抓住机遇，积极锻炼，不怕失败，不怕丢面子，不怕担子重，多给自己鼓励，把“不敢”从自己生活的字典中永久删除。

3. 懒惰

青年大学生本是充满朝气、开拓进取的群体，但事实并不总是如此。大学校园内曾经流行这样的打油诗：“人生本该HAPPY，何必整天STUDY，只要考试PASS，拿到文凭GO-AWAY。”懒惰是不少大学生为之苦恼并难以克服的一种人格发展缺陷，是意志活动无力的表现。懒惰是影响大学生积极进取、张扬青春活力的天敌。

扫一扫

如何面对测验报告

处于懒惰状态的大学生也常以此感到内疚、自责、后悔，但又觉得无力自拔，心有余而力不足，这往往是大学生眼高手低，缺乏毅力所致。大学生应该充分认识到懒惰的危害性，自己对自己负责，振奋精神“起而行之”，从日常小事做起，不给自己找借口，不原谅自己偷懒，力争今日的事今日做，多与人交往，多关注外部世界，多参加有益身心的活动。

4. 狭隘

受功利主义影响，大学生中的“狭隘”人格比较普遍。凡事斤斤计较、耿耿于怀、好嫉妒、好挑剔、容不得他人等，都是心胸狭隘的表现，就是我们常说的“气量小”。心胸狭隘往往影响人际关系，也影响他人感情，还常常会给自己带来烦闷、烦恼，影响自己的情绪和在他人心目中的形象，于人于己有百害而无一利。狭隘人格多见于内向型学生中间，女生尤为常见。

克服狭隘，一要胸怀宽广坦荡，一切向前看。正如歌德所言，比海洋更广阔的是天空，比天空更广阔的是心灵。二要丰富自己，一个人的视野越开阔，就越不会陷入狭隘之中，这就是所谓的“站得高，看得远”。三要学会宽容，宽以待人。

5. 拖拉

拖拉是不少大学生的通病。拖拉是指可以完成的事而不及时完成，今天推明天，明天推后天，正是“春天不是读书天，夏日炎炎正好眠。秋多蚊虫冬又冷，一心收拾待明年”。导致拖拉的原因，一是逃避困难；二是目标不明确；三是惰性作用。拖拉一方面耽误学习、工作，另一方面并没有使人因此而轻松，相反往往会导致心理压力，引起焦虑，贻误时机。

改变拖拉，首先要充分认识其危害性，找到自己拖拉的原因，下决心改变；其次要科

学安排时间，凡事有轻重缓急，要一件一件完成，还要讲究科学的学习和工作方法；再次要敢于做难事，必须完成的事，与其拖着，不如及早动手，完成后会有一种如释重负的感觉，会有一种欣喜感、满足感、成就感。

6. 虚荣

每个大学生都普遍存在虚荣心，尤其是女生，这是正常的，但是虚荣心一旦过度，就会有害无益。

虚荣心往往同自尊心和自卑感联系在一起，没有自尊心，就没有虚荣心，而没有自卑感，也就不需要用虚荣心来表现自尊心，虚荣心是自尊心和自卑感的混合物。虚荣心强的大学生一般性格内向、情感脆弱、多愁善感，虽然自惭形秽，却又害怕别人伤害自己的尊严，过分介意别人的评论与批评，与人交往时总有一种防御心理，常千方百计地提高自己的形象来捍卫脆弱、虚假的自我，无暇丰富和壮大真实的自我。

防止或改变过强的虚荣心，首先，要对其危害有清醒的认识，并有勇气、有信心改变自己；其次，应当努力认识自己，了解自己的长处与短处，扬长避短；再次，要树立自信和健康的荣誉心，正确表现自己，不卑不亢；最后，不为外界的议论所左右，正确对待个人得失。

7. 无聊

无聊的主要特点是空虚、幻想、被动，感觉不到自我存在的意义和人生的价值，其核心在于没有确立合适的人生目标。空虚是因为没有目标或目标太低，人一旦失去目标的牵引，生活就没有动力；缺乏对生命意义的深刻认识，就会出现茫然、混日子的现象，对生命意义的否定发展到极端是对生命的否定；幻想是出于目标定位不明或者目标太多而导致的心理负担，实质是对责任的恐惧；被动是由于目标不是自己内心的渴望，没有获得内心的认同，只是为学习而学习，为考试而考试，疲于应付，学习、生活中缺乏主动性和创造性。克服无聊心的根本方法是树立恰当的人生目标，并在人生目标的牵引下实现自己的人生价值。

8. 自我中心

随着自我意识的发展，大学生越来越关注自我，尤其是那些有较强自尊心、自信心、优越感、独立感的学生，更较容易出现自我中心倾向。当这种倾向与一些不健康的思想意识（如个人主义、自私自利思想）和心理特征（如过强的自尊心、唯我独尊等）结合时，就会表现出过分的、扭曲的自我中心，以自我为核心想问题做事情，不能设身处地进行客观思考，不允许别人批评，“老虎的屁股摸不得”。这种人往往见好事就上，见困难就让，有错误就推，总认为自己是对的，别人是错的，很难赢得别人的好感，人际关系常常不和谐。

克服以自我为中心应该注意以下几个方面：第一，树立健康的人生观，自觉地将自己

和他人、集体结合起来，跨出自己的小天地；第二，正确客观评价自己，既不要低估自己，也不要高估自己，不要妄自菲薄，更不要自高自大；第三，尊重他人，赢得友谊；第四，将心比心，关爱他人，学会换位思考，学会站在别人的立场思考问题，做到“我爱人人，人人爱我”。

5.3.3 塑造健康人格

当代大学生应以人格健康为基础，努力寻找塑造健全人格之路，不断提升自己的人格素质，培养健全的人格。

1. 认识自我，优化人格整合

认识自我是改变自我的开始。为了有效地进行人格塑造，就应该充分认识自己的人格状况，深刻理解、明确人格塑造的内容、途径和方法。人格整合的基本含义是：随着个体心理的成熟，人格的各个方面逐渐由最初的各不相关，发展到和谐一致状态的过程。优化人格整合，一要择优，二要汰劣。择优即选择优良的人格特征作为自己努力的目标，如自信、勇敢、勤奋、坚毅、善良、正直等。汰劣就是针对自己人格上的缺点、弱点予以纠正，如自卑、胆怯、抑郁、冷漠、懒惰、任性、以自我为中心等。

2. 努力学习科学文化知识

荣格有句名言：“文化的最后成果是人格”，培根也有句名言：“知识就是力量。”学习科学文化知识，增长智慧的过程也是优化人格整合的过程。人格缺陷不少是始于无知，无知容易使人自卑、粗鲁，而丰富的知识使人坚强、自信、理智。

各学科的全面发展是人格健全发展的智力基础，有了智力基础，人格的发展速度和质量才有了保证。正如培根所说：“读史使人明智，读诗使人灵秀，数学使人周密，科学使人深刻，伦理学使人庄重，逻辑修辞学使人善辩，凡有所学，皆成性格。”受应试教育的影响，许多理工科大学生缺乏人文知识，文科大学生缺乏科学精神，这非常不利于大学生人格的健全发展，大学生理应做到科学与人文并重。

3. 积极参加实践活动，从小事做起

实践是人格发展的必由之路。无论是知识的获取、能力的形成，还是意志的磨炼都离不开实践。一个人的勤奋、坚韧、乐观、细致等人格特征都是长期实践锻炼的结果。大学生应积极参加青年志愿者等各种有益身心健康的实践活动。

一个人的一言一行往往是人格的外化，一个人日常言行的积淀成为习惯就是人格，个人的刷牙、洗衣服等习惯就反映了他有“清洁”这一特质。因此，大学生应从眼前的小事做起，无数良好的小事“积沙成塔”，最终构建成优良的人格大厦。

4. 融入集体，发展良好的人际关系

人格发展、塑造的过程是个体实现社会化的过程。集体是人格塑造的土壤，通过与集

体的交往，能够实现人格建构的择优淘劣。人格是在行为中表现的，健康的人格也只有在与人交往中才能体现出来。塑造健全人格，必须发展良好的人际关系：尊重社会习俗，关心他人的需要，真诚地赞美，不做无建设性的批评，多与他人沟通意见，保持自尊和独立等。

5. 锻炼身体，强健体魄

人格发展的过程是体质、智力因素与心理因素协同作用、相互促进的过程，健康的体质是人格健全发展的物质基础。体弱多病的人是难以发展健全的人格的，拖拉、懒惰、急躁、怯懦等人格发展缺陷与不坚持体育锻炼明显相关。

6. 防止“过犹不及”

人格塑造过程，应把握好辩证法，掌握好度，否则就会“过犹不及”，适得其反。大学生应该做到，自信而不自负，自谦而不自卑，勇敢而不鲁莽，果断而不冒失，稳重而不犹豫，谨慎而不怯懦，豪放而不粗俗，好强而不逞强，活泼而不轻浮，机敏而不多疑，忠厚而不愚昧，干练而不世故等。此外，不同的人格特质要做到协调发展，刚柔相济，让人格更有韧性。

5.4 培养健康的心理 做阳光大学生

大学生活是一个人一生中的黄金岁月。这个时期的大学生，既保留着青少年的稚气和冲动，又开始出现成年人的稳重和成熟，同时又处于“心理断乳期”，大学生将逐步摆脱对父母、师长的心理依赖，转而独立地适应社会群体的生活，因此，同学们必须注重培养自己健康的心理。

5.4.1 大学生心理健康的标准

心理健康标准随着时代变迁、文化背景的变化而变化。大学生的年龄一般为 18 ~ 25 岁，从心理学的观点来看，正处于青年中期。大学生的心理具有青年中期的许多特点，但作为一个特殊群体，大学生又不能完全等同于社会上的青年。根据我国大学生的实际情况，评判大学生的心理健康水平应着重从以下几个标准考虑。

1. 智力正常

衡量大学生的智力是否正常，关键在于其是否正常地、充分地发挥了自我效能，即有强烈的求知欲，乐于学习，能够积极参与学习活动，学习目标明确，学习热情高，精力旺盛，好学上进，孜孜不倦，朝气蓬勃，不畏艰难，在学习中能体验到快乐与满足，学习效率较高，学习成绩优良而稳定。

2. 情绪健康

情绪对人的健康影响很大。心理健康的学生能经常保持愉快、豁达、自信、满足的心境，对生活和未来充满希望；对于喜、怒、哀、乐等情绪能主动调节，并能适度地表达和控制情绪，保持良好的心态；能战胜自己的疲倦、抑郁、沮丧等消极情绪。

3. 意志健全

意志健全的大学生在各种活动中都有自觉的目的性，能适时地做出决定并运用切实有准备的方式解决所遇到的问题，在困难和挫折面前，能采取合理的反应方式，能在行动中控制情绪并言而有信，而不是行动盲目、畏惧困难、顽固执拗。

4. 人格完整

人格完整的具体体现是心胸开阔、真诚待人、言行一致、表里如一、热爱生活、善于生活、勇于面对困难，善于发挥自己的潜能和调控自己的行为，有耐挫能力。

5. 自我评价正确

大学生自我评价时能做到自知，能恰如其分地认识自己，摆正自己的位置，既不以自己在某些方面高于别人而自傲，也不以自己在某些方面低于别人而自卑。面对挫折与困境，能够自我悦纳，喜欢自己，接受自己，自尊、自强、自制、自爱适度，正视现实，积极进取。

6. 人际关系和谐

心理健康的大学生乐于和他人交往，在交往中保持独立而完整的人格，有自知之明，不卑不亢；待人处事比较得体，能尊重、信任、宽容、理解别人，能与他人合作共事，乐于助人，有团队精神，有知心朋友；能客观评价别人和自己，善于取人之长，补己之短，宽以待人，乐于助人，积极的交往态度多于消极态度，交往动机端正。

7. 适应社会正常

心理健康的大学生能在环境改变时正确面对现实，对环境做出客观、正确的判断，使个人行为符合新环境的要求，既不怨天尤人，又能尽快适应新环境；能与社会保持良好的接触，对社会现状有清晰的认识，能及时修正自己的需要和愿望，使自己的思想、行为与社会协调一致。

8. 心理行为符合大学生的年龄特征

大学生是处于特定年龄阶段的特殊群体，大学生应具有与年龄、角色相适应的心理行为特征。心理健康的大学生在情感、言行、举止等方面都符合所处的年龄段，其表现是精力充沛、独立处事、勤学好问、思维敏捷，学习刻苦、好学上进。

5.4.2 大学生培养健康心理的方法

大学生要培养健康的心理，必须注意以下几点。

1. 保持平常心态，量力而行，确定适合自己的奋斗目标

保持一种平常心态，对自己的能力做出客观的评价，确定适合自己的奋斗目标并付诸于社会实践，最终实现自己的预定目标。正如许多成功人士在接受记者采访时所说，因为自己是一个普通人，所以仍要保持一种“平常心态”，不会被胜利和鲜花冲昏头脑，这样才能够继续苦练，再创佳绩。这些对于大学生保护自己少受挫折及充分发挥才能是有益的。在获得成功的过程中，不但个人的需求得以满足，个人的价值得以体现，而且自己的信心也得以巩固和加强，使自己的心理机制处于良好的竞技状态，更使自己的能力得到了锻炼和提高，从而为追求下一个奋斗目标奠定了坚实的基础。相反，大学生仅凭良好的愿望和热情，盲目、过高地确定自己的奋斗目标，其目标不但不能实现，而且会使自己的心理蒙受打击，增加挫折体验，结果不但白白耗费精力和时光，而且也给自己的自信心和心境造成不良影响，从而影响到今后的心理发展。所以，同学们在确立自己的奋斗目标时，一定要量力而行，目标一定要在自己力所能及的范围内。

2. 不盲目与其他同学竞争，避免过度紧张

每一个心理正常的人，都有争强好胜的自尊心和荣誉感，都渴望自己在集体中有一席之地，受人尊重、被人仰慕。由于每个人的优势、劣势不同，能力又有限，盲目、过多地和别人竞争往往容易给自己造成挫折和打击，心理上承受过大的压力和过度的紧张，从而对身心健康带来不良影响。所以，在和他人竞争时，一定要有所选择地侧重于那些有意义、对自己有帮助的竞争，要注意发挥自己的优势，千万别去做无谓的竞争。

3. 融入集体，参加活动，扩大交往

生活在集体之中的大学生要融入其中，在集体中既能和同学们在一起进行思想的沟通和情感的交流，从中得到启发、疏导和帮助，又可以通过积极的社会活动，扩大人际交往，建立良好的人际关系，使自己感受到充分的安全感、信任感和激励感，最大限度地减少心理危机感，这也是维护和保持心理健康的最基本、最重要的因素之一。一个离群索居、孤芳自赏、生活在社会群体之外的人，是不可能做到心理健康的。

大学生的兴趣除了专业学习以外，还主要表现在参加各类学生社团活动、各类体育运动、读书、听音乐、旅游、交友、欣赏影视作品、绘画、收藏等方面。这些内容丰富、形式多样的活动有助于松弛身心，消除疲劳，保持健康；有助于陶冶情操，净化心灵；有助于开阔眼界，锻炼能力；有助于拓展知识，提高效率；有助于发展个性，完善人格。

4. 调控情绪，保持心理平衡

同学们在困难面前要能有意识地、自觉地控制自己的情绪，要有矢志不渝的顽强意志，有面对挫折的勇气、决心和毅力，只有这样才能克服困难、渡过难关。做到这一点，其中一个重要的方法就是培养愉快、知足、振奋、开朗的“正性情绪”。在学习和生活中，遇到不愉快和烦闷的事情，情绪出现波动和不稳时，应运用心理学知识，寻求方法调控自

己的情绪，保持心理平衡。大学生应学会自我调节，转换心情，有效宣泄；学会求助他人，学会倾诉。

5. 对他人的期望不要过高，避免产生失望感

俗话说："金无足赤，人无完人。"在现实生活中，每个人都不可能是完美无缺的，各人的个性、行为习惯、性格、价值观念和情绪状态等都会有各自的优势和劣势。大家在学习、生活中也都需要互相关心和帮助，取长补短，共同提高。然而，每个人不可能凡事都期望于他人，更不能对他人有过高的不切实际的期望。凡事应先要立足于自己，依靠自己，尽自己最大的努力把事情办好，其次才应该考虑他人帮助的可能性。在接受帮助时，要多从他人的角度考虑其局限性，千万别对他人的期望过高，否则，一旦事情没办好，就会责怪、埋怨他人，这样不但使自己感到遗憾和失望，而且使自己的心理平衡受到干扰，造成不良影响。所以大学生在学习和生活中，既要相信自己的才能，也要和其他同学和睦相处、互相帮助，不要对帮助你的同学求全责备、期望过高，以避免失望感的产生。

5.4.3 提高自己的心理素质

心理素质是一个人比较重要的素质，但凡成功人士都有良好的心理素质。对大学生来说，做到以下几点有助于提高自己的心理素质。

1. 培养广泛的兴趣

人的兴趣是在一定的生活条件下形成和发展起来的。虽然它具有一定的稳定性，但也不是固定不变的，更不是先天的，而是随着生活条件和教育条件的变化而发展变化的。大学生应该如何培养自己良好的兴趣品质呢？

（1）参加丰富多彩的课外活动

在课外活动中，学生可以把课堂上学到的知识加以具体运用，加深对所学知识的理解，同时还可以进一步充实新的知识。因此，参加课外活动是形成多方面学习兴趣的好机会。

（2）把兴趣的广泛与专一统一起来

青年人的爱好和兴趣常常是很广泛的，而且是不断变化的。这当然不是什么坏事，但想要精通一门学问，成就一番事业，又怎么能同时满足多方面的兴趣，或者经常改变自己的爱好呢？想想凸透镜，也许能找到正确的答案。有一位青年曾向法布尔请教怎样才能解除心中的苦恼，因为他把自己的全部精力都放在他爱好的各种学科上面了，结果却没有什么成效。这时，法布尔就从口袋里掏出一个放大镜，回答他说："把你的精力集中到一个焦点上试试，就像这个凸透镜一样。"

（3）将兴趣与行动结合起来

古人说："锲而不舍，金石可镂。"有兴趣还要会行动，并且能够持之以恒。我国古代著名地理学家徐霞客将他十分热爱的地理专业作为终生奋斗的目标。他长年跋涉于奇峰秀

水之间，在考察途中，同去的三个同伴两个半途而废，一个病死了，他的身体也受伤了。在“西望有山生死共，东瞻无侣去来难”的绝境中，他没有气馁，没有退缩，而是坚持继续前进，才诞生了地理巨著《徐霞客游记》。

（4）要“好奇”不要“猎奇”

好奇表现出求知的渴望，目的是为了探索事物的奥秘和创新。伟大的发明家爱迪生说过：“我的人生哲学是工作，我要揭开大自然的奥秘，并以此造福人类。在人短暂的一生中，我不知道还有什么比这更美好的。”我们活在世上，在享受他人的发明给我们带来的巨大方便的同时，也要乐于用自己的发明去为他人服务。好奇正是求知、创新、发明的起点。好奇有着明确的目的性，而猎奇却与此相反，它仅仅是为了费尽心思找寻奇异的事物，不是为了探索事物的奥秘，更不是为了创新。“好奇”应该，“猎奇”则不可取。

2. 培养良好的情绪

培养良好情绪的途径有很多，每个同学都可以通过自己的努力来实现。

（1）树立正确的人生观

一个人如果能够树立正确的人生观，他就会对人生充满信心，能保持乐观主义精神，情绪也会变得积极而稳定。

（2）要有宽广的胸怀

一个人胸怀宽广，顾全大局，体谅大家，就不会因为一些小事而陷入无穷的尴尬和莫名的痛苦中去。如果再加强学习和修养，他就会“心底无私天地宽”，不会为情绪所动了。

（3）热爱生活

对生活缺乏兴趣的人，生活上往往缺乏寄托，朝三暮四，这样的人很容易陷入自卑、失落等不良的情绪状态之中，生活的天地也会越走越狭隘。相反，如果他对生活充满乐趣，他的情绪自然就是健康而稳定的。学生在学习过程中，应不断培养自己的直接兴趣与间接兴趣，如果把学习当成一件有趣的事，就不会因为学习中遇到的挫折而感到烦闷了。

（4）建立良好的人际关系

人际关系紧张会引发不愉快的情绪反应，造成悲观、失意。协调的人际关系会营造一个和谐、融洽的气氛，这种气氛反过来会促进情绪的舒畅。

总之，保持良好、健康、积极而稳定的情绪最关键的是要靠自己。不要患得患失，不要想入非非，不要有过高的奢望；要容忍、体谅，世界上没有十全十美的人和事；要直率、坦诚、言所欲言，以消除心理压力；不要过分自责，不要自卑、自怜。

3. 培养高尚的情操

培养高尚的情操需做到以下几方面。

（1）加强学习，提高认识水平

情感的倾向性、深度、稳固性、效能离不开人对生活的基本态度，离不开人的理想和信仰。只有树立了生活理想，确定了奋斗目标，人的情感才会有明确的方向，才会有可靠的精神支柱。理想的确定，人生观的形成都是以认识为基础的。所以，大学生应当通过学习来提高认识水平，以科学知识为指导来培养自己健康向上的积极情感。

（2）积极参加校内、外的实践活动

情感并不是抽象产生的，而是由“感”而生“情”。生活中的各种实践都是人的感情来源。大学生应当自觉、积极地与同学交往和合作，在相互的学习、接触和生活中，共同体验幸福与欢乐，分担痛苦和忧愁。在社会交往和集体生活中，学会并体会怎样更好地与他人互相关心、互相友爱、互相激励，从而更加热爱生活、热爱人民、热爱社会。因此，大学生应该在学习、生活中表现出极大的热情和参与意识，这样才能使自己的情感世界丰富而健康。

（3）多欣赏文学艺术作品

文学艺术作品能引起人的想象和联想，从而激发起人的情感。大千世界如此广阔，对于大学生而言，是不可能事事都亲身经历的，而古今中外的文学作品则能带领你去走遍上下几千年，纵横数万里，极大地补充和完善你的情感世界。优秀的小说能深深打动读者的心，令读者随之欣喜或叹息；音乐欣赏对人的情感也有独特的陶冶功能，它以流动的音符直接作用于人的耳鼓，能引起人的情绪反应，以更加直接、真切、生动的形式激发人的多种情感。总之，文学、绘画、音乐等多类艺术对人的作用是潜移默化的，其影响力也相对持久而深远。大学生应当有意识地多接触优秀的文艺作品，像读小说、诵诗歌、看画展、听音乐等，从中接受有益的感染和熏陶。

（4）通过接触大自然进行情感调节

常常去领略、观赏大自然的美景，感受大自然中起伏的山峦、奔腾的河流、辽阔的天空、深沉的大海、苍翠的树林、碧绿的原野，日月星辰、花鸟生命的律动，会令人更加热爱生活，使人易于调整那些不利于自身发展的消极情感，并能以饱满的热情和信心投入到新的学习与生活之中。

（5）寻求适当的心理咨询

心理咨询的目的一方面在于帮助大学生处理好人际关系，提高学习效率，更好地处理因环境带来的各种问题，增强对环境的适应能力，解决现实生活问题，完成学习任务；另一方面在于使大学生进一步确立正确的自我认知，特别是自我能力、素质方面的认识，帮助他们认识和开拓自身的潜能，不断突破自我的种种局限，全面而充分的发展。针对大学生的心理咨询有不同的形式。从咨询对象来划分，主要有个别咨询、小组咨询；从咨询途径来划分，主要有门诊咨询、书信咨询、电话咨询、宣传咨询、现场咨询等。一般来说，学校内的心理辅导中心采取的心理咨询主要分为个人心理咨询和小组咨询两种方式。

4. 培养良好的个性

培养良好的个性，注意做到以下几点。

（1）培养积极的自我期待

人们战胜自己、完善自己的能力是与其自我期待和努力程度成正比的。对于一个真正想完善自身个性的人来说，不论他从前的环境多么恶劣，也不论他在恶劣的环境中留下了多么严重的个性缺陷，只要他坚持做自己的主人，就一定能运用自身的力量，克服原有的个性弱点，使自己趋于完善。

（2）掌握科学的方法，有计划、有步骤地进行自我调节

培养新习惯，进行自我调节。用培养新的良好个性习惯来代替旧的不良个性习惯，不仅能较快地完成个性塑造，而且情绪上、心理上的负担也不会过重。因为一个人一旦形成了某种习惯，他就会身不由己地受习惯支配，在内心深处产生一种要去完成某种习惯的倾向，保持气质、性格、兴趣、能力4个子系统的相互协调。性格上的自卑、狭隘会随一个人能力的增长而变得自信、开朗，情绪低落时人的广泛兴趣能帮人分散注意力而使不良情绪得到缓解。因此在调整个性时要加以具体分析，有计划、有步骤、分轻重缓急地进行自我调节。

（3）主动吸收环境中的积极影响

个性的塑造与家庭、学校、社会文化等有紧密联系。大学生在成长过程中应充分认识到父母、长辈的爱护与支持，在相互理解中学会自尊、自信，从而奠定好个体社会化的基础；要注意到学校风气的潜移默化的影响，通过学习教师良好的个性特征来培养、塑造自己。大学生还应注意向电影、电视、通信报道、文艺小说中具有良好个性的人物学习，以他们为榜样塑造自己健康进取的个性。总之，个性的形成受时代、社会、文化、家庭、学校、生理因素等交互作用的影响，但最终还是取决于每个人的自我调整，取决于个体对自己提出的要求和个体自我修养的实践。

5. 培养坚强的意志

大学生培养坚强的意志应该从以下几个方面入手。

（1）树立正确的人生观

意志不是生来就有的，唯有锻炼才能造就意志。自觉、果断、坚韧和自制等意志品质的获得是同一个人的人生目标、人生态度密不可分的。正确的人生观所激发的意志力不仅能指导人们坚定果断地确定行动的目标，也使人们能不懈地为实现目标而奋斗。虽然某些利己主义者能在一定程度上发展其意志力，但他们的意志品质绝不能达到完美的高度，因为在他们可能遭遇的各种困难中，有些困难是注定无法超越的。例如，以个人的荣华富贵、吃喝玩乐为人生目标的人，他们必定是贪生怕死之辈，一旦面临险境，其精神极易崩溃而沮丧颓废。因此，大学生要想使自己成为一个具有坚强意志的人，应先从树立正确的

人生观起步。

（2）从实际出发确定人生理想与奋斗目标

根据有关专家对大学生的追踪调查发现，大学生立志最早是在大学一年级。大学一年级可谓是大学生树立理想、立志成才的关键阶段，其特点表现为：对所确立的理想事业不再是从自己简单的情感出发，主要是从责任感的角度出发。因此，大学生在开始自己的人生旅途之时应牢记四个字："有益""有效"。"有益"是指确定有益于人民的远大理想；"有效"是指把远大理想落实到具体有效的目标上。

（3）要善于依靠集体的力量来培养自己的意志品质

每个成员适应和遵守集体准则与纪律的过程，就是按照客观要求调节自己行为的过程，也就是培养意志的过程。如果一个集体是蓬勃向上、团结友爱的，而其成员又珍惜和热爱这个集体，那么集体对个人的意志发展可以发挥巨大的作用。青少年学生应该学会依靠学校和班集体的力量帮助自己培养意志品质。集体的作用还在于它经常地对其成员提出一定的要求，并以各种方式监督其实施，这既构成了集体成员必须达到的行为目标，又是推动成员完成任务的力量。集体的舆论，集体对其成员功过的赞许、褒奖和批评、责备，也是激励每个成员克服困难、实现行动的巨大精神动力。此外，集体中的优秀成员可以成为其他成员学习的榜样，从而帮助其他成员克服困难，完成必需的行动。

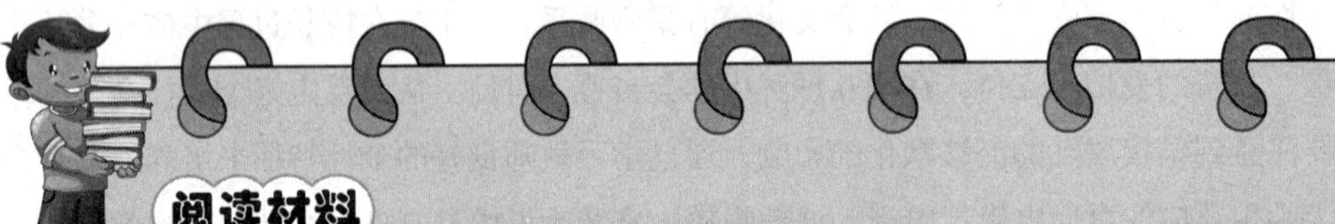

阅读材料

大学生人际交往十大黄金法则

1. 尊重他人

无论与你交往的人你喜欢还是讨厌，你应该始终尊重他，待他如一个与你平等的人，你就能获得他对你的尊重。永远记得提醒自己以平等心待人，则会在人际交往中比较顺畅，少些挫折。

2. 倾听并恰当地给予反馈

倾听表示尊重、理解和接纳。在与人交谈时，要专注，积极倾听他的谈话，并恰当地予以反馈。倾听还体现在不随意打断别人的谈话，在别人漫无目的地谈话时，礼貌地转换话题或结束话题。在表达自己的不同看法时，首先要认可当事人的想法，再礼貌地提出自己的看法，这样就会在表明观点的同时避免了冲突，不伤及彼此的关系。

3. 学会真诚地赞美别人

赞美能使人与人之间的关系变得轻松融洽。当看到他人身上的优点或者亮点时，要大胆地给予赞美或认可。但赞美要有的放矢，要真诚和有感而发；赞美绝不等同于恭维，不是拍马屁，更不是阿谀奉承。赞美时切忌夸大其词和虚伪做作，不能当面说人好话，背后说人坏话，更不能挑拨离间，引发别人的矛盾。

4. 学会宽容和谅解

"人非圣贤，孰能无过"。与人交往时，不要总是看到别人的短处，更要看到他人的长处。与人交往千万不要斤斤计较，针尖对麦芒，否则，人际关系只会越来越紧张，对人对己没有任何益处，只会增加更多的麻烦。苛求他人就是苛求自己，宽容他人就是宽容自己，"水至清则无鱼，人至察则无徒"，容人者，人容之。

5. 适当地替他人着想

在争取自己利益的同时，也要兼顾到他人的利益，才能在人际交往中受人欢迎。切记不要做那些损人利己甚至损人不利己的事。"己所不欲，勿施于人"。学会换位思考，常想如果自己处在他人的位置上会怎样，就能理解他人的反应，也就不会出现强求别人做到连自己也做不到的事情。

6. 遵守群体的基本规则

遵守群体规则，即意味着尊重关注他人的需要。不要因为自己影响到其他人，如不分时间早晚地带异性进宿舍。承担自己应尽的责任和义务，主动打扫卫生、整理内务、打开水等。

7. 关心帮助他人，富有同情心和正义感

一个不愿意帮助别人的人，很难要求别人帮助他。主动在别人需要的时候去帮助他，当他人遭到困难、挫折时，伸出援助之手，给他人出头露面或获益的机会。时时能给别人关心、帮助和支持，才能在自己需要的时候得到他人的帮助和支持。

8. 保持独立自主与谦虚的品质

与人交往时要有自己的主见，不要人云亦云、趋炎附势，更不要骄傲自满、目空一切，不要总是与人抬杠。无论是否有理，总要找出依据说明自己如何有理、对方如何无理，处处、事事、时时要显示自己高明，自己是胜利者，长此以往，则会很难让人容忍，埋下隔阂与不满。

9. 保持微笑

微笑和些许幽默有助于增进交流。

10. 保持积极乐观的心态

每个人都会有自己的喜恶，会有自己对人对事的看法，因此，不能用自己的标准去衡量要求别人。千万要记得，不要在没有对人深入了解的情况下，就妄下断语或猜测。我们在看到一件事情或一个情形的阴暗面时，一定要记得其积极面，实事求是、一分为二地看待问题，才能找到贴近现实的解决办法。

思考题

1. 大学新生有哪些常见的困惑？应该如何调试？
2. 如何管理好自己的情绪？
3. 大学生如何培养健全人格？

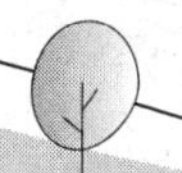

第 6 章
就业深造　明确方向

大学生将来想成为什么样的人，首先在于选择怎样的人生。正确的目标选择，让我们少走弯路，更容易走向成功；没有恒定的目标，必将南辕北辙、一事无成。大学生在确立自己的人生方向时，必须要保持清醒、自信和理智，在分析整体的就业形势基础上，在所有的可能选择中，选择最适合自己的。

6.1 关注就业形势与挑战

当前，高校毕业生就业工作压力增大，任务十分艰巨。

6.1.1 大学生面临的就业形势

当前及今后一个时期，我国劳动者充分就业的需求与劳动力总量过大、素质不相适应之间的矛盾依然存在，促进就业任务十分繁重。国际金融危机的影响还没有完全减退，有专家甚至断言世界经济还存在二次探底的可能。当前，我国已经高度重视毕业生就业工作，把促进毕业生就业工作作为一项重要的政治任务和民生工程，实施了创业带动就业的政策导向。

1. 大学生就业面临的机遇

尽管就业形势严峻，大学生还是会面临很多的机遇，具体如下。

（1）我国经济持续稳定快速的发展为大学生就业提供广阔的空间。近几年，我国经济保持持续快速健康发展，对就业产生强有力的拉动。一般来说，GDP 每增长一个百分点，就业岗位就会平均增加 80 万 ~100 万个，每年新增加的就业岗位可为大学毕业生提供基本的就业空间。

（2）随着“一带一路”的提出给我国经济发展带来的深刻影响，大学生的就业趋势也会发生改变。大学生自主创业的比重将会不断增加，就业灵活性将不断提高，大学生就业整体状况将会有所好转。

（3）加入 WTO 后，我国对外开放进入一个崭新的历史阶段，国际协作进一步加强，经济一体化进程进一步加快，为我国的高级专门人才参与国际竞争提供了广阔舞台，也为大学生就业提供了新机遇。

（4）高校就业指导机构纷纷建立，并逐步完善。随着毕业生数量的增加，各高校纷纷建立就业指导机构，帮助学生收集、传递、分析、整理求职信息，对学生就业进行指导，避免他们在择业道路上走弯路。经过多年的努力和发展，我国已建立起较完善的以高校为主的毕业就业市场和就业体系，各高校相继配备了经验丰富、素质优良的人员组成就业指导队伍，为毕业生择业提供了有益的经验和启示。

2. 大学生就业遇到的挑战

大学生就业面临的挑战可以体现在以下几方面。

（1）毕业生数量增长速度快，每年待就业人数逾百万

近几年，毕业生数量每年都高速递增，因此，在一定的就业岗位总量内，毕业生之间的相互竞争更加激烈。

（2）大学毕业生需求相对不足，且存在结构性矛盾

从国家整体形势看，大学毕业生需求相对不足，某些专业的毕业生“供大于求”，甚

至无人问津。国家整体形势对于各类人群的就业都有着宏观的整体制约，表现为：一是部分大中型企业经营困难，下岗形势严峻，再就业任务艰巨，而大中型企业原来一直是我国大学毕业生就业的主渠道；二是地方机构改革继续实施，干部分流，政府机关原则上不再直接进毕业生，而通过公务员考试进入政府机关的竞争却是异常激烈；三是事业单位深化人事制度改革，特别是聘任制的推行，许多事业单位的管理人员和专业技术人员重新就业压力都较大，对于刚刚毕业毫无工作经验和社会阅历的毕业生而言，要与这些人员竞争岗位，难度不小；四是社会对毕业生的专业需求结构与院校生源结构不一致，导致毕业生的数量、层次、专业与社会需求不完全适应，热门专业供不应求，毕业生选择单位的余地非常大，而一些社会发展所必需的长线和冷门专业毕业生就业十分困难，如工商管理、电子信息类、机械类、外语类、土建类、医学类、交通运输类、化工与制药类行业人才需求相对较旺，但是师范类、艺术类专业就业矛盾却非常突出。

（3）社会对毕业生的要求进一步提高，部分单位存在人才高消费现象

近年来，用人单位在人才市场上处于绝对的主导地位，由于毕业生生源的“富裕”，使用人单位对毕业生的挑选十分苛刻，他们不仅挑选名校和高学历的毕业生，而且注重毕业生的综合素质和实践能力。部分用人单位对待毕业生的态度居高自傲，如有些用人单位“女生免谈”“非本市户口勿谈”，有些本来并非特种行业的单位甚至对长相、身高、家庭状况都提出十分苛刻的要求，个别单位甚至用一些完全与人才标准无关的条件来要求毕业生。从近年各地专门针对大中专毕业生举办的大型人才招聘洽谈会来看，各单位纷纷打出了需求高层次人才的旗帜，形成了“研究生多多益善，本科生等等再看，大专生请靠边站”的盲目求高现象。固然，随着社会进步与高新技术的发展，一些行业、岗位需要一批具有一定专业水平、素质较高、潜能较大的高级人才，但是，许多需要实际操作技能的岗位大专生完全可以胜任，用人单位没有必要花更大的代价盲目追求高学历。但从近年来的行情看，这种“求高”的趋势仍然会持续一定时间。这在客观上也对许多大专生的就业造成了不利影响。

（4）毕业生的就业观念发生明显变化，部分大学生需要进一步转变择业观念

毕业生自主择业的观念明显增强，不再等待“分配”，而是早准备、早谋划、早出击，全面提高自身素质，通过多种渠道寻找用人单位，积极推销自己。毕业生选择单位的标准也发生了变化，不再以用人单位的所有制性质为择业限制，而是勇于到各种经济实体和单位就业。但是，仍然有不少毕业生存在着急功近利、过高期望和缺少竞争意识的不良现象，不愿到基层和偏远地区就业，不愿到艰苦行业就业。与世界上发达国家比较，我国的大学毕业生在全国人口中的比例还是很低的，就业的空间应该很大，而这些空间主要是各省市的边远地区（包括整个中西部地区）、基层单位和广大农村。这些地方容量巨大，而且求贤若渴，大多数毕业生却不愿面对这个现实。不少毕业生非沿海、大都市、高工资不去，单纯考虑经济待遇和工作环境，“宁要沿海一张床，不要内地一间房”。在这种择业心

态驱使下，许多完全可以发挥其才能的单位未能进入其择业视野，也在一定程度上造成了就业形势严峻。

（5）毕业生就业方式发生改变

大学生就业在今后几年将呈现两大趋势：一是大学生就业层次将会逐步下降，大学生将会从社会精英转向普通劳动者；二是大学毕业生资源不再短缺，大学生就业将主要面向中小型企业，面向基层。

（6）高等教育专业改革相对滞后，大学生动手能力匮乏

学校的课程设置和教学模式与社会需求错位，成为制约毕业生成功就业的另一因素。高等教育专业设置、教学内容、培养模式等方面改革滞后，专业设置的结构性问题突出，未能以社会需求和学生就业为导向进行规划并主动调整，进一步扩大了专业及课程设置的盲目性，专业趋同，专业划分过细，根据现有师资条件设置专业，难以跟上市场变化的步伐。一些高职、高专教育缺乏专业特色，培养出来的学生没有竞争优势。近几年来，虽然一些高等院校也加快了专业结构和人才培养结构的调整，但效果不尽人意，而且高校严重缺乏“双师型”师资，高校教师大多在动手能力或指导动手能力方面还很欠缺，因而在培养学生动手能力上经验匮乏。

总之，大学毕业生就业形势总体紧张的客观情况在短期内不会有明显改善，毕业生就业压力仍旧很大。因此，高校应切实做好大学生的就业的教育、引导、服务指导和咨询工作。大学新生也应该早做打算，及早准备，及时洞察当前的就业形势及环境，了解用人单位的人才需求规格，不断提高自身素质，增强竞争能力，在日益严峻的挑战面前顺利就业。

6.1.2 大学生就业环境

随着我国社会主义市场经济体制的建立和改革的深化，我国的大学生就业体制从“统包统分”的计划型环境模式向“自主择业”的市场型环境模式转变。大学生从被动接受国家分配转向就业市场自主择业，转型期中不可避免地会产生一些就业误区。

1. 正确认识大学生就业环境

大学生就业环境是由大学生、用人单位、高校和国家职能部门为要素构成的有机整体。各组成要素具有共同的组织结构、组织方式和运行机制。在共同体中，诸要素各有其作用和功能，并互相关联、互相补充、互相促进，按照共同原则运动，从而构成就业网络体系。

大学生就业环境不是一个孤立、静止的模型，而是由社会经济发展因素决定的，受社会政治、经济、教育、科技诸方面因素影响的开放性体系。它有自身的运动发展规律。当它与社会经济发展状况相适应时，就业环境处于常态时期；随着社会历史条件的变化，模式环境发生量变，进入非常态时期；随着改革的深入，原模式环境逐步发展并达到质变，

就形成了新的常态环境模式时期。

我国大学生就业环境模式发展的历史、现状及未来走向正反映了这样一个过程。当前，我国的大学生就业体制正处于转轨的改革阶段，具体表现为一方面是大学生就业困难、人才闲置，另一方面却是“热点地区”“热点单位”人才过剩，这种现状显然只是表面现象，实际上社会对高校毕业生的总体需求仍相当大。

2. 我国大学生就业环境的演变

近年来，与社会主义市场经济体制相适应，大学生就业模式逐步转向市场运行机制。“自主择业”的模式目标成为新的就业环境。市场调节就业模式以“自主择业”为核心，通过加强就业环境中各要素即毕业生、用人单位和高校之间的双向沟通与联系，实现就业环境的常态平衡。就业环境的结构特点是从平面单向转向立体多维。在新的常态环境下，毕业生主要依靠个人条件参与市场竞争，不再依赖国家行政手段保证就业；用人单位依靠工作条件和工作待遇吸引人才、选择人才，不再依靠国家行政命令被动接受。新的常态环境与原常态环境最根本区别在于计划转向市场，被动变为主动，充分地调动了毕业生和用人单位的积极性。模式运行机制以“优胜劣汰”双向选择的市场竞争为主导，以人才市场和就业市场为中介，实现人才供需关系的动态平衡和人力资源配置的效益最优化。“自主择业”市场调节型大学生就业模式目标，为我国从根本上解决大学生就业难的问题明确了方向。

3. 职业的变化更加剧烈，对人才的要求更高

21 世纪是知识经济时代，是信息化时代，是竞争越来越激烈的时代。随着新技术的不断更新换代，一些传统的职业正逐渐消亡，一些新兴的职业正不断产生。从发展态势看，我国未来职业的变化出现 5 个特点：由单一基础向跨专业、复合型转化；由封闭型向开放型转化；由传统工艺型向信息化智能型转化；由继承型向知识创新型转化；由服务性职业向知识技能化发展。新的职业，也必对大学生的知识、能力和素质提出了更高的要求。所以大学新生应时刻关注职业的发展变化，时刻洞察不同职业对人才的不同要求，早立目标，从长计议，为几年后顺利毕业打下基础。

6.2 了解深造途径

近年来，专科生选择专升本的学生越来越多。这些同学想充分利用好青春时光不断扩大自己的知识面，提高自己的能力。当今社会，科技日新月异，知识的折旧率很高，我们如果对本专业感兴趣，想要在专业方面取得更大的学术研究成果，接受研究生阶段的学习，甚至博士生阶段的学习是必需的。在知识经济时代，社会对高学历的人才需求更为旺盛，选择深造一方面为以后找工作增加筹码；另一方面也算是缓期就业，等待就业形势好转。

6.2.1　专升本

专升本是专科层次学生升本科学校或者本科专业继续学习的考试制度，是指具备大学本科办学资格的高校，根据国家下达的招生计划，以国民教育系列高等学校的大学专科毕业生为对象，举行普通本科院校组织的考试或高等教育自学考试，通过全国全日制普通高校“专升本”考试或成人高校“专升本”统一考试进行录取的本科招生类别。专升本考试一般每年举行一次，一般包括内部招生和外部招生两种情况。内部招生主要是高等学校内部的相同专业和相近专业专科学生报考本校本科专业，有些学校内部招收学生直接编入正常本科班级继续学习，与外部招生有别。外部招生主要招收来自其他学校的学生，甚至是专业并不完全一致。这一部分一般是大范围招生，所以完全可以建立新的班级建制，因为这部分学生的实际水平参差不齐，所以针对他们高校一般会特别“照顾”。但是他们毕业同样可以得到正式的学位证书和毕业证书。

1. 专升本的种类

专升本有多种途径，具体包括以下几种。

（1）普通高校专升本

普通高校专升本一般是指在校的专科生大三的时候参加的升本考试，一般是升原学校的本科或者参加其他学校统一考试，然后大专毕业的时候直接进入本科学习，最后颁发的学历是与正式本科基本相同的普通高等教育学历证书。

（2）自考专升本

自考专升本是所有专升本途径中最难的一种，考试题都出自试题库，而且一般没人讲课，没人领着复习，没人给划重点，更重要的是自考中有很多门，不管是理论考试课，还是实践课，还是毕业论文，只要有一样不及格，就拿不到毕业证。自考专升本实行全国统考，毕业证盖主考人学章和省自考委的章，国家承认，文凭硬度相对还比较高，在工资、人事待遇、考研究生、考证、考公务员、出国留学、职称评定以及其他方面与普通本科具有同等效力。

（3）国际专升本

目前许多英美国家大学也推出了针对中国大专毕业生的学位项目即专升本。还有的国际专升本学位项目与职业资格相结合，不但可以拿到本科学士学位，还可以拿到国际职业资格证书，毕业学生有极强的竞争力。

（4）成考专升本

成人专升本是指专科毕业后，离开学校后，参加全国统一的成人考试，每年与成人高考同时报名考试（每年 10 月期间），最后颁发的学历是成人本科学历（有学位）。录取率较高，录取后学习较容易，一般都可拿到毕业证，毕业证盖所学习高校章，证书上显示“成人教育脱产或函授”字样，国家承认。通常认为同等情况下，社会认可度低于普高

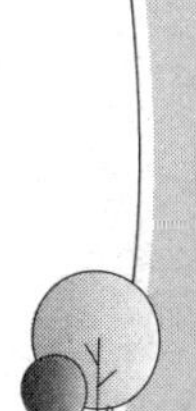

本科和自考本科。目前已有不少成人学校开始实行注册入学，不用考试，但是社会认可度不高。

（5）远程教育专升本

只要具有国民教育专科学历都可入学，较为简单，但国家为改变办学混乱局面，要求必须通过教育部规定的英语和计算机基础统考才能毕业，相对增加了一些难度。毕业证盖所学习高校章，证书上显示“网络教育”字样，国家承认，电子注册。通常认为同等情况下，社会认可度低于普高本科和自考本科。

2. 择己所需

拿到国家承认的本科学历，在今后的人生中无疑很重要。普考考取难度较大，自考难过关，成考及远程教育文凭认可度低，所以同学们在选择时一定要结合自己的实际情况，慎重选择，条条大路通罗马，千万不要不顾自己的实际，盲目跟风，到头来不但耽误了自己宝贵的时间，还可能会错失不少机遇。

*6.2.2 考取研究生

准备考取研究生的同学可登录“中国研究生招生信息网”，根据网站公告的报考要求和流程进行报考和准备。

6.3 就业与创业

就业是任何一名大学生都不能回避的问题，专升本、考研、出国留学只是为了将来自己的就业增加砝码，所以，作为一名有责任感和忧患意识的大学生，一入校的时候就应该认真思考这个问题。自国家实行“自主择业，双向选择”的就业制度以来，大学生实际上被推到了市场化就业的轨道，并逐步形成了即时就业、延时就业和自主创业等多种就业渠道。大学生就业大方向一般包括到企业工作，到事业单位工作，考取公务员和自主创业。

6.3.1 就业行业面面观

职业是参与社会分工，利用专门的知识和技能，为社会创造物质财富和精神财富，获取合理报酬作为物质生活来源，并满足精神需求的工作。职业是人类社会生产力发展到一定阶段的必然产物，是随着社会分工的产生而出现的。

（1）国有企业是指产权属于国家，从事生产、流通、服务等各种经营性活动，以营利为目的的独立核算单位。在国有企业的就业员工，一般都实行劳动合同制和聘任制。国有企业的基本特征是企业的产权归国家所有，由各地国有资产管理局管辖，在具体业务的生产经营方面企业拥有自主决策权。按照我国的政策，国有企业是自主经营、自负盈亏、自

我约束、自我发展的独立经济实体。实行“适应市场经济要求、产权清晰、权责明确、政企分开、管理科学的现代企业制度”是国有企业改革的方向。国有企业现今的管理日益现代化，也比较注意建设企业文化，因此深受大量优秀人才青睐。

（2）民营企业是由私人出资创办、在工商行政管理部门登记的经济单位。改革开放以来民营企业得到了恢复和发展，成为国民经济中的一个重要组成部分。民营企业可以分为私人独资企业与私人合伙企业。民营企业经营灵活，能够瞄准市场需求和消费者意向进行生产经营。目前，我国的民营企业广泛存在于城乡各种生产、流通、服务领域，用人很灵活，为社会提供了大量就业岗位。

（3）外资企业是指外国的公司、团体、私人在我国投资兴办的企业。由于外资企业的公司文化与我们不同，从事的行业不同，中国人在外资企业中的职位与岗位不同，因此，在劳动条件、工资报酬、福利保险等方面有着巨大的差别。外资企业一般比国内企业对从业人员素质要求更高，人员流动性更大，到外资企业就业的中国公民，要具备相当强的竞争能力。外资企业往往薪资较高，有健全完善的培训机制，有良好的管理制度和企业文化，往往不拘一格使用人才，外资企业也是不少毕业生喜欢的选择。

（4）事业单位一般是指主要由国家财政经费开支、不从事独立经营而从事为社会服务工作的单位。事业单位中的许多单位由国家拨款，是非营利性组织。还有的是国家非全额拨款，自身在业务活动中收取一部分业务费用。事业单位一般属于第三产业的范畴。我国的事业单位包括文化教育事业、文艺体育事业、科研事业、广播电视事业、新闻出版事业、医疗卫生保健事业、社会福利与社会保障事业、农林水利气象事业、城市公用事业等。事业单位作为一个范围庞大的部门，为社会提供了数量巨大的就业岗位。

（5）行政单位是进行国家行政管理、组织经济建设和文化建设、维护社会公共秩序的单位，主要包括国家权力机关、行政机关、司法机关、检察机关以及实行预算管理的其他机关、政党组织等。其人员实行公务员体制管理，经费、工资福利等全部由政府拨付。

从积累经验角度来看，去大企业可以学习大企业规范与科学的管理经验，选择小企业则需要不断摸索和调整而获得实战经验。

从晋升机会上而言，处于开发区的小企业晋升的机会通常较多，短时间内就可能升到较高的位置；成熟的大企业，制度、体系都已经上了正轨，短时期内不易获得晋升或加薪。

我们在选择职业之前需要慎重考虑，甄选出最契合的那一类。一旦我们选择一份行业并为之奉献青春之后，想要转行要比刚开始工作之时困难得多，与其以后麻烦，不如我们在最开始的时候把目光放得长远一些。

6.3.2 考公务员

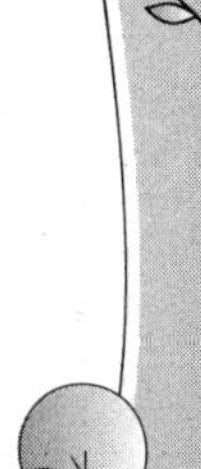

公务员一般是指政府机关人员，即在各级国家行政机关依法行使行政权、执行国家公务的在职人员。近年来，很多同学在毕业前后努力考公务员，期待能够成为国家机制编制

内的一员。近年来，国家公务员考试报考人数屡创新高，与此同时，公务员招录的职位并没有随之增长，因此，公务员考试的竞争越来越激烈。在这支公务员考试大军当中，大学生更是不容忽视的一部分。

1. 公务员报考流程

（1）中央、国家机关公务员考试报名程序

① 招考职位查询。预报考者可到人力资源和社会保障部门户网站、国家公务员局门户网站、中国教育在线公务员考试频道等进行查询。

② 报名方式。全部采取网上报名的方式进行，不设现场报名。报考人员可选择各省会城市或直辖市进行报考和参加考试。

a. 网上提交材料及查询。报名政策、技术和考务方面的咨询可查询人力资源和社会保障部网站；报考所需的报名推荐、报名登记表等材料可从人力资源和社会保障部网站下载打印。

b. 报名确认与领准考证主证。通过资格审查的人员，须按规定的时间到所选择的考试地点进行确认，同时办理有关手续。报名确认时应注意以下事项：第一，考生根据所选择的考试地点到该省会城市或直辖市办理确认手续，未按时参加报名确认者视为自动放弃考试报名。第二，报名确认时务必做到，携带本人身份证、学生证等有效证件；提交近期免冠一寸相同照片 2 张（黑白、彩色均可），照片背面写清报名序号；缴纳有关费用；领取准考证主证。

c. 自助打印准考证副证。准考证副证由考生按规定时间自行上网下载并打印。

d. 其他注意事项。笔试合格的人员进入面试时，须出示本人身份证、学生证（工作证）原件，缺少上述证件或与报名时提交的个人信息不符者，不得参加面试。考生参加面试时，必须同时携带准考证主证、副证和身份证。

③ 或需减免考试费用的家庭困难考生，必须携带以下材料，由各省市负责考务工作的部门审核确认后，办理减免考试考务费用的手续。

a. 享受国家最低生活保障金的城镇家庭的考生须携带其家庭所在地的县（区、市）民政部门出具的享受最低生活保障的证明（原件）和低保证（复印件）。

b. 农村绝对贫困家庭的报考人员凭其家庭所在地的县（区、市）扶贫办（部门）出具的特困证明（原件）和特困家庭基本情况档案卡（复印件）。

（2）地方公务员考试报名程序

① 申请报名

正式报名前，参加公务员考试的人员应在规定的时间和地点领取报名所需的各种表格和报考须知资料，认真填写好报名表并了解报考须知。

报名表的内容一般包括以下项目。

a. 个人基本情况：姓名、性别、年龄、籍贯、住址、通讯地址、照片。

b. 考试法规定的要求事项，如有无不良的嗜好，是否受过奖惩或刑事处分等。

c. 资历、资格事项：文化程度、工作经历、个人品德、习惯、专长爱好、体格与健康状况等。

d. 其他事项：婚姻状况、家庭状况、社会关系、个人负担等。

② 资格审查

资格审查是以审查报名登记表和有关证件是否符合规定的报考条件的一种方法。其由政府人事部门和用人部门共同负责资格审查，程序如下。

a. 对报考职位的审查。审查报考者所具备的资格条件是否符合其拟报考职位的要求。

b. 对证件的审查。着重审查户口簿（查居住地、年龄）、学历证明及有关证件。

c. 报考者的体格外貌。一般来讲，对报考国家公务员考生的体格外貌并无特殊要求。但到政府机关工作的人起码应无明显生理缺陷，身高不能过矮。考试组织者除身体检查要有明确标准外，资格审查也应有一定的标准。

d. 审查报考者的照片。主要是防止替考等违反考试纪律的行为。

e. 招考公告规定的其他内容。

③ 领取准考证

国家公务员考试主考机关根据报名和资格审查认定的报考情况发放准考证。准考证由主考机关统一印制，贴上报考者交的近期 1 寸免冠照片，经主考机关盖章塑封后生效。填写准考证号，必须认真仔细，考生姓名项目必须与报名表完全一致。准考证存根应按考场装订成册，供监考人员在核对考试人员时使用。若报考人员遗失准考证，须由其所在单位出具证明并携带有关证件，经报名点审核后由原发证单位补发。补发的准考证用原准考证，但注明“补发”字样。主考机关在编排准考证号时，应尽量将同一单位的报考人员安排在不同的考场并且考号不相邻。准考证号一般采用 8 位数字。

2. 笔试

准备公务员考试要有充足的时间，一般在考试的前半年甚至一年的时候就要着手准备。在这段时间里，要注意时刻关注新闻，了解国家各个方面的动态，以便在申论考试时有东西可写，使阅卷老师了解到我们广博的知识面。同时，在准备公务员考试的时候，我们也要注意复习方法。在最开始的时候，不必急于做题，而是先看行政测试和申论教材中是如何描述公务员考试的各种题型的。对各种题型有了大致的了解并大致掌握各种题型的解题方法之后，再进行题目的针对练习。在做题目的时候，一定要注重真题的练习，一来可以感受考试时的氛围，而且对老师出题的思路有个大致的了解。需要同学们注意的是，平时准备申论的时候不要因为嫌麻烦或觉得浪费时间而不动笔写，这是错误的，平时一定要勤动笔，这样才能在考试时紧张的时间里写出文质兼美的论文。行政能力综合测试科目考查判断能力，要综合运用逻辑推理和常识来回答，平时要注意拓展自己的知识面。政治素养和理论素养也很重要，平时要多关注国家的政策动态和社会生活。

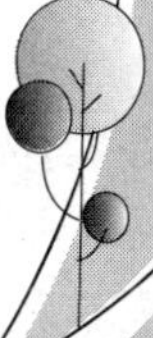

3. 面试

面试主要靠平时的积累和锻炼，因为它要求面试者有良好的心理素质、较广的知识面、较强的应变能力、良好的表达能力、过硬的政治素质和良好的人际协调能力等。所以，我们只能从平时的一点一滴做起，努力使自己更加优秀。

面试的时候，首先要实事求是。回答问题要从实际出发，懂的问题就认真作答，不懂的问题也不要硬撑，面对面试官要不卑不亢，把自己的实力自然地展现出来。其次，心态一定要保持沉着冷静，拥有一颗平常心。回答问题时条理清楚、说理充分，思考的时候多从大局出发，真实地展现自己工作、生活、学习的积累和各方面的实力。

面试中有三大禁忌需注意。

一忌姗姗来迟，准备不足。迟到是公务员面试中的大忌。大部分的考生都能够做到准时到场，但仍然会有一些考生因为突发情况或是这样那样的原因姗姗来迟。迟到在面试中是非常严重的错误，考官不但会认为应试者没有时间观念和责任感，更会觉得考生对这次机会没有太多的诚意，印象分自然大减。守时不但是现代社交礼仪的准则，更是公务员面试时必须做到的事。因此，一般情况下，考生应提前半小时左右到达考场，熟悉情况并进行必要的准备。考试前一天，必须了解行车路线和交通状况，最大限度地避免在路上发生延误。另外，无论你报考的是什么职位，也无论你学历有多么高，资历有多么丰富，当主考官问到与职位相关的问题时，发现考生对报考的职位知之甚少，甚至连最基本的问题也回答不好时，印象分自然也会大打折扣。主考官不但会觉得应试者准备不足，甚至会认为他们根本无志于在这方面发展。所以，面试前应做好充分的准备工作，了解你所报考的职位的一些基本情况和工作流程，才能做到有备无患。

二忌引经据典，夸夸其谈。“引经据典”在许多人的印象中是一个“褒义”的词语。虽然“引经据典”从某种程度上来说，代表了人的一种语言能力，说明所引用的这些“典故”是引用者知道的、见过的。即便是生搬硬套，也比那些腹中空空的面试者要强，但并不是所有场合都适合“引经据典”。在公务员面试中就不太适合这样做。首先，引用的典故多见于文学作品、诗词歌赋，具备这些方面的知识能够说明一个人有一定的文学修养，却不是衡量一个人表达水平以及工作能力的标准。因此，过多地使用文学典故，不但会削弱考生对于事件、问题的陈述和分析，甚至会给考官造成虚有其表、纸上谈兵的印象。其次，名师发现有个别面试的考生，特别喜欢在公务员面试时引用典故，却少有人能像“文学大师”那样收放自如，很容易使考官产生刻意或做作的感觉，反而无法得到好的成绩。建议考生在公务员考试面试中，提倡使用质朴、谦虚的语言，需要举例说明的时候，稍作修饰、直接陈述即可。公务员是人民的公仆，公务员的工作就是为人民服务，考试选拔的未来公务员，自然需要脚踏实地、虚心学习的年轻人。语言上辞藻华丽、夸夸其谈，只能说明这个人浮躁虚荣，缺乏服务基层、踏实上进的性格特点，自然也就很难赢得考官的赏识。

三忌缺乏自信，底气不足。参加面试，最重要的是要表现出信心，公务员面试更是如此。

一个有自信的人，能够具有由内而外的气度，常常表现为行为举止的从容、稳重；谈吐仪态的大方得体，这些恰恰就是一名优秀的公务员所应该具备的，考试要选拔的也正是这样的人才。因此，公务员考试中，具备一定的自信心，往往是成功的关键。但专家在以往的辅导中发现，很多考生在日常生活中是很有自信心的人，但一到了考场就变得莫名的紧张。究其原因，还是对此次考试的期望过高，没有以平常心来对待，得失心过盛造成的。在这种心理驱动下，考生往往容易表现出：说话吞吞吐吐；表情很不自然；往往伴有表情、手势、姿态上的小动作，用小动作来掩饰自己内心不安的胆怯表现。也有人会表现为：刻意追求仪表，过多地关注外在形象。有的人甚至装扮过多，浓妆艳抹，给考官造成更恶劣的印象。另外，谈话时经常打断对方，想通过插话来壮胆，也是自信心不足的表现。缺乏信心的表现很多，其总的特征就是瞻前顾后、缩手缩脚、小心翼翼、顾虑重重。专家认为，在公务员考试面试中，除了具备一些基本素质之外，成功往往来源于自信。心理坦然，态度自然，说话实事求是，才有可能正常发挥自己真实的学识和能力水平，甚至超常发挥，最终取得面试的成功。

事实上，无论报考公务员还是其他事情，取得好成绩的关键都在于平时的不懈努力和坚持学习，这样才可能不断进步、超越自我，达成自己的理想。

4. 要记得并非人人都适合从政

同学们究竟想在寒窗十年之后从政、从商还是从事学术研究，心里都要对自己有准确的把握和规划。我们离不开工作，因为它是我们谋生的手段，但是工作是为了更好的生活，而不是单纯地去赚钱或是博得别人的艳羡。一份工作，只有我们发自内心地想去做，我们才能够在工作中得到乐趣和成功的喜悦。做任何一项工作都不是单凭想象和热情就能干得好的，而是需要一定的技能和智慧，公务员尤其如此。

首先，做一名公务员，较高的政治敏锐度是必备素质。天天生活在各种党政理论之中，我们一定要弄清楚自己是否喜欢这样的环境，对这些东西有没有耐心弄懂。作为国家公职人员，如果我们对国家的政策方针一问三不知就太讽刺了。

其次，准备从政之前，我们要明确自己是否具备相应的能力。如果决定做公务员，那么个人的办事能力不仅是重要的，而且是不可或缺的。

而且，一般情况下，开朗、活泼的性格比较容易适应，因为既然是从政，个人必然有不同的思想政见，观点不同就要争辩、要交流，如果你不善于表达自己，很难让人信服。

综合考虑所有这些因素之后，同学们就会发现并不是每个人都适合做公务员，自己到底要不要从政，还是要有准确的自我认识。毕竟，适合自己的，才是最好的。

6.3.3 自主创业

当前，大学生自主创业在大学里面越来越受到追捧，很多同学在毕业之后甚至尚未毕业就选择了创业这条路。对于每一位有志于创业的同学来说，敢于创业是前提，但是也要考虑充分，理性创业。第一步就是我们要有强烈的创业意识。任何能力都不是天生的，尤

其对创业者来说，不可能在创业之前就完全具备种种创业的能力。但只要有强烈的愿望和意识，然后经过学习、历练等诸多有意识地强化过程，就有可能获得所需的各项能力，实现创业成功。

扫一扫

大学生开展自主创业的意义

1. 创业者素质与能力

在校大学生一定要了解，创业是一项复杂的活动，不仅要求创业者具备广泛的知识、丰富的经验，更要求创业者本身具备一些特点和品质。有创业潜质的大学生也要明确在创业过程中个人素质、能力对创业成败的重要影响。要想做一个成功的创业者，在创业准备期，必须对照这些品质不断地完善自己，锻炼自己。

创业者基本素质包括创业意识、创业心理品质、创业能力和创业知识结构 4 大要素，如图 6-1 所示。在这 4 个要素中，任何一个要素发生变化或残缺不全，都会影响其他要素的形成和发展，影响其他要素的功能和作用的发挥，乃至影响创业的成功。曾有一些创业者，一开始事业辉煌，轰轰烈烈，但后来倒闭破产，乃至身败名裂，究其原因，主要是个人创业素质的不完备，或在某一个要素上出现了严重的质变。

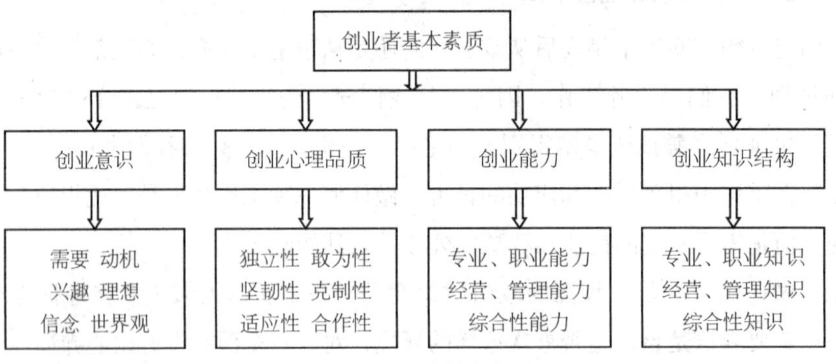

图 6-1 创业者基本素质

（1）创业意识的培养

创业意识是指在创业过程中对人起着动力作用的个性倾向，包括需要、动机、兴趣、理想、信念和世界观等心理成分。创业意识支配着创业者的态度和行为，规定着态度和行为的方向、力度，具有强大的选择性和能动性，是创业素质的重要组成部分。创业需要是创业活动的最初诱因和动力，当需要上升为动机时，标志着创业活动即将开始；创业兴趣激发创业者的潜力和坚强意志，创业理想是创业者对未来的奋斗目标的追求，在对目标的追求中形成信念，信念是创业者的精神支柱，是创业意识的最高层次。当前不少大学生不明白创业的真谛，因此必须要树立正确的创业意识，要认识到创业是一种精神，是一种意识，更是一种素质。大学生要明确创业目标，努力使自己具备创造梦想、

扫一扫

创业意识的培养

发现机遇的意识，凝聚梦想、不懈追求的意识，学习新知、进取提升的意识，突破陈规、创新创造的意识，敢于担当、直面挑战的意识，居安思危、自省自警的意识。

（2）创业者的心理品质

心理品质是指创业者的心理条件，包括自我意识、性格、气质、情感等心理构成的要素。作为创业者应该充满自信，性格刚强、果敢和开朗，感情应该更富有理性色彩。成功的创业者大多是不以物喜、不以己悲。面对成功和胜利，不沾沾自喜、得意忘形；在碰到困难时，不灰心丧气、消极悲观。

扫一扫

创业者的心理品质

（3）创业者的知识结构

建立合理的知识结构，是创业的必要条件。创业者要想成功创业，必须具备相应的专业知识，尤其是以新技术、新发明为基础的创业更是以专业知识为基础，没有专业知识大学生创业就失去了优势。纵观近几年在高科技领域创业取得成功的创业者，无一不具有深厚的专业知识。创业企业需要管理，创业者要想创业成功，必须学习管理知识并能学有所用，以便成为优秀的管理者。同时，创业者还必须具备法律知识和市场营销等其他专门知识。

创业者的知识结构

（4）创业者的能力结构

对创业者而言，知识是基础，能力是关键。大学生创业者必须培养和提高自我的综合能力，特别是要注意锻炼自己的学习能力、应变能力、用人能力、沟通交流能力和组织策划、管理、自我控制等能力。

创业者的能力结构

人们出于多种原因创办企业，有些人是为了体现自身价值而创办企业，有些人则是为了改变生存方式而创办企业，还有些人可能是因为下岗和事业等原因而决定创业。不管因何种原因而创业，创业既有好处，也有烦恼和困难，如表 6-1 所示。

表 6-1 创业的好处与可能面临的困难、烦恼

创业的好处	可能面临的烦恼和困难
更好地掌握自己的命运	拿自己的积蓄去冒风险
不听命于他人	不分昼夜地长时间工作，无法度假，生病也得不到休息
按自己的节奏工作	失去稳定的工资收入，为发工资和债务担忧，甚至拿不到自己的那份工资
因出色的工作而赢得尊重、威望和利润	不得不做自己不喜欢的事情，如清洁、归档、采购等
感受创造以及为社区和国家作贡献的乐趣	无暇与家人和朋友待在一起

除此之外，大学生创业要拥有丰富的人脉关系，有一个富有凝聚力的创业团队，在强调团队合作的今天，单打独斗已经不再是英雄品质，而团队合作精神已成为不可或缺的品质。创业的成功与否是一个复杂的变量，不仅受到个人资金、技术水平、项目成长性、行业竞争状态等客观因素的影响，而且个人经营管理水平、拓展市场的能力、化解风险的能力等主观因素也对创业有很大影响。所以说，创业考验的是一个人全方位的基础和能力，而不单纯是热情的迸发。大学生自主创业，一定要明白创业是一个漫长艰辛的过程，只有脚踏实地、勤勤恳恳，一步一个脚印，才有可能获得成功；同时，还要认清创业的本质，不可盲目，戒骄戒躁，理性分析，谨慎投资，在头脑冷静的时候作出最恰如其分的决定。

2. 大学生创业 4 大方向

虽然，如今创业市场商机无限，但对资金、能力、经验都有限的大学生创业者来说，并非“遍地黄金”。在这种情况下，大学生创业者只有根据自身特点，找准“落脚点”，才能闯出一片真正适合自己的新天地。

（1）高科技领域

身处高新科技前沿阵地的大学生，在这一领域创业有着近水楼台先得月的优势，“易得方舟”“视美乐”等大学生创业企业的成功，就是得益于创业者的技术优势。但并非所有的大学生都适合在高科技领域创业。一般来说，技术功底深厚、学科成绩优秀的大学生才有成功的把握。有意在这一领域创业的大学生，可积极参加各类创业大赛，获得脱颖而出的机会，同时吸引风险投资。

推荐商机：软件开发、网页制作、网络服务、手机游戏开发等。

（2）智力服务领域

智力是大学生创业的资本，在智力服务领域创业，大学生游刃有余。例如，家教领域就非常适合大学生创业，一方面，这是大学生勤工俭学的传统渠道，积累了丰富的经验；另一方面，大学生能够充分利用高校教育资源，更容易赚到“第一桶金”。此类智力服务创业项目成本较低，一张桌子、一部电话就可开业。

推荐商机：家教、家教中介、设计工作室、翻译事务所等。

（3）连锁加盟领域

统计数据显示，在相同的经营领域，个人创业的成功率低于 20%，而加盟创业的则高达 80%。对创业资源十分有限的大学生来说，借助连锁加盟的品牌、技术、营销、设备优势，可凭借较少的投资、较低的门槛实现自主创业。但连锁加盟并非“零风险”，在市场鱼龙混杂的现状下，大学生涉世不深，在选择加盟项目时更应注意规避风险。一般来说，大学生创业者资金实力较弱，适合选择启动资金不多、人手配备要求不高的加盟项目，从小本经营开始为宜。

推荐商机：快餐业、家政服务、校园小型超市、数码速印站等。

（4）开店

大学生开店，一方面可充分利用高校的学生顾客资源；另一方面，由于熟悉同龄人的消费习惯，因此入门较为容易。正由于走“学生路线”，因此要靠价廉物美来吸引顾客。此外，由于大学生资金有限，不可能选择热闹地段的店面，因此推广工作尤为重要，需要经常在校园里张贴广告或和社团联办活动，才能广为人知。

推荐商机：高校内部或周边地区的餐厅、咖啡屋、美发屋、文具店、书店。

3. 大学生创业必备硬件

大学生有创业热情，但由于经验欠缺、能力不足、意识偏差等原因，导致创业成功率偏低。大学生创业一般需具备以下硬件。

（1）经验

大学生长期生活、学习在校园里，对社会缺乏了解，特别在市场开拓、企业运营上，很容易陷入眼高手低、纸上谈兵的误区。因此，大学生创业前要做好充分的准备，一方面，去企业打工或实习积累相关的管理和营销经验；另一方面，积极参加创业培训，积累创业知识，接受专业指导，提高创业成功率。

（2）资金

一项调查显示，有四成大学生认为“资金是创业的最大困难”。的确，巧妇难为无米之炊，没有资金，再好的创意也难以转化为现实的生产力。因此，资金是大学生创业要翻越的一座山。大学生要开拓思路，多渠道融资，除了银行贷款、自筹资金、民间借贷等传统途径外，还可充分利用风险投资、天使投资、创业基金等融资渠道。

（3）技术

用智力换资本，这是大学生创业的特色之路。一些风险投资家往往就因为看中大学生所掌握的先进技术，而愿意对其创业计划进行资助。因此，打算在高科技领域创业的大学生，一定要注意技术创新，开发具有自己独立知识产权的产品，吸引投资商。

（4）能力

大学生由于长期接受应试教育，不熟悉经营“游戏规则”，技术上出类拔萃，理财、营销、沟通、管理方面的能力普遍不足。要想创业获得成功，创业者必须技术、经营两手抓。建议可从合伙创业、家庭创业或低成本的虚拟店铺开始，锻炼创业能力。

4. 大学生创业避免三大雷区

（1）眼高手低

比尔·盖茨的神话，使 IT 业、高科技行业成为大学生眼中的创业金矿，以至于不少学生不屑于从事服务业或技术含量较低的行业。其实，高科技创业项目往往需要一大笔启动资金，创业风险和压力都非常大，大学生如果对自身经验和能力认识不足，对创业的期望值又过高，一开始就起点较高，很容易失败。因此，大学生创业不妨放平心态，深刻了

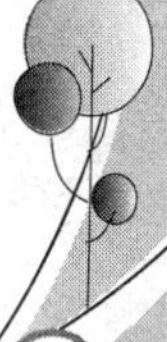

解市场和自己，然后从小做起，从实际做起，第一步走稳了再走第二步。

（2）纸上谈兵

缺乏经验是目前大学生创业中普遍存在的问题，不少大学生创业者不习惯对其产品或项目做市场调查，而是进行理想化的推断，例如："如果有3亿人需要我们的产品，每件售价100元，我们就有300亿元的销售市场"这种推断方法是站不住脚的，而且常常起着误导作用。大学生在创业初期一定要做好市场调研，一些可行性研究也可委托专业机构进行，在了解市场的基础上创业，才能长久。

（3）单打独斗

在强调团队合作的今天，创业者想靠单打独斗获得成功的概率正大大降低。团队精神已成为不可或缺的创业素质，风险投资商在投资时更看重有合作能力的创业团队。如今大学生一般都有个性，自信心较强，在创业中常常自以为是、刚愎自用，这些都影响了创业的成功率。因此，对打算创业的大学生来说，强强合作，取长补短，要比单枪匹马更容易积聚创业实力。

这些实际上也就是我们前面所说的，除了有强烈的创业意识之外，我们还要有思维、有魄力、有执行力和自己的创业团队。

5. 拒绝诱惑，理性创业

大学生创业者还必须学会：拒绝诱惑，理想创业。拒绝诱惑需要眼光，更需要勇气。诱惑是商业上最普遍的现象，无法说清好还是坏，对或是错。没有了诱惑，创业者看不到前景，就不会介入，不会投资，但是过度的诱惑导致的结果是很难被新手创业者判断出来，这时候，作为创业者就一定要学会拒绝诱惑，认清事实。

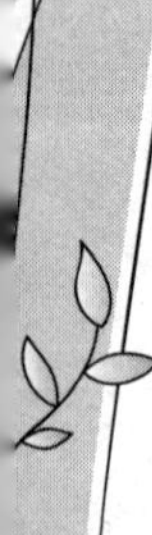

当然，理性创业也许说来容易做到难，不过只要掌握几个原则，相信做到了也就不难了。

（1）当自己对行业的理解和经验不足的时候，不要进入投资额太大的项目，小投资一样能成就大事业，而小投资是有好处的，风险小，就算失败了还有东山再起的时候，稳中求发展。

（2）学会分析项目的可行性。没有一个项目是完美的，都有缺陷，可它的缺陷到底有多大，消费者能不能接受，一个好产品的缺陷往往是消费者能够接受的，就是说那些小小的缺陷，对产品本身给予消费者的利益没什么冲突。

（3）避免进入有大企业大资金进入的行业。新手创业者往往都是经验不足，抗风险能力弱，资金上没有优势，"蚂蚁和大象"的竞争真正成功的概率毕竟不大，从小做起，不要患眼高手低的毛病。

（4）别急着赚钱，认真做事。创业者往往看到的是项目能赚多少钱，在短时间内创造多少财富。其实这样的愿望是好的，可赚钱并不是很简单的，一个没有任何经验和能力的人，要想在短时间内赚大钱，可能性不大，更别指望运气。实实在在地为别人做点事，就

算不赚钱，也能心平气和地继续下去，不离不弃。

（5）学会学习。也许这样的话有点不正确，谁不会学习呢？其实不然。真正会学习的人，能够在学习别人经验的同时，悟出其中成功的精髓，而不是认识几个字，看一篇文章就以为在学习，学习能力的高低是创业能否成功的关键。

（6）有勇气有胆略，且能理性思考。创业需要勇气，没有勇气的人，也不会选择创业，创业是有勇气有胆略的人的天下。而仅凭勇气和胆略是不够的，必须会理性地思考问题，当创业遇到困难的时候，往往会有很多的方法可以应对，也许正确的方法只有一个，在这个时候理性的思考就会显得非常重要。

拒绝美丽的诱惑是创业者必须具备的能力。创业的艰难是肯定的，可善于理性创业的人，一定会走得更远。

所以，当我们要走创业这条路的时候，一定要理性，既要有年轻人的激情，也要有中年人的判断和老年人的稳重。一旦选择了这条路，就要坚定地走下去，要有不达目的绝不罢休的勇气和决心。

思考题

1. 大学生就业面临着怎样的就业形势与环境？
2. 大学生继续深造的途径有哪些？应如何结合自身的实际情况予以选择？
3. 如何正确认识几种不同的就业形式？

第 7 章

职业规划 谋划未来

职业生涯规划是指在对个人和内部环境因素进行分析的基础上，通过对个人兴趣、能力和个人发展目标的有效规划，以实现个人发展的成就最大化为目的而做出的行之有效的安排。每个人在人生的每个重要阶段都应该有生涯发展计划，以此来管理自己的人生，这是一种积极的生活态度。从职业发展的角度来看，为今后职业生涯发展做准备是大学阶段的重要任务，而且对于绝大多数大学生来说，大学也是职业准备的最后阶段。它关系到每一位大学生将来进入什么行业，选择什么职业，如何发展等。每一位大学新生面对新的生活，都应该认真审视自我，明确大学期间的任务、奋斗目标，规划好宝贵的大学时光。

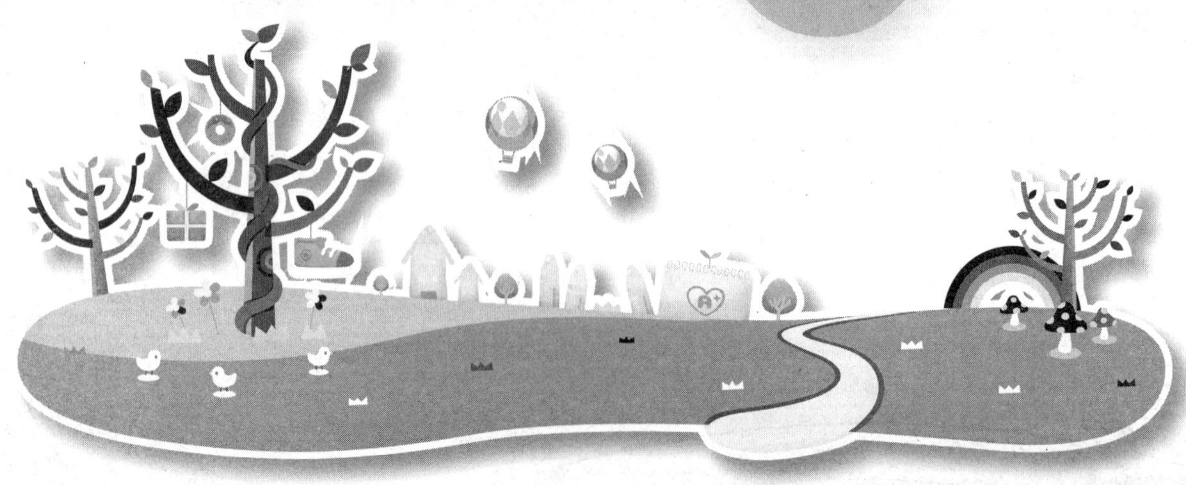

7.1 生涯与职业发展

人的一生短暂而漫长，职业占据着人生最宝贵的时间，是人生发展历程中不可或缺的重要部分。成功的人生，多由成功的事业来支撑；成功的职业，也是和人生的规划分不开的。刚入校的大学生，对职业发展和生涯规划的概念及其相关理念不清楚，如果能够建立生涯与职业意识，完全可以凭借个人的努力，获得良好的职业发展能力，把握发展机会，为职业成功、生涯成功奠定良好的基础。

7.1.1 生涯与职业生涯

生涯规划大师舒伯认为，所谓的生涯是指一个人在一生中所扮演的角色的综合及结果，这些角色包括子女、学生、休闲者、公民、职业人、配偶、家庭人员、父母、退休者九项。

生涯的一个非常重要的时间维度就是年龄。孔子曾讲："吾十有五而志于学，三十而立，四十而不惑，五十而知天命，六十而耳顺，七十而从心所欲，不逾矩。"我们每一个人都有 4 个年龄。第一个是生日年龄，也就是我们的出生日。第二个是生理年龄，以生理器官的生长发育成长情况为特征，与生日年龄基本相符，则生理发育正常，相对迟缓为发育不良，发育过快为早熟。第三个年龄是心理年龄。心理年龄是指人的整体心理特征所表露的年龄特征。人的一生要经历胎儿期、乳儿期、幼儿期、学龄期、青少年期、青年期、中年期、老年期，每个心理年龄期都有不同的心理特点，如幼儿期天真活泼，青少年期自我意识增强，身心飞跃突变，心理活动进入剧烈动荡期，进入老年期，心理活动趋向成熟稳定、老成持重、身心功能弹性降低、情感容易倾向忧郁、猜疑。第四个年龄是容貌年龄，指一个人的外表所显示的年龄，有人显得年轻，有人显得苍老，容貌年龄，不仅与遗传有关，更与后天的保养、健康、生活经历、职业生涯经历及心态密切相关。

人生发展随年龄变化也有相应的周期，我们可以将人生分为 3 个维度的发展周期。一是生命周期。包括从受孕形成胚胎到死亡的全部过程，可分为人生生物生命周期和人生社会生命周期。人生的生物生命周期是从生理变化的角度看人的发展，具有单向性和不可逆性，所以每个人都会觉察到时间的紧迫。人生的社会生命周期是从参与社会活动的角度研究人生，具有多样性和可重复性。二是家庭周期，涉及个人的家庭关系，承担不同的角色责任。三是职业生涯周期，包括一个人的学习，对一项职业或组织的生产性贡献，直至最终退休。三大周期相互作用，相互叠加，对每个人的生涯都会产生正面或反面的影响。

一般意义上讲，职业生涯就是个人职业的发展道路，包括就业的形态、工作的经历以及与职业相关的活动等，指的是一个人从职业学习开始到职业劳动最后结束的经历过程。职业生涯是一个个体的行为经历，它以职业为核心，是一个发展过程。当今世界，很少有人能够终身从事某一项职业，每个人都在工作的过程中慢慢寻找最适合自己的职业，即使在同一职业中，个人的职位也在不断发展变化着，职业生涯的改变通常是职务的升迁和职业的改变。

7.1.2 职业发展与人生成功

人的一生短暂而又漫长，职业占据着人生最宝贵的时间，是人生发展历程中不可或缺的重要组成部分。在现实生活中，一个人选择一种职业后也许会终生从事，也许会一生中转换几种职业，人生价值是通过职业生涯来实现的。

1. 人生需求

人生需求是有规律的，实现人生价值是人的高层次需求。美国著名心理学家马斯洛指出“人是永远不能满足的动物”，提出了著名的人生需求层次理论。他指出人的需求由低级层次依次向高级层次推进，即生理需求→安全需求→社会需求→尊重的需求→自我实现的需求。马斯洛认为，人类价值体系存在两类不同的需要，一类是沿生物谱系上升方向逐渐变弱的本能或冲动，称为低级需要或生理需要；另一类是随生物进化而逐渐显现的潜能或需要，称为高级需要。

人都潜藏着这 5 种不同层次的需要，但在不同的时期表现出来的各种需要的迫切程度是不同的。人的最迫切的需要才是激励人行动的主要原因和动力。人的需要是从外部得到的满足逐渐向内在得到的满足转化。各层次需要的基本含义如下。

（1）生理需求

生理需求是人类维持自身生存的最基本要求，包括饥、渴、衣、住和性等方面的要求。如果这些需求得不到满足，人类的生存就成了问题。从这个意义上说，生理需求是推动人们行动的最强大的动力。马斯洛认为，只有这些最基本的需求满足到维持生存所必需的程度后，其他的需求才能成为新的激励因素，而到了此时，这些已相对满足的需求也就不再成为激励因素了。

（2）安全需求

安全需求是人类要求保障自身安全、摆脱事业和丧失财产威胁、避免职业病的侵袭、接触严酷的监督等方面的需求。马斯洛认为，整个有机体是一个追求安全的机制，人的感受器官、效应器官、智能和其他能量主要是寻求安全的工具，甚至可以把科学和人生观都看成是满足安全需求的一部分。当然，当这种需求一旦相对满足后，也就不再成为激励因素了。

（3）社会需求

社会需求这一层次的需求包括两个方面的内容。一是友爱的需求，即人人都需求伙伴之间、同事之间的关系融洽或保持友谊和忠诚；人人都希望得到爱情，希望爱别人，也渴望接受别人的爱。二是归属的需求，即人都有一种归属于一个群体的感情，希望成为群体中的一员，并相互关心和照顾。感情上的需求比生理上的需求来的细致，它和一个人的生

理特性、经历、教育、宗教信仰都有关系。

（4）尊重的需求

人人都希望自己有稳定的社会地位，希望个人的能力和成就得到社会的承认。尊重的需求又可分为内部尊重和外部尊重。内部尊重是指一个人希望在各种不同环境中有实力、能胜任、充满信心、能独立自主。总之，内部尊重就是人的自尊。外部尊重是指一个人希望有地位、有威信，受到别人的尊重、信赖和高度评价。马斯洛认为，尊重需求得到满足，能使人对自己充满信心，对社会满腔热情，体验到自己活着的用处和价值。

（5）自我实现的需求

自我实现的需求是最高层次的需求，它是指实现个人理想、抱负，发挥个人的能力到最大程度，完成与自己的能力相称的一切事情的需求。也就是说，人必须干称职的工作，这样才会使他们感到最大的快乐。马斯洛提出，为满足自我实现需求所采取的途径是因人而异的。自我实现的需求是在努力实现自己的潜力，使自己越来越成为自己所期望的人物。

马斯洛的研究成果对职业生涯理论和方法的探索有重大指导作用，但也存在不足。马斯洛需求理论强调人的创造性潜能的发挥及人的自我实现，其着眼点在于将个人的能力发挥出来、表现出来，却未能将自我实现与社会需求有机地联系起来，这有可能会导致一种无视社会需求的个人奋斗。我们所提倡的不是单纯的个人自我实现，而是要将个人的自我实现与社会需求结合起来，这才是真正有意义的自我实现，才能得到最大的心理满足。

一个人要想实现自己的梦想，得到企业和社会的承认，实现人生价值，就一定要为企业、为社会做出贡献。

2. 人生价值

人的价值由三部分组成：人的社会价值、自我价值以及人格价值。人的社会价值是个人对社会需求的满足。一个人对社会的贡献越大，他的人生价值就越高，即人生价值大小是由人对社会的贡献多少所决定的。一个人的人生有价值，即指人作为价值客体能满足他人、集体和社会的需要，对他人、集体和社会有一定的积极作用。

我们在强调人生价值在于社会贡献时，绝不能忽视人的“自我价值”和人的“人格价值”。自我价值是个人对自身需求的满足。个人通过努力，满足自身的生理、物质和精神方面的需求，即自我贡献和自我尊重。人格价值是指社会对个人需求的满足，特指作为人的权利、地位和尊严等。

实现人生价值就是实现自我价值、人格价值和社会价值的统一，缺少任何一环都不是完整的人生价值。在市场经济的现实生活中，一个人对社会的贡献越大，提高自我价值、获得人格价值的机会就越多。一个人的物质生活需求是有限的，而精神生活享受是无限的。只有立足于高层次需求，将自我实现与社会需要结合起来，才能创造出人生的最大价值。

3. 职业生涯与人生需求

我们从事职业的时期是从精力充沛的 20 多岁开始，到精力衰退的 60 多岁结束。一天 24 小时，用于吃饭、睡觉、洗澡、上厕所、买菜、做饭的时间称为生理活动时间，每天占 10 ~ 11 小时，其余的 13 ~ 14 小时称为社会活动时间。我们每天用于工作、上下班路途所占的时间，加上业余时间里与工作相关的思考、应酬等时间，为 10 ~ 12 小时，也就是说我们平时与职业相关的时间占可利用社会活动时间的 79% ~ 92%，有的人甚至更多。即使在周末或节假日，我们用在与职业相关的时间也常常超过 50%。

由于职业生涯所用时间平均占我们 20 多岁到 60 多岁时段中可利用社会活动时间的 70% 以上，并且由于人们早出晚归的劳动传统，职业生涯所用时间通常皆是一天中精力最充沛的时间段，因此，我们应该科学有效地规划、利用好如此宝贵的时间。

每个人的职业生涯都要经过几个阶段，职业周期之所以重要，是因为你所处的职业阶段将会影响你的知识水平以及你对于各种职业的偏好程度。一个人可能经历的主要职业生涯阶段如图 7–1 所示。

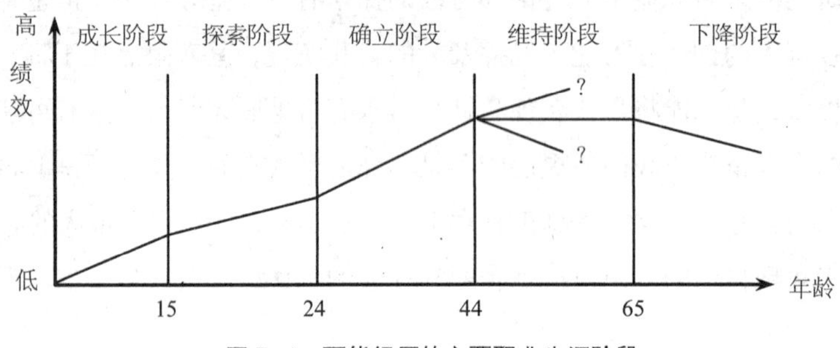

图 7–1　可能经历的主要职业生涯阶段

（1）成长阶段

成长阶段大体上可以界定在从一个人出生到 14 岁这一年龄段。在这一阶段，个人通过对家庭成员、朋友以及老师的认同以及与他们之间的相互作用，逐渐建立起了自我的概念。在这一阶段的一开始，角色扮演是极为重要的。在这一时期，儿童将尝试各种不同的行为方式，而这使得他们形成了人们如何对不同的行为做出反应的印象，并且帮助他们建立起一个独特的自我概念或个性。到这一阶段结束的时候，进入青春期的青少年（这些人在这个时候已经形成了对他们的兴趣和能力的某些基本看法）就开始对各种可选择的职业进行带有某种现实性的思考了。

（2）探索阶段

探索阶段发生于一个人的 15 ~ 24 岁的这一年龄段。在这一时期中，个人将认真地探索各种可能的职业选择。他们试图将自己的职业选择与他们对职业的了解以及通过学校教育、休闲活动和工作等途径中所获得的个人兴趣和能力匹配起来。在这一阶段的开始时期，他们往往做出一些带有试验性质的较为宽泛的职业选择。然而，随着个人对所选择职业以及对自我的进一步了解，他们的这种最初选择往往会被重新界定。到了这一阶段结束

的时候，一个看上去比较恰当的职业就已经被选定，他们也已经做好了开始工作的准备。

人们在这一阶段以及以后的职业阶段需要完成的最重要任务也许就是对自己的能力和天资形成一种现实性的评价。类似地，处于这一阶段的人还必须根据来自各种职业选择的可靠信息来做出相应的教育决策。

（3）确立阶段

确立阶段发生在一个人的 24 ~ 44 岁这一年龄段，它是大多数人工作生命周期中的核心部分。有些时候，个人在这期间（通常是希望在这一阶段的早期）能够找到合适的职业并随之全力以赴地投入到有助于自己在此职业中取得永久发展的各种活动之中。人们通常愿意（尤其是在专业领域）早早地就将自己锁定在某一已经选定的职业上。然而，在大多数情况下，在这一阶段人们仍然在不断地尝试与自己最初的职业选择所不同的各种能力和理想。确立阶段本身又由 3 个子阶段构成。

① 尝试阶段。发生于一个人的 25 ~ 30 岁这一年龄段中。在这一阶段，个人确定当前所选择的职业是否适合自己，如果不适合，他或她就会准备进行一些变化。到了 30 ~ 40 岁这一年龄段的时候，人们通常就进入了稳定阶段。

② 稳定阶段。在这一阶段，人们往往已经定下了较为坚定的职业目标，并制定更为明确的职业计划来确定自己晋升的潜力、工作调换的必要性以及为实现这些目标需要开展哪些教育活动等。最后，在 30 ~ 45 岁的某个时段，人们可能会进入一个职业中期危机阶段。

③ 中期危机阶段。在这一阶段，人们往往会根据自己最初的理想和目标对自己的职业进步情况作一次重要的重新评价。他们有可能会发现，自己并没有朝着自己所梦想的目标（如成为公司总裁）靠近，或者已经完成了他们自己所预定的任务之后才发现，自己过去的梦想并不是自己所想要的全部东西。在这一时期，人们还有可能会思考，工作和职业在自己的全部生活中到底占有多大的重要性。通常情况下，在这一阶段的人们第一次不得不面对一个艰难的抉择，即判定自己到底需要什么，什么目标是可以达到的以及为了达到这一目标自己需要做出多大的牺牲。

（4）维持阶段

到了 45 ~ 65 岁这一年龄段，许多人就很简单地进入了维持阶段。在这一职业的后期阶段，人们一般都已经在自己的工作领域中为自己创立了一席之地，因而他们的大多数精力主要就放在保有这一位置上了。

（5）下降阶段

当退休临近的时候，人们就不得不面临职业生涯中的下降阶段。在这一阶段，许多人都不得不面临这样一种前景：接受权力和责任减少的现实，学会接受一种新角色，学会成为年轻人的良师益友。再接下去，就是几乎每个人都不可避免地要面对的退休，这时，人们所面临的选择就是如何去打发原来用在工作上的时间。

7.2 职业生涯早规划

“路漫漫其修远兮，吾将上下而求索。”青春易逝，岁月无痕。大学学习生活说长不长，说短不短，能否把握时间、抓住机遇全靠同学们自己。有句话说得好：机遇只偏爱有准备的人。因此，制定大学生涯规划是当务之急。大学的几年是同学们职业生涯的萌芽阶段，很大程度上决定了你后半生的人生走向。你适合做什么？你喜欢做什么？你能做什么？这一系列的问题都需要大家在大学里给出答案。如果等到同学们跨出校门的时候才想这些问题，就为时已晚了。

7.2.1 职业生涯规划

“职业生涯规划”（career planning）简称生涯规划，又叫职业生涯设计，是指结合自身条件和现实环境，确立自己的职业目标，选择职业道路，制订相应的培训、教育和工作计划，并按照职业生涯发展的阶段实施具体行动以达到目标的过程。它是个人与组织相结合，在对一个人职业生涯的主客观条件进行测定、分析、总结的基础上，对自己的兴趣、爱好、能力、特点进行综合分析与权衡，结合时代特点，根据自己的职业倾向，确定其最佳的职业奋斗目标，并为实现这一目标做出行之有效的安排。职业生涯设计的目的绝不仅是帮助个人按照自己的资历条件找到一份合适的工作，达到与实现个人目标，更重要的是帮助个人真正了解自己，为自己定下事业大计，筹划未来，拟定一生的发展方向，根据主客观条件设计出合理且可行的职业生涯发展方向。由于职业生涯贯穿着人的一生，因此，对职业生涯的规划，就是为自己的未来人生绘制理想的蓝图。

实际上，职业生涯规划关键就是要解决“干什么”“何处干”“怎么干”“以什么样的心态干”的问题，可以概括为“四定”—定向、定点、定位、定心。

定向，就是确定自己的职业方向。方向与目标有所不同。目标是自己拟定的期望达到的一个理想，而方向是为达到目标而选择的一种路径。如果方向错误，则会偏离目标，即使修正也需要花费更多的时间和精力。对大学生来说，职业定向需要冷静的头脑和十足的勇气，根据自己的兴趣、理想、专业去选择职业方向。

定点，就是确定职业发展的地点。地点也是现实环境的一个因素。各地的经济发展现状和前景都有不同，甚至差异很大，比如中心城市和边远山区，沿海一带和西部地区。近几年的调查研究显示，绝大多数毕业生选择就业地点只盯着经济发达地区，但这些地区竞争激烈、人满为患不说，外地生源还要面临环境、观念、语言、文化等差异带来的困难，而且发展与晋升的空间与机会并不见得比去发展中地区更好，这也是大学生就业时要慎重考虑的。

定位，就是确定自己在职业人群中的位置。定位过低会导致个人在职业生涯中无法实现自我价值的最大化，过高则容易因连遭挫折而对职业生活丧失信心。因此，大学生需要

准确地标定自己的位置，根据自己的实际水平，在择业时对职位、薪资、工作内容等做好判断和把握。

定心，就是稳定自己的心态。人的一生必然会有高低起伏，成功与挫折总是结伴而行，个人的职业生涯也不例外。在实现职业理想与目标的过程中，难免也会有磕磕碰碰和意想不到的困难。对大学生来说，就要保持一种平常心态，敢于直视就业过程中的困难和问题，不以物喜，不以己悲，始终坚定地按照自己的正确计划去实现理想。

7.2.2 大学生职业生涯规划的意义

第一，职业生涯规划有助于帮助自己确定职业发展目标。通过分析，认识自己，了解自己，估计自己的能力、智慧以及性格；找出自己的特点，明确自己的优势，正确设定自己的职业发展目标，并制定行动计划，使自己的才能得到充分发挥，以实现职业发展目标。

第二，职业生涯规划有助于鞭策自己努力工作。对许多人来说，制定和实现规划就像一场比赛，随着时间推移，你一步一步地实现规划，这时你的思维方式和工作方式又会渐渐改变。有一点很重要，你的规划必须是具体的，可以实现的。

第三，职业生涯规划有助于自己抓住重点。制订职业生涯规划的一个最大的好处是有助于我们安排日常工作的轻重缓急。通过职业生涯规划，能使我们紧紧抓住工作的重点，增加我们成功的可能性。

第四，职业生涯规划有助于引导个人发挥潜能。职业生涯规划能助你集中精力，全神贯注于自己有优势并且会有高回报的方面，这样有助于你发挥尽可能大的潜力，最终实现成功的目标。

第五，职业生涯规划有助于评估目前工作成绩。职业生涯规划的一个重要功能是提供了自我评估的重要手段。你可以根据规划的进展情况评价你目前取得的成绩。

美国的成功学大师安东尼·罗宾斯曾经提出过一个成功的万能公式：成功 = 明确目标 + 详细计划 + 马上行动 + 检查修正 + 坚持到底。从这个公式可以看出，我们要想成功，首先要制订我们的目标和详细的计划。我们在职业生涯领域也是同样。我们首先选择一个最适合我们发展的行业和工作，然后确定我们的目标，同时对我们的整个职业生涯进行初步规划，最后付诸行动，并且经常对自己的目标和计划进行检查修正，最后坚持到底，定能获得职业生涯的成功。

7.2.3 大学生职业生涯规划的方法与步骤

每个人都渴望成功，但并非都能如愿。了解自己，有坚定的奋斗目标，并按照情况的变化及时调整自己的计划，才有可能实现成功的愿望。职业生涯规划通常要经历以下步骤。

1. 自我评估

自我评估就是对自己进行全面分析，这是实施职业生涯规划的第一步。自我评估包括对自己的兴趣、特长、性格的了解，也包括对自己的学识、技能、智商、情商的测试，以及对自己思维方式、思维方法、道德水准的评价等。自我评估的目的是认识自己，了解自己，从而对自己所适合的职业和职业生涯目标作出合理的抉择。

从事自己感兴趣的职业，是迈向成功职业生涯的第一步。如果对某种职业感到有兴趣，你就会在学习和工作中全神贯注、积极热情、富有创造性；如果对自己的学习或工作毫无兴趣，即使聪明能干，也难以在本专业中有所建树。人的职业兴趣并非与生俱来，而是以一定的知识为前提，在生活实践过程中逐渐发生和发展起来的。比如喜欢与人接触，对销售、采访、传递信息等类型活动感兴趣的人较适合从事推销员、记者、公务员、教师、行政管理、公共关系等岗位工作；对想象和创造的工作感兴趣，喜欢独立工作的人，较适合从事社会调查、经济分析、新产品开发、艺术设计等岗位工作。

能力是影响工作效果的基本因素。过高地估计自己的能力或者对自己的能力特点认识不正确，就有可能使自己的职业定位出现偏差，在职业活动中难以取得预期的成效，也找不到成就感，从而陷入自我挫败的误区。相反，过低地估计自己的能力或者对自己的能力特点认识不正确，即使在“眼光向下”的职业定位中找到自己的位置并有所表现，也难以找到满意的感受，更不要说让生命的意义得到充分的体现。我国职业教育奠基者黄炎培先生指出：“一个人职业和才能相当和不相当，相差很大。用经济眼光看起来：要是相当，不晓得增加多少效能；要是不相当，不晓得埋没多少人才。就个人论起来：相当，不晓得有多少快乐；不相当，不晓得有多少怨苦。”一般来说，一项职业总是需要几种能力的综合，择业时就应考虑自己是否具备这些能力。试想一下，倘若鲁迅继续学他的医学，就不会成为伟大的文学家；假如陈景润还当他的中学教师，便没有举世闻名的“陈氏定理”；如果达尔文当初听从父亲之命放弃科学考察而去做一名牧师，自然界的生物进化之谜不知何时才能解开。因此，在职业生涯规划与职业选择时，应充分考虑个人的最佳能力，选择最能发挥和运用自身优势和才能的职业。

扫一扫

职业生涯规划成功的关键因素

性格与个人的职业生涯紧密相关，我们尽可能根据自己的性格特点选择职业志向。近年来，许多单位在选人时出现了一种新观念，他们认为，性格比能力重要。其原因是，如果一个人能力不足，可通过培训提高，但一个人的性格不好，要改变起来可就困难多了。对性格引起重视的另外一个原因是，性格是个性中具有核心意义的成分，几乎涉及人的心理过程及个性特征的各个方面。通常个人在选择职业时应根据自己的性格，选择适合性格特点的职业和工作。一般来说，内向型性格的人有耐心、谨慎，比较适合从事有计划的、稳定的、不需要与人过多交往的职业，如科学家、技术人员、会计师、统计员、资料管理

人员、一般办公室职员等。外向型性格的人爱好交际，善于活跃气氛，更适合从事与外界广泛接触的职业，如管理人员、律师、政治家、推销员、记者、教师等。

每个人由于气质不同，经历不同，从而形成了不同的做事风格。气质虽不能直接决定一个人成就的大小和社会价值，且各种气质类型的人都可以做出对人类有价值的贡献，但是气质对人们从事的生产、生活的效率具有明显影响。当一个人所具有的气质特点符合其工作特点要求时，这个人就容易适应，工作起来也比较轻松；而当一个人所具有的气质特点不符合其工作特点要求时，适应就比较困难，工作起来也比较吃力。在日常生活中，我们常常可以看到，有些人稳重、沉着、办事慢条斯理；有些人活泼好动，手脚麻利；有些人脾气暴躁，容易动怒；有些人行动缓慢，容易伤感。这些人与人之间的心理活动的不同表现，实际上就属于人的气质的个性差异。因此，在职业生涯规划中，尽可能根据自己的气质类型而选择与其相适应的职业，力争发挥优势与特长，取得更大的成就。

自我评估的方法主要有：自评法，即自我反省、自我分析；他评法，即家长、老师、朋友、同学对自己的评价；测评法，利用职业测评软件对自己进行测评。为了提高自我评估的准确度，以上各种方法应当共同使用。

2. 职业生涯机会的评估

职业生涯机会的评估，主要是评估周边各种环境因素对自己职业生涯发展的影响。环境因素对个人职业生涯发展的影响是巨大的，他为每个人提供了活动空间、发展条件和成功的机遇。在制定个人的职业生涯规划时，要充分了解所处环境的特点，掌握职业环境的发展变化情况，明确自己在这个环境中的地位以及环境对自己提出的要求和创造的条件等。只有对环境因素充分了解和把握，才能做到在复杂的环境中避害趋利，使你的职业生涯规划具有实际意义。

社会环境为每个人提供了活动的空间、发展的条件、成功的机遇，对人的职业生涯乃至人生发展都有重要影响。对社会环境的分析，主要是了解国家或所在地区的政治、经济、法制建设情况，寻找各种发展机会，了解拟选未来职业在社会环境中的发展状况以及社会发展趋势对该职业的影响和该行业的人才储备情况。

校园环境分析包括学校的专业教学计划、馆藏图书资料、社团活动、学术讲座、社会实践等情况，尽可能为个人职业目标所用。对于大学生来说专业学习对职业的影响是教育因素尤为重要的一个方面。大学生都经过一定的专业训练，具有某一专业的知识和技能，这是每一个人的优势所在。大学生都有自己的专业，每个专业都有一定培养目标和就业方向，这就是大学生职业生涯设计的基本依据。用人单位对毕业生的需求，一般首先选择的是大学生某专业方面的特长，大学生迈入社会后的贡献，主要运用所学的专业知识来实现。如果职业生涯设计离开了所学专业，无形当中增加了许多“补课”负担，个人的价值就难以实现。

家庭环境分析主要指家庭成员文化程度、职业、观念对职业目标的支持程度，社会

关系等其他因素为你的职业目标的实现可以提供哪些有利条件，存在哪些不利因素。职业生涯的每一个阶段都与家庭因素息息相关，或协调或冲突。在未走上社会之前，家庭对孩子职业意向的影响是多方面的。父母的职业决定了孩子特殊的生长环境，“子承父业”的现象并不鲜见；父母的价值取向，教育方式和一言一行会转化为孩子的价值标准；家庭的经济条件，关系到子女职业能力的训练与提高，富裕的家庭可以在教育方面为子女提供一切资助，贫困的家庭可能使孩子中途辍学；父母的社会地位与社会联系往往会影响子女的就业途径；父母对子女成功成才的不同期待，会影响子女对职业的不同选择，等等。

此外还应该关注政治环境、经济环境、组织环境等，弄清环境对职业发展的作用和影响，以便更好地进行职业目标的设计和职业路线的选择。

3. 确定职业发展目标

俗话说：“志不立，天下无可成之事。”立志是人生的起跑点，反映着一个人的理想、胸怀、情趣和价值观。在准确地对自己和环境作出评估之后，我们可以确定适合自己、有实现可能的职业发展目标。在确定职业发展的目标时要注意自己性格、兴趣、特长与选定职业的匹配，更重要的是考察自己所处的内外环境与职业目标是否相适应，不能妄自菲薄，也不能好高骛远。合理、可行的职业生涯目标的确立决定了职业发展中的行为和结果，是制定职业生涯规划的关键。

“大学毕业以后我要成为一个什么样的人？”这是每个大学生进校时就应该认真思考的问题。哈佛大学有一个非常著名的关于目标对人生影响的跟踪调查。调查对象是一群智力、学历、环境等条件都差不多的大学生，调查结果是这样的：3% 的人有清晰且长期的目标；10% 的人有清晰的短期目标；60% 的人目标模糊；27% 的人没有目标。30 年后的跟踪结果发现：3% 的人，总是朝着一个方向不懈地努力，后来几乎都成了社会各界的顶尖成功人士、社会精英，他们中不乏百万富翁、行业领袖；10% 的人，不断完成预定的短期目标，生活状态步步上升，都生活在社会的中上层，成为各行各业的专业人士，如医生、律师、工程师、高级主管等；60% 的人，他们只能安稳地生活与工作，但都没有什么特别的成绩；27% 的那批人，几乎都生活在社会的最底层，长期在失败的阴影里挣扎，他们的生活过得很不如意，常常失业，并且抱怨他人，抱怨社会，抱怨世界。可见，目标对人生有巨大的导向作用。一个人能否成就一番事业，很大程度上取决于有无正确而恰当的人生目标。

大学生职业生涯规划需要用一系列的目标为自己铺就一条成功之路。设定目标是为了激励行为，所以目标的选择不能随心所欲，不恰当的目标不仅不能起到激励作用，相反还会挫伤自己的自信，阻碍自己的发展。通常目标分短期目标、中期目标、长期目标和人生目标。短期目标又分日目标、周目标、月目标、年目标；中期目标一般为 3 ~ 5 年；长期目标一般为 5 ~ 10 年。在确定目标的过程中要注意如下几个方面的问题：目标要符合社

会的需要；目标要适合自身的特点；目标要高远但绝不能好高骛远；目标幅度不宜过宽，做到聚焦，最好能把全身心力量投入进去；目标要明确、具体、简明。

比如电子商务专业，毕业生适应的工作岗位有很多，包含了不同的职业方向，可以有管理、教学、技术、营销等，可以结合自己的个性特征、兴趣爱好选择适合自己的职业方向。在职业方向指引下，再设定自己具体的职业目标。可以成为IT行业业务骨干或管理人员，可以在学校从事电子商务课程的教学或企事业单位培训工作，可以从事经济管理部门电子商务的设计与开发以成为IT企业的营销骨干或商业部门的营销人员。

4. 选择职业生涯发展路线

在职业目标确定后，向哪一路线发展，是走技术路线，还是管理路线，是走技术+管理即技术管理路线，还是先走技术路线再走管理路线等，此时要做出选择。由于发展路线不同，对职业发展的要求也不同。因此，在职业生涯规划中，必须对发展路线做出抉择，以便及时调整自己的学习、工作以及各种行动措施沿着预定的方向前进。

依据大学生的特点，可以选择在变换工作的同时提升在组织中的层级的传统纵向职业路径；也可以选择积累阅历、扩大知识面、跨职能边界进行工作变换的横向职业路径；也可以选择纵向、横向相结合的网络职业路径；还可以选择凭借自己的能力的提高为组织作出贡献，从而赢得更好的待遇、应有的承认。当然，职业生涯路线也可能会出现交叉与转换，这可以根据自己的情况与环境来决定。

5. 制订职业生涯行动计划与措施

一种性格决定一种命运，一种习惯决定一种性格，一种行为决定一种习惯，一种思想决定一种行为。在确定了职业生涯的终极目标并选定职业发展的路线后，行动便成了关键的环节。这里所指的行动，是指落实目标的具体措施，主要包括工作、培训、教育、轮岗等方面的措施。对应自己的行动计划可将职业目标进行分解，分解后的目标有利于跟踪检查，同时可以根据环境变化制订和调整短期行动计划，并针对具体计划目标采取有效措施。大学生有机会接触大量的信息，而且长期目标的实现有众多不确定性，这就要求我们在长期目标的指引下，根据自身实际和社会发展趋势，不断设定短期可操作目标，每天都朝着既定目标前进。

6. 评估与反馈

常言道，计划赶不上变化。影响职业生涯规划的因素很多，有的变化因素是可以预测的，而有的变化因素难以预测。况且大学生的人生观、价值观处于形成阶段，种种不确定因素可能会使得原本制定好的规划与实际情况产生偏差，在此状态下，要使职业生涯规划行之有效，就必须不断地对职业生涯规划执行情况进行评估、修订。首先，要对年度目标的执行情况进行总结，确定哪些目标已按计划完成，哪些目标未完成。然后，对未完成目标进行分析，找出未完成原因及发展障碍，制定相应解决障碍的对策及方法。最后，依据评估结果对下年的计划进行修订与完善。如果有必要，也可考虑对职业目标和路线进行修正，但一定要谨慎考虑。修订的内容主要包括生涯机会的重新评估、职业的重新选择、职业目标的修订、计划和措施的变更等。

7.3 大学学业需规划

大学生的学习生活与未来职业发展有着密切关系，大学生涯规划是职业规划的重要阶段，人生需要规划，大学生活更需要规划。

7.3.1 专业学习与职业生涯发展

企业在招聘过程中，往往比较注重在校期间的学习，尤其是专业课程的学习。面试过程中也会有不同程度的专业知识，因此，专业学习与职业有着密切关系。

1. 职业与专业的关系

专业成绩所反映的不仅是知识水平状况，而且反映了一个人的做事态度，反映了一个人有多大的培养价值与发展潜力。专业知识的学习，是指大学生在校期间所学专业的知识，是大多数大学毕业生今后走向工作岗位的重“武器”，专业知识是大学生知识结构的主要内容。高校的专业设置就是为了基础教育发展到一定程度时，随着社会的需要而建立的一个特殊人才的培养计划，专业知识的学习是最终实现育人目标的必然途径。

专业与职业的关系从“亲疏”来看可以分为专业对口型、专业相关型、专业无关型。

（1）专业对口型

专业对口型是以专业为职业发展的核心，完全按照专业进行职业选择，毕业后从事与专业直接相关的工作。这类情况中一般职位对专业的精度要求较高，在技术类专业大学生中所占比例较大，约占 70%，并且以理工科学生居多，如建筑、医学等专业。

（2）专业相关型

专业相关型以专业为职业线索，由于专业的某一项特点能够与工作岗位或专业特点能够与个人特长、兴趣、优势相结合，专业与工作之间存在着某种联系，这类非技术类专业大学生所占比例较大，约占 80%，以文、史、哲、经济管理类学生居多。如学历史的去做导游，可以旁征博引，引经据典，提升旅游的知识性、趣味性；学医学的做医药、器械销售，可以对症卖药，具有极强的说服力；土木工程专业的毕业生如文笔好可以去建筑类杂志社，如计算机好可以去做建筑类应用软件等。

（3）专业无关型

专业无关型完全脱离专业进行职业的选择，所从事的工作与专业知识几乎没有一点关

系。这种情况在各个专业的毕业生中都存在，比较典型的是技术类专业毕业生从事非技术类职业，反过来非技术类专业毕业生从事技术类职业的比例较少。

2. 职业与课程的联系

课程是构成学业学习的基本单元。往往高校会根据各专业教学大纲，贯穿大学教育期间开设一系列的课程，一般分为基础课（公共课）、专业课、选修课等。目前中国的大学中任何一个专业的课程安排都是经过考量的，有其合理性、科学性和系统性，一门门课程搭构而成的即是大学生的知识结构。

课程要及格。基础是学好知识的根基，比如学理科的要学好数学、物理、外语等，基础不学好的话，后面的专业课程学起来将会遇到很大障碍。

可以深挖感兴趣的课程。一门专业课、选修课都可以成为一个职业方向的突破口。例如，工商管理专业就是由若干个行政管理、人力资源管理、会计学等课程构成的。专业为大学生提供了一个平台，而课程则是一扇扇的窗，至于窗外的四季全靠你自己去品味了，如果一些课程你能学得炉火纯青，就可能会打开若干发展的窗。很多毕业生都有这样的经历，被用人单位选择或者选择职业发展方向时仅仅是因为你学了某门课程，或者某些课程学得好并且强于他人。

3. 专业转换和辅修与职业生涯发展的关系

从职业生涯发展的角度来看，大学生阶段是一个人生涯发展的黄金阶段，大学期间所学习的专业应与自身的兴趣、爱好及能力倾向相协调，这样大学期间的学习才会有热情、有动力、有目标、有效率，呈现出大学生自觉自愿的、积极主动的、“我要学”的局面，并且有助于未来的职业生涯发展。但是事实上由于我国目前职业生涯规划教育体系不完备，教育资源的分布现状、高考时的专业选择与个体整个职业生涯的发展的匹配情况都难以达到理想的要求等各种客观原因造成一些大学生对自己的专业不适应、不喜欢甚至是排斥的情况。

当前，越来越人性化的教育培养模式为转专业提供了可能。根据各高校的不同情况，学生进入大学后大致有以下三种情况重新选择专业。一是高校有关实验班面向新生选拔学生；二是按大类招生的院系，在二、三年级时选择专业方向；三是新生完成一年或两年学业后，允许一次或两次转专业。

7.3.2　进行大学生涯规划的必要性

大学生涯规划就其内涵来看，是指同学们根据自身的天赋、兴趣及社会的需要，为实现自己的职业发展目标而制定的大学期间的成长、发展计划。大学生涯规划的必要性有以下几点。

（1）有利于突破人才“标准化”，形成个性

在大学，如果同学们仍然只根据学校的教学计划，只跟随老师的指挥棒，按照学校和老师的要求去学习，那你仍然只是“批量”生产下的“标准化”产品。同学们应该根据个性特征和个人需求，制定个性化的发展规划，以便形成个性化的知识结构，构筑自己的竞争优势，使你这个产品在“出厂”时，既符合专业标准又具有突出个性。

（2）有助于增强学习主动性，提高学习效率

调查发现，凡是在毕业时能顺利找到理想工作的学生，大多数都是做过一定规划的学生。如规划在大学阶段英语、计算机达到什么等级，何时准备职业资格证书的考试，参加哪些课外活动，侧重锻炼自己哪方面的能力，假期如何安排，是否专升本等。科学地进行大学规划能使同学们的学习目的更加明确，同学们有了近期和远期的目标，就会增强学习、成才的主动性，就会从“要我学”转变为“我要学”，从而大大提高学习效率。

（3）大学生涯规划是职业生涯规划的基础

职业生涯规划是指个人发展与组织发展相结合，对决定一个人职业生涯的主、客观因素进行分析、总结和测定，确定一个人的事业奋斗目标，并选择实现这一事业目标的职业，编制相应的工作、教育和培训的行动计划，对每一步骤的时间、顺序和方向做出合理的安排。大学阶段实际上是同学们走向社会的一个缓冲期，同学们在走出校园之前，应该为参加社会工作做好准备。通过大学生涯规划，同学们能够认清自我，发现自己的优势，提高自己的能力，根据自己的特点，结合社会实际需要，规划好自己的事业目标，即所谓“凡事预则立，不预则废”。所以大学是同学们职业准备和选择阶段，大学生涯规划正是职业生涯规划的前奏。

7.3.3 大学生 3 年阶段划分

大学 3 年一般可划分为 3 个时期：第一年探索期、第二年定向准备期和第三年实现期。在 3 年里，应循着“我做什么？我准备什么？我能做好什么？”的思路来制订自己的职业生涯设计。

一、大学第一年

进入大学第一年，每个人都是有理想、有目标、有朝气的，同时也会有迷茫。然而，为了将来，必须有意识地做好第一年职业生涯设计的实施工作。

大学第一年要特别重视 8 种能力的培养。

1. 个人能力的培养

高校学习，关键在于把握好自己。学校的基础知识、专业基础理论、基础训练将把你打造成专业素质较全面的大学生，让你具备接受工作考验的实力，但你必须培养自己的自控力，学会适时取舍，不能无目的的“博学”。

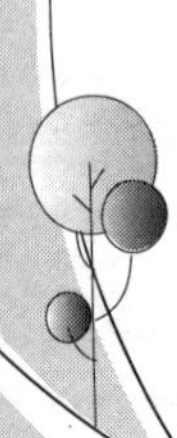

2. 个人兴趣的培养

作为大学生，无论以何种心态进入自选的专业，都应当静下心来认真思考：我的兴趣是什么？兴趣是最好的导师，兴趣是个人学业发展的基石，也使人享受学习的乐趣。

3. 个人生活计划性的培养

为了达到自己的目标，就要学会制订并实施学习、生活计划。其目的在于，使自己的学习和生活有规律，符合自己的性格和个性，用计划来约束自己的随意性，给别人留有空间，给自己留有余地。良好的习惯，会使自己终生受益。

4. 理财能力的培养

大学一年级是读书学艺的开始，要读书学艺就要有投入。有了投入，就需要掌握理财的能力。必须认真对待理财，轻视它，就有可能浪费钱财，荒废了学会理财的机会。只有重视理财计划的实施，才能为自己的将来打好坚实的生活基础。

5. 处理危机能力的培养

上大学期间，不如意事一定有，大学生需要学习处理危机的方法，从心理上有一个接受挫折的准备，在一点一滴上注意心理素质的培养，逐步强化自己的心理接受能力，调整心理状态，当挫折来临时，不至于惊慌失措。

6. 环境适应能力的培养

来到新的学习环境，承受压力和学会忍耐是大学生立足社会、适应社会的必修课。适应能力包括对环境的观察能力、求同存异的能力、识大体的自控能力等。没有自控力就会迷失方向，陷入自我封闭或孤立状态。

7. 调查研究习惯的培养

大学生应学会调查研究，学会从感性到理性地认识和论证，哪怕是最简单的论证，让自己的为人处世多一些理智，多一些全面、客观，以此来锻炼自己的调查研究能力，努力学习用多种方法解决问题，从不同的立场、不同的角度去看问题，从实际出发，实事求是地考虑问题和解决问题。

8. 表达能力的培养

言之无文，行之不远。大学生的表达能力表现在语言能力和文字表达能力上。一个人的能力、信心、学识、才华等是通过多种方式展现出来的，这一系列方式可归结为表达能力。

二、大学第二年

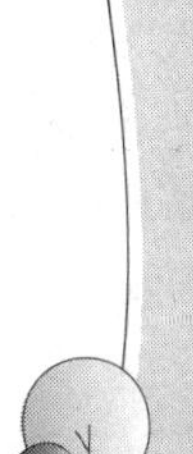

大学第二年的学习重点是专业理论、专业技术的学习和专业技能的训练。

（1）要做好各种专业考试的准备。与学历相关的资格证书是相当重要的。同时，这也是检验自己实力的开始。除考取资格证书外，也要考取专业证书。

（2）积极参加实践课，提高实训的成绩，培养动手能力。高职学生，其就业创业优势

就在于技术技能，而技术技能就体现在动手操作能力上。作为大二学生，应当把实习实验当作自己职业生涯设计的原始积累，当作基础课或必修课来学习，因为每一项实习实验都有其原理、步骤、数据或现象的分析、结论，自己动手操作，亲自体会的东西比起教师课堂上讲的，印象要深刻得多，记忆也会更长久。

（3）要注意培养沟通能力。多交流思想、交流学习经验和方法、交流感情，自然就会提升沟通的能力，人与人之间的理解、信任也会逐步增强。

三、大学第三年

大三年级是进入职业生涯的设计演练阶段，是学习创新创业，以便接受就业创业考验的阶段。大三年级也是大学的最后一年，是熟知相关专业知识、技术技能实践知识、掌握创新创业知识和本领的好机会。毕业实习、社会实践和就业招聘会，都会引起大三年级学生越来越强烈的关注，大学生也会据此筹划自己的职业生涯，如何在最后一年按照自己的职业生涯设计提升自己呢?

1. 摆正学识、技术技能与社会实践的关系

一个人有学识很重要，但是没有技术技能，又没有社会实践经验，可以说这样的人才是教义型人才。大学生不能仅停留在掌握学问的多少上，更应该做好知识与能力的融合，使知识与技术技能相互平衡。

2. 要资格更要实际能力

前些年有一种误导：追求证书成为一种时尚。结果有人考了十几个证书，仍然找不到理想的工作。究其原因是：千辛万苦、千元万元考来的各种证书，只能证明你具有某种资格，但是在“伯乐”慧眼中，资格证不等于实际能力，核心竞争力是专业知识、运用能力和创新创造能力。

3. 要正视现实与个人愿望之间的差距

每一名大学生都有自己的理想目标，当你迈向社会第一步的时候，不会是一片光明、事事顺心如愿。当你在社会或实践中遇到挫折时，不必气馁，不必消沉。你必须有足够的心理准备，如忍耐、服从、勤奋、吃苦精神等，更需要正视个人理想和现实的差距，以乐观的心理状态去迎接社会的挑战。

4. 适当地关注前辈学友的出路

作为高年级学生，有必要关注前辈学友的毕业出路，以便及早了解行业发展状况，企业事业的变化情况。学哥学姐的工作、生活情况，他们的出路、发展状况等都可以作为自己的参考，他们的经验教训对于自己都具有借鉴价值。

5. 适时做好行业发展调研

在大学三年级阶段，应适时做好行业发展调研，才能更好地做好职业规划。

7.4 把握机遇 走向成功

机遇本身是客观存在的，但机遇只垂青于那些有准备的人。个人的能动性会导致寻求到新的发展机会，或者自己创造机会。许多事业上成功的人，不是靠家庭、亲友的帮助，也不依赖社会给予的现成机会，而是靠自己的努力奋斗和开拓进取。所谓有准备，就是要有坚实的基础，创造好必要条件，"万事俱备，只欠东风"，只要机遇一到，便能乘风破浪。通常打好基础，创造好条件，须做好以下几点。

7.4.1 职业品质准备

近年来，在各类人才招聘会以及各类人才招聘网站通告栏里，许多用人单位旗帜鲜明地打出"应届生免谈！"。用人单位之所以不青睐应届大学毕业生，并不是因为他们的专业技能不能胜任工作要求，而是缺乏职业实践素养。因此，进入大学，就应该有意识地培养和锻炼自己良好的职业品质。

扫一扫

职业生涯规划成功的三要素

1. 责任心

俄罗斯文豪托尔斯泰曾说过："一个人若是没有热情，他将一事无成，而热情的基点正是责任心。"有了责任心，就会忘我地工作，对社会负责任，担负起人生的责任；才有可能产生"国家兴亡，匹夫有责"的历史责任感；才会把"人人为我，我为人人"落实到行动中；才会从我做起，从现在做起，自觉承担起对社会、对他人的责任。

2. 爱岗敬业

忠于职守，具有敬业精神是基本的职业品质。认认真真、兢兢业业地对待自己的工作是每个成功者的个性品质。大学生在职业生涯初期，往往做的是自己不喜欢的而且并不想从事一生的工作，但是，喜欢不喜欢这份工作是一回事，应该不应该做好这份工作，是否有能力做好这份工作是另一回事。北京公交总公司售票员李素丽爱岗敬业，在平凡的岗位上，做出了不平凡的事迹，赢得了人们的尊敬。敬业爱岗，是企业单位的灵魂和核心。敬业爱岗的人无论走到哪里都会得到别人的信赖，无论从事什么样的工作都会有成功的机会。

3. 自觉主动

企业希望每位员工有一种主动关心企业及主动工作的心态，要有主人翁的精神。如果你想登上成功之梯的最高阶就要永远保持主动、率先的精神去面对你的工作。即使你面对的是毫无挑战和毫无兴趣的工作，如果你能够做到主动自发，最终总能获得回报。没有人保证你成功，只有你自己；也没有人能阻挠你成功，只有你自己。"没有时间"只是懒散者的挡箭牌，是懦弱无能者的借口。

4. 诚实守信

有一家很大的外资公司在中国招聘雇员，条件很苛刻，前往应聘的都是高学历者。当第一位应聘者走进房间时，主考的美国人立即露出兴奋之色，像他乡遇故知一样热情地说："你不是哈佛大学某专业的研究生吗？我比你高一届，你不记得我啦？"应聘的中国青年心里一怔："他认错人了。"在此时，承认自己有哈佛的学历对应聘绝对有好处。但这个青年认为，诚实比什么都重要。于是，他冷静客气地说："先生，你可能认错人了。我没有到美国哈佛大学学习过，我只有在中国读大学的经历。"说着话的同时，他已做好了不被录用的心理准备。没想到，主考的美国人又一次露出惊喜之色，他说："你很诚实，刚才就是我们考试的第一关。"最终，这位青年被录取了。

5. 宽容大度

宽容大度是我们工作、学习、生活中所不可或缺的一项品质。

三国时期，诸葛亮初出茅庐，刘备称之为"如鱼得水"，而关、张兄弟却不以为然。在官兵突然来犯时，兄弟俩便"鱼"呀"水"呀地对诸葛亮冷嘲热讽，诸葛亮胸怀全局，毫不在意，仍然重用他们。结果新野一战大获全胜，使关、张兄弟佩服得五体投地。如果诸葛亮当初跟他们一般见识，争论纠缠，势必造成将帅不和，人心分离，哪能有新野之战和以后更多的胜利呢？

当然，宽容绝不是无原则的宽大无边，而是建立在自信、助人和有益于社会基础上的适度宽大，必须遵循法制和道德规范。对于绝大多数的人，宜采取宽恕和约束相结合的方法；而对那些蛮横无理和屡教不改的人，则不应手软。从这一意义上说"大事讲原则，小事讲风格"乃是应取的态度。

懂得宽恕的人是伟大的，懂得感恩的人是幸福的。宽容大度就是对人宽厚，有气量。宽容能给人以力量，大度更是自信的表现。不论是在工作中还是日常生活中，宽容大度都是与人和睦相处、成功合作不可或缺的品质。大家生活在人群之中，只有你对别人多一分理解，多一分同情，多一分宽容，才能使你拥有良好的人际关系，有助于你的学习和事业的成功。

6. 勤奋刻苦

勤奋刻苦是成功的阶梯，这是不容置疑的事实。实践表明，在成功的道路上从来就没有什么捷径，那种企图以侥幸的心理取得成功的人，最终也逃不过失败的命运。

7. 坚韧不拔

达到理想的目标，无疑是大多数人梦寐以求的，但是真正到达成功巅峰的人总是为数不多。为什么呢？主要原因在于，大多数人不能持之以恒，于是纷纷落伍，从此碌碌无为。由此可见，要达到目标并非易事，它除了要付出艰辛的劳作外，更需要有坚强的意志

来约束自己。在工作中一旦一个人具备了坚韧的个性，即使没有受到上司的青睐，也不会觉得沮丧。大学生培养坚韧的品质，就要从生活中的小事入手，比如每天上课坚持举手发言，每堂课坚持坐到第一排，坚持不迟到、不旷课等。

8. 善于合作

越是现代社会，孤家寡人、单枪匹马越难取得成功，越需要团结协作，形成合力。从某种意义上讲，帮别人等于帮自己，合则共存，分则俱损。如果因为心胸狭隘，放着身边的人力资源不利用，单枪匹马去干事，结果只能是事倍功半，甚至更糟。实践证明，无法与他人和睦相处、坦诚合作，是一些人与成功无缘的原因之一。哲学家威廉·詹姆士曾经说过："如果你能够使别人乐意和你合作，不论做任何事情，你都可以无往不胜。"大学有丰富的社团活动、社会实践活动，许多专业还有不同的实验活动，这些都是大学生培养合作精神的良好契机。大学新生应积极参加各种集体活动，在活动中有意识地培养自己的合作精神。

9. 成熟自律

一个自律的人，一定是一个懂得自爱、勇于自省、善于自控的人。很难想象一个缺乏自律的人会在学业或事业中取得成功。大学与中学最大的不同在于它更强调大学生的自我学习和自我管理，这对大学生的自律能力既是考验，更是培养和提高的好机会。有些大学生沉迷于网络游戏、谈情说爱等荒废了学业，其实都是缺乏自律的表现。

10. 人格和谐

真正能适应现代国际社会挑战的一代新人，应该具有开放的头脑、宽广的视野、博大的胸襟、平衡的身心和超前的意识，一句话，必须具有自主、和谐、健全的人格特征和素养。大学生在校学习期间要注意自身知识结构的合理性，尤其要重视人文社科知识的学习，提高人文素养。

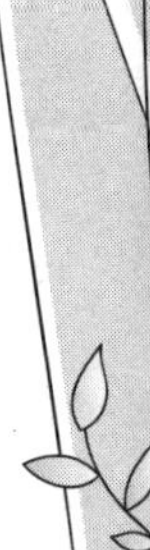

总之，优秀的个性品质、良好的职业素养不能一蹴而就，它需要大学生在日常的学习生活中，有针对性地锻炼、培养，尤其要重视高尚道德的培养，提高思想认识。在此基础上更要付诸行动，只有将正确的认知落实到行动中去，并且持之以恒，才能最终形成良好的品质。有了这些良好的职业品质做准备，当机遇来临时，才能有效地把握。

7.4.2 实践锻炼

"实践出真知"。知识的积累、技能的培养、素质的提高主要靠在平时实践中学习。实践锻炼是缩小能力差距的最有效、最直接的方法。人们在实际工作中需要具备的许多才干，更多的是从实践中学来的。理论学习是学习，实践中学习也是学习，而且是更重要的学习。在工作中学，干什么学什么，缺什么补什么，不要放过任何一个增长才干的锻炼机会，在做好本职工作的同时，也不要拒绝领导、同事给的"分外活"，说不定在"帮

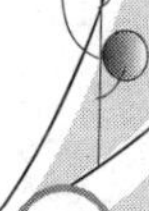

忙”的过程中，就会有新发现，受到新的启示，从一个人说你“行”，到大家都说你“行”，得到新的成功体验。积累到一定时候，就可能成为你职业生涯发展的新起点。同时，在参与实践的过程中还要注重发展优势，培养强项，有助于为自己创造机遇，赢得成功。

7.4.3 储备良好的人际资源

美国史丹福研究中心曾经发表的一份调查报告指出：一个人赚的钱，12.5% 是靠知识，87.5% 则来自关系。可见，在个人职业生涯发展过程中人际资源与机遇有很大关系。所谓人际资源，必定是你认识的人可以“为你所用”，愿意帮助你，使得“做事更有效果，更方便”，这样的人才能称为人际资源。有时人际间的交往、邂逅、合作、帮助往往会成为一些人难得的机遇。如果你人缘好、朋友多，可以使你信息灵敏，遇事有人帮助，机遇就有可能频繁出现。在一个人周围，什么样的人可以作为自己的人际资源？怎样才能建立一个良好健康的人际网络呢？

储备人际资源应以自己职业生涯规划的发展方向为依据，通常要与下面这些人建立人际关系：老板、上司以及在工作中表现出色的同事，家庭中事业成功的长辈，同龄的朋友和同学，志同道合的社团朋友。值得一提的是，由于职场中的年轻朋友还处于前途未卜阶段，交朋友不可带有太重的功利心，对所有朋友，无论他现在处境如何，都应以平等态度与之相处。

要建立真正的人际资源，最简单的方法就是培养自己的人格魅力，增加自己的吸引力，让别人被你吸引，主动靠近你，就可以为自己建立一个人际大磁场。然而魅力从何而来？往往就从你的内涵开始。在职场的内涵就是专业能力，或互动过程的沟通能力。在具备了个人内涵的情况下，当然也需要一些实际的技巧。

1. 广交朋友

尚在学校的大学生们，当你还没有资本或重要到让别人主动来认识你的时候，就应该采取主动姿态，积极参加各种社团组织、集体活动，来增加自己与他人接触沟通的渠道，更多地展示自己的优势。只有这样，才有可能得到别人的赏识和帮助。

2. 愿意付出，乐于分享

把握每一个帮助别人的机会，不管是在信息、金钱利益方面，还是在工作机会上，懂得付出与分享的人，最终往往可以获得更多。因为，朋友愿意与你在一起，你的机会也就越多。常言道：有怎样的度量，就有怎样的福气。

3. 从一点一滴做起

人际资源的积累是长年累月的，是一种在工作和生活中养成的习惯，并不是一件要刻意定时完成的项目。所以，储备良好的人际资源需要长期的付出与关怀，这样才能在看似不经意间逐步建立起自己的人际网。

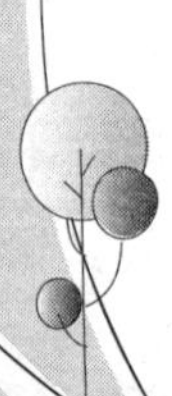

4. 注意社交细节

提升人际竞争力是一门艺术，由于人们都愿意与容易相处且品德好的人交朋友。一些社交细节比如以诚待人、信守承诺、尊重对方、赞美别人、时时感恩、承担责任、谦虚谨慎、保持幽默等，就成为人们观察你“内涵”的外在表现。

如果每一名学生进入大学后都能很好地规划自己，制订每学期计划，做好月度安排，细化落实到每一天；培养自立、自信、自强、自尊、自律的优良品质，在学习、工作、活动、实践中挖掘自我潜能，不断发展自我优势；注重在实践中学用结合、手脑并用，掌握技能，培养职业能力；同时学会驾驭时间，学好专业知识，那么，几年后走出校园，每个人都会成为高素质的技术实用型人才，都会找到一份自己满意的工作。

延伸阅读：向十二种动物学习职业精神

正确的工作观，有如人生路上的明灯，不但会为你指引正确的方向，也会为个人的职业生涯创造丰富的资源。下面以 12 种动物的精神做比喻，从它们的身上我们可以看到不同的工作观。

1. 尽职的牧羊犬

抱着多做一点多学一点的心态，你很快就会进入工作状态，完成角色转变。刚毕业的大学生最为人诟病的就是缺乏责任感，作为一个新人，树立负责任的观念，会让领导、同事觉得你是可塑之才。

2. 团结合作的蜜蜂

学会如何利用团队的力量完成工作，现在的企业很讲究 Team Work，这不但包括团队合作、寻求资源，也包含主动帮助别人，以团体为荣。

3. 坚忍执着的鲑鱼

设定目标是首先要做的功课，然后就是坚忍执着地前行。途中当然应该停下来检视一下成果，但变来变去的人，多半是一事无成。

4. 目标远大的鸿雁

大多数年轻人因为贪图一时的轻松，而放弃未来可能创造前景的挑战。因此，要时时鼓励自己将目标放远。

5. 目光锐利的老鹰

新人首先要学会分辨是非，懂得细心观察时势。一味接受指示、不分对错，将是事倍功半，得不到赞赏和鼓励。

6. 脚踏实地的大象

大象走得很慢，却是一步一个脚印，积累雄厚的实力。大学生切忌说得天花乱坠，却无法一一落实。脚踏实地的人会让别人有安全感，也愿意将更多的责任赋予你。

7. 忍辱负重的骆驼

工作压力、人际关系往往是新人无法承受之重。人生的路很漫长，学习骆驼负重的精神，才能安全地抵达终点。

8. 严格守时的公鸡

很多人没有时间观念，上班迟到、不能如期交件等，都是没有时间观念导致的后果。时间就是成本，新人时期养成时间成本的观念，有助于日后晋升时提升工作效率。

9. 感恩图报的山羊

你可以像海绵一样吸取别人的经验，但是职场不是补习班，没有人有义务教导你如何完成工作。学习山羊反哺的精神，有感恩图报的心，工作会更加愉快。

10. 勇敢挑战的狮子

若有机会应该勇敢挑战不可能的任务，借此积累别人得不到的经验，下一个升职的可能就是你。

11. 机智应变的猴子

工作中的流程有些是一成不变的，新人的优势在于不了解既有的做法，而能创造出新的创意与点子。一味地接受工作的交付，只能学到工作方法的皮毛，能思考应变的人，才会学到方法的精髓。

12. 善解人意的海豚

常常问自己："我是主管该怎么办？"这样有助于吸收处理事情的方法。在工作上善解人意，会减轻主管、共事者的负担，也让你更具人缘。

思考题

1. 职业生涯阶段主要有哪些？
2. 大学生职业生涯规划的方法和步骤有哪些？
3. 如何规划好自己的大学生活？

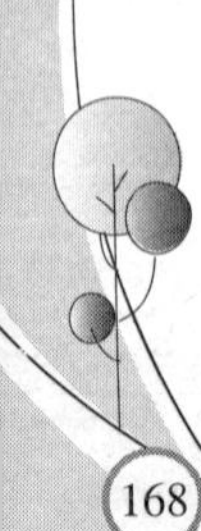